Der große Berufswahltest

Dieter Herrmann
Angela Verse-Herrmann
Joachim Edler

Der große Berufswahltest

Entscheidungshilfen für Schulabgänger

 Eichborn.

Die Autoren

Dr. Dieter Herrmann, geb. 1952, war mehrere Jahre Studienberater für deutsche und ausländische Studierende an der Universität Bonn und ist Verfasser einer Reihe studieneinführender Bücher. Zuletzt erschienen: Karrierestart (1995), Geheimtip Lehramt (1996), Wachstumsmarkt Gesundheit & Pflege (1997), Geld fürs Studium und die Doktorarbeit (3. Aufl. 1997).

Dr. Angela Verse-Herrmann, geb. 1966, war an der Universität Trier mehrere Jahre Mitarbeiterin in der Zentralen Studienberatung und für die Georgetown University, Washington DC, als Koordinatorin (Trier Summerschool) tätig. Sie arbeitet als Dozentin zum Thema Studien- und Berufswahl bei verschiedenen Bildungseinrichtungen und ist Mitautorin von: Geheimtip Lehramt (1996), Wachstumsmarkt Gesundheit & Pflege (1997), Geld fürs Studium und die Doktorarbeit (3. Aufl. 1997).

Dipl. Psych. Joachim Edler, geb. 1965, Bankkaufmann, Studium der Psychologie und Betriebswirtschaftslehre an der Universität Trier (Examen 1993), seit 1994 freiberuflicher Dozent und Trainer im Bereich der beruflichen Entwicklung und der Personal- und Organisationsentwicklung. Lehrbeauftragter an der Universität Trier. Wissenschaftliche Veröffentlichungen zu den Themen Führungsverhalten und Coaching.

© Eichborn GmbH & Co. KG, Frankfurt am Main, Januar 1998
Umschlaggestaltung: Christina Hucke
Layout: Cosima Schneider
Lektorat: Christiane Gieselmann
Gesamtproduktion: Fuldaer Verlagsanstalt GmbH, Fulda
ISBN 3-8218-1419-5

Verlagsverzeichnis schickt gern:
Eichborn Verlag, Kaiserstraße 66, D-60329 Frankfurt am Main
http://www.eichborn.de

Inhaltsverzeichnis

Einleitung	7
Ausbildungswege nach der Schule	9
Betriebliche Ausbildung (Lehre)	9
Sonderausbildungsgänge der Wirtschaft	10
Ausbildung an einer Berufsakademie (BA)	11
Ausbildung im öffentlichen Dienst	12
Berufsfachschule	12
Fachhochschulstudium	14
Studium an einer wissenschaftlichen Hochschule	14
Die wichtigsten Ausbildungswege auf einen Blick	16
Erläuterungen zu den Tests	19
Extratest für Abiturienten	21
Auswertung: Extratest für Abiturienten	27
Berufsorientierungstest für alle Schulabgänger	31
Auswertung: Berufsorientierungstest	47
Test zur Ermittlung von Schlüsselqualifikationen – Selbsteinschätzung	53
Test zur Ermittlung von Schlüsselqualifikationen – Fremdeinschätzung	63
Auswertung: Test zur Ermittlung von Schlüsselqualifikationen	73
Verbindung der Testergebnisse	83
Tabelle Berufsbereiche / Schlüsselqualifikationen	85
In Frage kommende Berufe	91
Überblick über die Berufe	97
[1] Handwerklich-technische Berufe (körperlich weniger beanspruchend)	97
[2] Handwerklich-technische Berufe (körperlich beanspruchend)	100
[3] Gestaltung, Kunst, Mode, Design	110

[4] Ingenieurwissenschaftlich-technologische Berufe	122
[5] Beratung, Bedienung, Verkauf	129
[6] Verwaltung und Organisation	136
[7] Unternehmensleitung, -beratung und -prüfung	144
[8] Naturwissenschaften	147
[9] Medizin, Gesundheit, Pflege	157
[10] Soziale Berufe, Lehre und Erziehung	171
[11] Land- und Forstwirtschaft, Natur, Umwelt	186
[12] Sprachen, Literatur, Medien, Dokumentation	193
[13] Rechtsberufe	205
[14] Sicherheitsberufe	212
[15] Sonstige Berufe	219
Register der Berufe	225
Verzeichnis der verwendeten Materialien	231

Liebe Leserin, lieber Leser,

die Entscheidung für die Ausbildung und für den Beruf ist eine der wichtigsten im Leben. Von der richtigen oder falschen Weichenstellung werden Karriere, Einkommen, sozialer Status und berufliche Zufriedenheit bestimmt. Die Berufswahl ist mindestens genauso wichtig wie die Wahl des Lebenspartners. Von dem kann man sich aber trennen, wenn's nicht klappt, vom falschen Beruf nicht so leicht.

Vor der Berufsentscheidung stehen jedes Jahr etwa 900.000 Jugendliche. Etwa 200.000 Personen müssen sich nach einem neuen Beruf umsehen, weil der alte durch technische Neuerungen wegrationalisiert worden ist oder aus gesundheitlichen Gründen nicht mehr ausgeübt werden kann.

In mindestens einem Drittel aller Fälle ist die Entscheidung offensichtlich falsch, da jede dritte Ausbildung und jedes dritte Studium nicht abgeschlossen werden. Die Zahl derer, die mit dem erlernten Beruf unzufrieden sind, kennt niemand, aber wir alle kennen Leute im privaten Umfeld, die lieber einer anderen Beschäftigung nachgehen möchten oder sollten.

Deshalb ist es verständlich, daß sich viele Jugendliche mit der Wahl ihres späteren Berufes schwertun. Andererseits entsteht in Zeiten, in denen Arbeits- und Ausbildungsplätze rar geworden sind, bei vielen der Eindruck, überhaupt keine Wahlmöglichkeiten zu haben. Viele glauben sofort zugreifen zu müssen, wenn sich eine Ausbildungsmöglichkeit eröffnet, auch wenn diese in Anbetracht der eigenen Interessen und Fähigkeiten nur einen unbefriedigenden Kompromiß darstellt.

Dieses Buch verfolgt zwei wichtige Ziele. Es möchte jungen Menschen helfen, einen Beruf zu finden, der sie interessiert und der ihren persönlichen Fähigkeiten und Fertigkeiten entspricht. Der Berufswahltest geht dabei neue Wege. Er besteht aus einem Berufsorientierungstest (BOT), der anhand von 150 Fragen eine Zuordnung zu einer Berufsgruppe ermöglicht. Bestimmte Berufe interessant zu finden, ist das eine, hierfür auch geeignet zu sein, etwas anderes. Deshalb wurde dem BOT ein Test der Schlüsselqualifikationen an die Seite gestellt, der wiederum aus einem Selbsteinschätzungstest und einem Fremdeinschätzungstest ermittelt, welche Schlüsselqualifikationen dominant und welche eher unterentwickelt sind. Durch eine Zusammenführung der drei Ergebnisse sind dann schnell die Berufe gefunden, die in Frage kommen.

Für Abiturienten gibt es noch einen Sondertest. Sie stehen erst einmal vor der generellen Entscheidung: Berufsausbildung oder Studium bzw. Studium an der Universität oder an der Fachhochschule. Auch dieser Test verhilft schnell zur richtigen Orientierung.

Gleichzeitig möchte das Buch nicht damit haltmachen, daß man in etwa weiß, welche Berufe in Frage kommen, und die Leser auf jede Menge Informationsmaterialien verweisen, durch die sie sich durchlesen müssen, sondern ihnen auch differenzierte Informationen darüber geben, was man über diese Berufe noch wissen sollte: Die notwendige Schulbildung, Informationen zur Ausbildung und zu den beruflichen Tätigkeiten, zur Ausbildungsvergütung, zur Ausbildungsdauer und zum Abschluß, zu den künftigen Perspektiven und Aufstiegsmöglichkeiten und zum späteren Gehalt. Diese wichtigen Informationen gibt es zu den 150 am häufigsten ausgeübten Berufen in Deutschland.

Natürlich kann nicht jeder Beruf völlig umfassend abgehandelt werden. Deshalb ist bei jeder Berufsbeschreibung ein Hinweis auf weitere Informationen vermerkt. Dabei handelt es sich häufig um die Blätter zur Berufskunde, die entweder kostenlos (max. 2 Exemplare) vom Bertelsmann-Verlag angefordert werden können, falls Sie über ein Exemplar von *Studien- und Berufswahl* oder von der Broschüre *Berufswahl aktuell* verfügen. Ein Anforderungsschein befindet sich dort in der Mitte des Buches. Diese Infohefte sind auch in jeder Buchhandlung erhältlich und können außerdem bei den Berufsinformationszentren der Arbeitsämter, die es in jeder größeren Stadt gibt, kostenlos eingesehen werden.

Sie sollten sich aber auf alle Fälle vor der Berufswahl auch mit Personen unterhalten, die diesen jeweiligen Beruf ausüben.

Viel Spaß beim Berufswahltest und bei der Lektüre des Buches.

Trier, im Januar 1998   Die Autoren

Ausbildungswege nach der Schule

Die Entscheidung für eine bestimmte Ausbildung ist eine der wichtigsten im Leben eines Menschen. Sie ist in hohem Maße mitentscheidend für die zukünftige Entwicklung der Persönlichkeit. Der Freundeskreis ändert sich, es werden neue intellektuelle Fähigkeiten erworben, und häufig findet sich im neuen Umfeld gar der Partner fürs Leben.

Es ist also nur zu verständlich, daß sich viele Jugendliche mit der Wahl eines bestimmten Berufes schwertun. Andererseits entsteht in Zeiten, in denen Arbeits- und Ausbildungsplätze zu einem knappen Gut geworden sind, bei vielen der Eindruck, überhaupt keine Wahlmöglichkeiten zu haben. Viele glauben, sofort zugreifen zu müssen, wenn sich eine Ausbildungsmöglichkeit eröffnet, auch wenn diese in Anbetracht der eigenen Interessen und Fähigkeiten nur einen leidlichen Kompromiß darstellt. Entscheidungsfreude ist zum richtigen Zeitpunkt sicherlich geboten, zuvor allerdings sollte man sich ausführlich informieren. Im folgenden werden die wichtigsten Ausbildungswege skizziert.

Betriebliche Ausbildung (Lehre)

Fast alle Hauptschüler/innen, die meisten, die die Schule mit einem mittleren Bildungsabschluß verlassen und etwa 1/3 der Abiturienten eines Jahrgangs entscheiden sich für einen der rund 390 anerkannten Ausbildungsberufe. Begehrt sind bei Hauptschülern vor allem technische und handwerkliche Berufsausbildungen, bei Realschülern technische (einschl. EDV) und kaufmännische Ausbildungen sowie Gesundheitsberufe, bei Schülern mit Abitur oder Fachhochschulreife kaufmännische Ausbildungen in Banken, Versicherungen, Tourismusunternehmen und Ausbildungen in der elektronischen Datenverarbeitung, in sozialen Berufen und einigen handwerklichen Berufen.

Egal, für welche Ausbildung man sich entscheidet, sie läuft nach einem bestimmten Schema ab. Die Ausbildung findet nach dem sogenannten dualen System statt: das heißt, praktische Ausbildung im Betrieb wechselt mit theoretischem Unterricht in der Berufsschule (1–2 Tage pro Woche oder in entsprechenden Blöcken). Das Verhältnis Praxis und Theorie beträgt etwa drei Viertel zu einem Viertel. Die meisten Ausbildungen sind auf drei- bis dreieinhalb Jahre angelegt. Für Abiturienten besteht die Möglichkeit einer Verkürzung auf zwei- bis zweieinhalb Jahre. Die Ausbildung endet mit einer Prüfung vor der Industrie- und Handelskammer oder vor der Handwerkskammer. Was an Prüfungsleistungen erbracht werden muß, ist genau geregelt und wird vom Staat kontrolliert. Während der Ausbildung wird generell eine Ausbildungsvergütung gezahlt, die – je nach Beruf und Ausbildungsjahr – zwischen 600 und 1.700 DM liegt.

Die praktische Ausbildung steht bei der Lehre eindeutig im Vordergrund. Aus Kostengründen fordern viele Unternehmer sogar, den zweiten Berufsschultag generell zu streichen. Damit würde sich der Praxisanteil der Ausbildung noch weiter erhöhen.

Interessant ist eine betriebliche Ausbildung also für all diejenigen, die einen möglichst raschen Berufseinstieg und damit schnelle finanzielle Unabhängigkeit sowie einen großen Praxisanteil in der Ausbildung anstreben. Vor allem bei großen Unternehmen sollte man sich sehr frühzeitig bewerben (bis zu eineinhalb Jahre vor Ausbildungsbeginn).

Weitere Informationen erhält man bei der Berufsberatung des Arbeitsamtes und bei den Betrieben, die Ausbildungsplätze anbieten. Die Ausbildungsstellen werden überwiegend vom jeweiligen Arbeitsamt vermittelt. Annoncen finden sich auch in der Tageszeitung. Außerdem ist es sinnvoll, Betriebe, an denen man ein Interesse hat, direkt anzuschreiben und zu fragen, ob sie für das nächste Jahr Ausbildungsplätze anbieten.

Sonderausbildungsgänge der Wirtschaft

Es gibt in Deutschland über 3.000 Betriebe, die jährlich etwa 15.000 Ausbildungsplätze speziell für Abiturienten oder für Leute mit Fachhochschulreife anbieten. Bei diesen Sonderausbildungsgängen arbeiten Unternehmen mit verschiedenen Ausbildungsstätten wie Verwaltungs- und Wirtschaftsakademien, Berufsakademien, Berufsschulen und in einigen Fällen auch mit Fachhochschulen zusammen. Es handelt sich also auch um eine Ausbildung nach dem dualen System: Praxisphasen im Betrieb wechseln sich ab mit Phasen der theoretischen Ausbildung an der Berufsschule. Im Gegensatz jedoch zur Lehre ist der theoretische Anteil höher und beträgt etwa ein Drittel. Außerdem werden spezielle Klassen für diese Sonderausbildung besucht. Von daher ist das Anfangsniveau etwas höher. Nach etwa zwei Jahren wird ein anerkannter Ausbildungsberuf abgeschlossen. Daran schließt sich ein drittes Jahr als Fortbildungsphase an, deren Abschluß eine weitere Kammerprüfung markiert. Nach erfolgreicher Prüfung lassen sich die Absolventen an der Bezeichnung Assistent/Assistentin erkennen (je nach Fachrichtung Wirtschaftsassistent/in, Handelsassistent/in, Mathematisch-technische/r Assistent/in, EDV-Assistent/in, Betriebsassistent/in).

Die Unterschiede zur normalen betrieblichen Ausbildung sind deutlich: höheres Gewicht der theoretisch-wisssenschaftlichen Ausbildung, längere Ausbildungsdauer, bessere Aufstiegsmöglichkeiten im Unternehmen aufgrund der qualifizierteren Ausbildung. Außerdem ist die Ausbildungsvergütung in der Regel etwas höher (900 bis 1.400 DM). Informationen über diese Sonderausbildungsgänge sind bei allen Arbeitsämtern und Industrie- und Handelskammern erhältlich.

Die Betriebe, die eine Sonderausbildung anbieten, sind auch in einer Broschüre verzeichnet, die sich im jeweiligen Berufsinformationszentrum befindet oder im Buchhandel erworben werden kann (Wolfgang Kramer, Abiturientenausbildung der Wirtschaft. Die praxisnahe Alternative zur Hochschule, hrsg. vom Deutschen Instituts Verlag). Als Faustregel gilt: Je größer ein Betrieb ist, desto eher bietet er eine solche Ausbildung an.

Ausbildung an einer Berufsakademie (BA)

Ebenfalls dem dualen Ausbildungssystem zuzurechnen ist die Ausbildung an einer Berufsakademie (in einigen Ländern auch Wirtschaftsakademie (WA) genannt). Berufsakademien gibt es derzeit in Baden-Württemberg, Berlin, Bremen, Hamburg, Niedersachsen, Saarland, Sachsen und Schleswig-Holstein. Die Ausbildungsregelungen und die angebotenen Fächer variieren von Standort zu Standort. Die Fächer umfassen den technischen Bereich (Maschinenbau, technische Informatik u.ä.), den Bereich Wirtschaft (Betriebswirtschaft, Handel, Bankwesen u.ä.), Elektronische Datenverarbeitung und an einigen Berufsakademien Sozialpädagogik. Während der gesamten dreieinhalbjährigen Ausbildung stehen die Auszubildenden in einem vertraglichen Ausbildungsverhältnis zu einem Betrieb oder einer Sozialeinrichtung (an die folglich auch die Bewerbungen zu richten sind). Die Ausbildung erfordert Abitur oder Fachhochschulreife und gute Noten. Sie führt zu den Abschlüssen Diplom-Ingenieur/in (BA), Wirtschaftsingenieur/in (BA), Diplom-Wirtschaftsinformatiker/in (BA), Diplom-Betriebswirt/in (BA/WA) oder Diplom-Sozialpädagoge/-pädagogin (BA). In einigen Ländern wird zusätzlich bereits nach zwei Jahren ein erster berufsqualifizierender Abschluß – z.B. Wirtschaftsinformatikassistent (BA) – erworben. Wie man anhand dieser Abschlüsse sieht, ist die Ausbildung an Berufs- und Wirtschaftsakademien eine Berufsausbildung mit Studienanteilen.

Es gibt in Deutschland zwei Systeme: nacheinander und parallel. Nacheinander heißt, erst folgt die praktische Berufsausbildung, anschließend die Ausbildung an der Berufs- oder Wirtschaftsakademie. Das andere System verbindet nacheinander Blöcke im Betrieb und an der Berufsakademie.

Hinter den Berufsakademien stehen leistungsstarke Unternehmen, die sich auf diese Art und Weise ihren betrieblichen Führungsnachwuchs heranbilden.

Der Betrieb oder die Sozialeinrichtung zahlt für die gesamten drei- bis dreieinhalb Jahre eine Ausbildungsvergütung (zwischen 1.200 und 1.800 DM), also auch während der Studienphasen an der Berufsakademie, die man sich wie eine kleine Hochschule vorstellen kann (mit Bibliothek, Mensa, Studierendenvertretung).

Die Ausbildung an einer Berufsakademie ist für viele Abiturienten eine interessante Alternative zum reinen Studium: zügig, Praxis und Theorie in einer Ausbildung, bei Personalchefs in gutem Ansehen und man erhält zudem noch eine Ausbildungsvergütung.

Informationen zu Ausbildungen an einer Berufsakademie geben die Arbeitsämter, die unter »Sonderausbildungsgänge« genannte Broschüre von Wolfgang Kramer und das Kapitel über die Ausbildung an Berufsakademien in der Broschüre Studien- und Berufswahl. Von den Berufsakademien kann man eine Liste der in einer Berufsakademie zusammengeschlossenen Betriebe anfordern. Bewerbungen sind an die Betriebe zu richten, die die angenommenen Bewerber/innen an die Berufsakademie entsenden.

Ausbildung im öffentlichen Dienst

Für alle Schulabschlüsse gibt es Ausbildungsmöglichkeiten im Staatsdienst. Mit dem Hauptschulabschluß steht der einfache Dienst, mit der Mittleren Reife der sog. Mittlere Dienst, mit Fachhochschulreife der Mittlere oder der Gehobene Dienst, auch Inspektorenlaufbahn genannt, offen. Die Ausbildung dauert beim einfachen Dienst zwei bis drei Jahre, beim Mittleren Dienst drei Jahre und beim Gehobenen Dienst drei Jahre (Baden-Württemberg vier Jahre) und ist eingeteilt in praktische Berufsausbildung in der Behörde und Theorieunterricht. Bei der Gehobenen Laufbahn wird anstelle des regelmäßigen Theorieunterrichts ein eineinhalbjähriges fachbezogenes Studium an einer Fachhochschule des Bundes oder eines Bundeslandes für Öffentliche Verwaltung (FHÖV) absolviert. Wie bei der Ausbildung an einer Berufsakademie erhalten die Auszubildenden während der gesamten Zeit eine Ausbildungsvergütung (1. Jahr etwa 900 DM, 3. Jahr ca. 1.600 DM). Am Ende der Ausbildung steht nach geglückter Laufbahnprüfung der Erwerb eines staatlichen Zeugnisses oder (im Gehobenen Dienst) eines Diploms mit dem Titel Diplom-Verwaltungswirt/in.

Die meisten Ausbildungen im Staatsdienst sind Verwaltungsausbildungen, die dafür qualifizieren, später als Sachbearbeiter/in in der Behörde zu arbeiten. Man spricht deshalb auch vom nichttechnischen Dienst. Darüber hinaus gibt es – allerdings recht selten – auch einige technische Ausbildungen. Ansonsten aber wird für Schreibtischtätigkeiten ausgebildet.

Es gibt hunderte von Behörden, die ausbilden: Städtische Behörden, Kreisbehörden, Landesbehörden und Bundesbehörden. Die Ausbildungsplätze werden entweder ausgeschrieben oder sind den Arbeitsämtern bekannt. Sinnvoll ist auch eine Initiativbewerbung bei einer Behörde, bei der man sich vorstellen könnte, später einmal dort zu arbeiten.

Berufsfachschule

Für einige Berufe gibt es keine betriebliche Ausbildung, keine Sonderausbildung und auch kein Studienfach. Für solche Berufe wird an Berufsfachschulen ausgebildet. Hierzu gehören vor allem verschiedene Assistentenberufe, einige Fremdsprachenberufe, die meisten therapeutischen Berufe, der Beruf des Heilpraktikers und diverse Schönheitsberufe.

Dabei gibt es jede Menge Unterschiede zwischen den Berufsfachschulen, aber auch einige Gemeinsamkeiten. Gemeinsam ist ihnen, daß hier nichts produziert oder verkauft, sondern nur ausgebildet wird. Hier gibt es auch nicht das genannte duale System. Entweder sind hier Praxis und Theorie in einer Ausbildung zusammengefaßt, oder an die theoretische Ausbildung schließt sich ein praktischer Kurs von einigen Wochen oder Monaten außerhalb der Berufsfachschule an.

Es gibt staatliche, staatlich anerkannte und solche Berufsfachschulen, die auf eine bestimmte Abschlußprüfung hin ausbilden. Die Ausbildung an staatlichen und staatlich anerkannten Berufsfachschulen ist so aufgebaut, daß sie nach einem bestimmten Lehrplan nach drei Jahren mit einer Prüfung abgeschlossen werden kann, die entweder von der Berufsfachschule selbst durchgeführt wird oder vor einer staatlichen Behörde stattfindet.

Die anderen Berufsfachschulen hingegen vermitteln das Wissen, das für das Examen benötigt wird. Sie geben aber keine Garantie dafür, daß die Prüfung bestanden wird. Andererseits bieten sie zuweilen die Möglichkeit, den Stoff in kürzerer Zeit zu lernen, oder sie bieten für Berufstätige Wochenend- oder Fernkurse an.

Die klassischen medizinischen Berufe wie Krankenpfleger und Krankenschwester, Hebamme, Altenpfleger/in usw. werden in Berufsfachschulen gelehrt. Diese Berufsfachschulen sind an ein Krankenhaus oder einer Klinik angegliedert.

Ein wichtiger Unterschied sind die Kosten. Staatliche Berufsfachschulen verlangen normalerweise keine Ausbildungskosten, allenfalls müssen Arbeitskleidung oder Lernmittel selbst beschafft werden. Es wird eine Ausbildungsvergütung gezahlt, zum Beispiel bei den o.g. Berufen. Diese entspricht in etwa den Ausbildungsvergütungen bei den anderen anerkannten Ausbildungsberufen.

Die privaten Berufsfachschulen verlangen Geld für die Ausbildung. Alles, was die Berufsfachschule nicht selbst zur Verfügung stellt, muß zusätzlich angeschafft werden. Auch für ihre Krankenversicherung sind die Teilnehmer selbst zuständig. Wie hoch die Gebühren sind, hängt davon ab, ob die Berufsfachschule staatliche Zuschüsse bekommt. Ohne Zuschüsse fallen pro Monat einige hundert und bis max. 1.000 DM an, für eine dreijährige Ausbildung einschließlich Prüfungsgebühren und Unterrichtsmaterialien insgesamt 10.000 bis über 40.000 DM. Für den Lebensunterhalt kann, wenn die Voraussetzungen vorliegen, bei einer Ausbildung in staatlich anerkannten Ausbildungsberufen eine Unterstützung nach dem Bundesausbildungsförderungsgesetz (BAföG) beantragt werden.

Wegen dieser Kosten sind die staatlichen Berufsfachschulen attraktiver und erhalten auch meistens mehr Bewerbungen als Ausbildungsplätze zur Verfügung stehen. Die Ausbildung an einer privaten Berufsfachschule muß zwangsläufig nicht schlechter sein als die an einer staatlichen. Sie kostet nur mehr Geld und ist weniger streng kontrolliert.

Wer sich für eine private Berufsfachschule entscheidet, sollte die Angebote sehr gründlich vergleichen und Informationen über die Qualität einholen. Auch unter den Berufsfachschulen befinden sich unter Umständen einige schwarze Schafe, die mehr am Geld als an einer soliden Ausbildung interessiert sind.

Derzeitige Ausbildungsmöglichkeiten an Berufsfachschulen: Altenpfleger/in, Assistent/in für das Hotel-, Gaststätten und Fremdenverkehrsgewerbe, Assistentenberufe im EDV-Bereich, Beschäftigungs- und Arbeitstherapeut/in, Chemisch-technische/r Assistent/in, Übersetzer/in und Dolmetscher/in, Staatlich geprüfte/r Informatiker/in, Ingenieurassistent/in Elektrotechnik/Datentechnik, (Kinder-) Krankenschwester, Krankenpfleger, Logopäde/Logopädin, Medizinische/r Dokumentar/in, Medizinisch-technische Assistenten (Laboratoriumsassistenten/ Radiologieassistenten/Assistenten für Funktionsdiagnostik, Veterinärmedizinisch-technische Assistenten), Musikschullehrer/in (für Musikschulen), Physikalisch-technische/r Assistent/in, Pharmazeutisch-technische/r Assistent/in, Physiothe-rapeut/in, Wirtschafts- und Fremdsprachenassistent/in. Weitere Informationen gibt es beim jeweiligen Arbeitsamt.

Fachhochschulstudium

Die Fachhochschulen wurden erst vor etwa 30 Jahren mit dem Ziel eingerichtet, Personen mit einem mittleren Bildungsabschluß und praktischer Berufserfahrung ein kurzes berufsbezogenes Studium zu ermöglichen. Inzwischen ist ein Fachhochschulstudium aber auch bei Abiturienten sehr beliebt. Das Fächerangebot umfaßt die folgenden Bereiche: Ingenieurwesen, Wirtschaft, Architektur und Innenarchitektur, Sozialwesen, Land- und Raumwirtschaft, Gestaltung und Design. Voraussetzung für ein Studium an einer Fachhochschule ist die allgemeine Hochschulreife oder die Fachhochschulreife. Die meisten Studienfächer erfordern ein einschlägiges Praktikum von einigen Monaten bis zu einem Jahr, meistens vor dem Studium. Das Studium ist relativ straff organisiert, in Seminaren herrscht in der Regel Anwesenheitspflicht. Den Abschluß des Studiums bildet ein Diplom (FH). Die Möglichkeit zur Promotion besteht nicht.

Die Ausbildung an einer Fachhochschule orientiert sich stark an den praktischen Anforderungen im späteren Beruf. Dies ist sicher auch ein Grund dafür, daß Fachhochschulabsolventen den beruflichen Einstieg nach dem Studium im Durchschnitt schneller schaffen als Hochschulabsolventen, die von der sogenannten Sucharbeitslosigkeit nach dem Studium länger betroffen sind. Außerdem ist die durchschnittliche Studiendauer an Fachhochschulen mit vier bis viereinhalb Jahren deutlich niedriger. Auch dies wird von Personalchefs gerne gesehen.

Problematisch für viele ist die Finanzierung des Studiums. Zwar werden (noch?) keine Studiengebühren verlangt, aber Leistungen nach dem Bundesausbildungsförderungsgesetz (BAföG) in vollem Umfang (ca. 970 DM) erhalten nur wenige Studierende. Die meisten halten sich mit Mischfinanzierungen über Wasser, ein Teil von den Eltern, das übrige muß durch Jobben hinzuverdient werden.

Bewerbungen um einen FH-Studienplatz erfolgen bei den meisten Fächern direkt bei der Fachhochschule. Faustregel: Bewerbung etwa 6 Monate vor dem beabsichtigten Studium, das entweder am 1. September oder (gilt nur für einige Fächer) auch am 1. März beginnt. Wer ein gestalterisches Fach studieren möchte, sollte mindestens eineinhalb Jahre vorher mit der Fachhochschule Kontakt aufnehmen.

Informationen zum Studienangebot der Fachhochschulen geben die Studienberatungen. Sie verschicken auf Anfrage kostenlose Materialien. Adressen der Fachhochschulen stehen in folgenden Büchern: *Studien- und Berufswahl* und *Studieren, aber wo?* (Eichborn Verlag).

Studium an einer wissenschaftlichen Hochschule

Das Studium an einer wissenschaftlichen Hochschule, worunter man Universitäten, Technische Hochschulen/Universitäten, Gesamthochschulen, Kunst- und Musikhochschulen, Pädagogische Hochschulen, Sporthochschulen, Kirchliche und Theologische Hochschulen usw. versteht, zeichnet sich u.a. durch ein deutliches Übergewicht der theoretischen Ausbildung aus.

Praxisorientierte Lehrveranstaltungen sind in den meisten Fächern Mangelware. Auch sind weniger externe Praktika vorgeschrieben als an Fachhochschulen. Ein großer Vorteil liegt aber in der Breite des Fächerangebotes und damit der Möglichkeit, sich umfassend zu bilden. Eine großzügige Auswahl an möglichen (teilweise auch vorgeschriebenen) Nebenfächern ist an fast allen Hochschulen gegeben. Der Studienalltag an einer wissenschaftlichen Hochschule bietet den Studierenden Freiräume und Gestaltungsmöglichkeiten. Lehrveranstaltungen mit Anwesenheitspflicht sind Ausnahmen. Dies klingt für viele zunächst verlockend, birgt aber auch Gefahren. Wer Schwierigkeiten hat, auch ohne äußeren Druck selbstdisziplinert zu lernen und regelmäßig zu arbeiten, muß damit rechnen, zu den etwa 25 % zu gehören, die ihr Studium ohne Abschluß abbrechen.

Ein Studium an wissenschaftlichen Hochschulen schließt man je nach Fach mit einem Diplom, einem Magister Artium (M.A.) oder einem Staatsexamen ab. Darauf aufbauend besteht die Möglichkeit zur Promotion, also zum Erwerb eines Doktortitels. Der Berufseinstieg ist nicht so einfach wie mit einem Fachhochschul-Diplom. Ist er jedoch erst einmal geschafft, sind die langfristigen Aufstiegsmöglichkeiten hingegen besser.

Die bereits angesprochene Finanzierungsproblematik gilt natürlich auch für ein Studium an einer wissenschaftlichen Hochschule. Allerdings muß hier ein noch längerer Zeitraum finanziert werden, bis das »erste richtige Geld« aus dieser Investition zurückfließt.

Für die Bewerbung gilt ähnliches wie bei der Fachhochschule. Ein halbes Jahr vor dem Studienbeginn sollte die Bewerbung bei der ZVS (gilt nur für die großen Studienfächer und für einige überlaufene Studienfächer in Nordrhein-Westfalen) oder direkt bei der Hochschule erfolgen. Die meisten Fächer erfordern kein vorheriges Praktikum (Ausnahme Ingenieurfächer, Architektur, Innenarchitektur).

Weitere Informationen bei den Studienberatungsstellen der Hochschulen. Informationen über die wissenschaftlichen Hochschulen, die Studienangebote und Studienbedingungen: *Studieren, aber wo?* (Eichborn, 3. Aufl. 1998)

Die wichtigsten Ausbildungswege auf einen Blick

	Betriebliche Ausbildung	Sonderausbildungsgänge der Wirtschaft	Berufsakademien
Lernort	Betrieb und Berufsschule	Betrieb und Berufsschule	Betrieb oder Sozialeinrichtung und Berufsakademie (BA) oder Wirtschaftsakademie (WA)
Dauer	2–3,5 Jahre	2–4 Jahre	3–3,5 Jahre
Status während der Ausbildung	Auszubildende/r	Auszubildende/r Student/in	Auszubildende/r Student/in
Abschluß	Gesellin (Handwerk); Gehilfe/Gehilfin (Industrie und Handel)	Assistent/in	Diplom (BA oder WA)
Fächer	Industrie- Handel, Handwerk, Öffentlicher Dienst; ca. 390 anerkannte Ausbildungsberufe	Industrie, Handel	Wirtschaft, Technik, Sozialwesen
Therorie-Praxis-Verhältnis	praxisorientierte Ausbildung im Betrieb; Theorie wird an 1 bis 2 Wochentagen an der Berufsschule vermittelt (oder in Blockform). Verhältnis: etwa 25:75	praktische Ausbildung im Betrieb, Theorie in speziellen Klassen der Berufsschule, zusätzliche Lehrgänge innerhalb des Betriebes. Verhältnis ca. 35:65	praktische Ausbildung im Betrieb und theoretische an der Berufsakademie, entweder nacheinander oder in Blöcken. Kombinierte Praxis-Studienausbildung. Verhältnis: 50:50
Schulabschluß	rechtlich kein besonderer Schulabschluß vorgeschrieben; faktisch ist für die beliebtesten Berufe mind. Mittlere Reife erforderlich	allgemeine Hochschulreife, z. T. Fachhochschulreife	meist allgemeine Hochschulreife, teilweise Fachhochschulreife
Finanzielles	Ausbildungsvergütung (je nach Beruf und Ausbildungsjahr zwischen 600 und 1.700 DM)	Ausbildungsvergütung (900 bis 1.400 DM)	Ausbildungsvergütung (1.100 bis 1.800 DM, auch während des Studiums an der BA)

Öffentlicher Dienst	Berufsfachschule	Fachhochschulen	Wissenschaftliche Hochschulen
Behörde und Fachhochschule für Öffentliche Verwaltung (FHÖV)	Berufsfachschule (keine duale Ausbildung Betrieb und Berufsschule)	Fachhochschule	Universitäten, Gesamthochschulen, Technische Hochschulen, Pädagogische Hochschulen, Kunst-, Musikhochschulen u. a.
3 Jahre	2–4 Jahre	ca. 4 Jahre	5–7 Jahre
Beamtenanwärter/in	Fachschüler/in o. ä.	Student/in	Student/in
Diplom-Verwaltungswirt/in		Diplom (FH)	Diplom, Magister, Staatsexamen, Promotion
Öffentlicher Dienst, Verwaltung	Gesundheitsberufe, verschiedene Assistentenberufe, Schönheitsberufe	Ingenieurwesen, Wirtschaft, Sozialwesen, Land- und Raumwirtschaft, Design	Natur-, Ingenieur-, Geistes-, Sozial-, Rechts-, Wirtschaftswissenschaften, Medizin, Sport, Kunst, Musik u. v. a.
praktische Ausbildung in den jeweiligen Behörden; theoretisches Studium an einer Fachhochschule für Öffentliche Verwaltung. Verhältnis: 50:50	Unterschiedlich, Praxis überwiegt meistens	mehr praxisorientierte Lerninhalte sowie vorgeschriebene externe Praktika als an Universitäten. Verhältnis je nach Fach ca. 30:70 oder 40:60	theoretisch-wissenschaftliche Ausbildung; wenig praxisorientiert, nur in wenigen Fächern Praktika vorgeschrieben. Verhältnis (für die meisten Fächer): 10:90
Einfacher Dienst: Hauptschule, Mittl. Dienst: Mittlere Reife, Geh. Dienst: Fachhochschulreife oder allgemeine Hochschulreife	Meistens Mittlere Reife, bei einigen auch Hauptschulabschluß ausreichend	Fachhochschulreife, allgemeine Hochschulreife, fachgebundene Hochschulreife, Praktikum meistens vorgeschrieben	allgemeine Hochschulreife, fachgebundene Hochschulreife
Anwärterbezüge (ca. 1.100 bis 1.800 DM, auch während des Studiums an der FHÖV)	Häufig fallen Ausbildungskosten und Gebühren an. Evtl. auch BAföG-Anspruch	keine Studiengebühren; evtl. BAföG (max. 970 DM im Monat)	keine Studiengebühren; evtl. BAföG (max. 970 DM im Monat)

Erläuterungen zu den Tests

Der nachfolgende Berufswahltest besteht aus verschiedenen Teilen. Der erste Test ist ausschließlich für Abiturienten gedacht, die vor der Wahl stehen, entweder zuerst eine Berufsausbildung aufzunehmen oder direkt zu studieren, oder die sich noch nicht schlüssig sind, ob sie an einer Universität oder an einer Fachhochschule studieren sollen. Die anderen Tests sind unabhängig von der Schulausbildung.

Bei der Konzeption des Berufsorientierungstests sind wir davon ausgegangen, daß es bestimmte Vorlieben und Interessen für berufliche Tätigkeiten gibt. Diese werden anhand von 150 Fragen ermittelt. Anschließend kann eine Zuordnung zu einer Berufsgruppe erfolgen, aber noch nicht zu einem konkreten Beruf.

Ein Interesse an bestimmten beruflichen Tätigkeiten ist das eine, eine Eignung hierfür aber das andere. Jeder Mensch hat unterschiedliche Begabungen, Neigungen und Fähigkeiten, die mit dem Beruf übereinstimmen müssen. Einige Beispiele: Wer Verkäufer werden möchte, muß überzeugend argumentieren können und Wert auf sein Äußeres legen. Beim Kfz-Mechaniker kommt es hingegen auf körperliche Belastbarkeit, technisches Interesse, handwerkliches Geschick und genaues Arbeiten an. Interesse am Auto alleine genügt nicht. Wer Ingenieur/in werden will, muß darüber hinaus über eine gute mathematische Begabung verfügen. Wer einen sozialen Beruf anstrebt, muß nicht nur soziales Engagement, sondern auch viel Ausdauer haben und psychisch belastbar sein.

Hierfür wird ein Test der Schlüsselqualifikationen angeboten, mit dem man sich anhand von 100 Fragen selbst einschätzt. Die Erfahrung zeigt aber, daß die eigene Einschätzung nicht immer die richtige sein muß. Umgekehrt stimmt die Fremdeinschätzung auch dann nicht immer, wenn sie von einer Person gemacht wird, die den Einzuschätzenden schon sehr lange kennt. Aus diesem Grund gibt es zwei Tests für die Schlüsselqualifikationen – einen Selbsteinschätzungstest und einen Fremdeinschätzungstest. Wer den zweiten Test bearbeitet, ist relativ beliebig. Ob Eltern, Freunde oder Lehrer, entscheidend ist, daß diese Person den Einzuschätzenden gut kennt und in der Lage ist, objektiv urteilen zu können. Dieser Test bietet zusätzlich die Möglichkeit, in Erfahrung zu bringen, ob man sich selbst gut kennt. Seien Sie aber nicht überrascht, wenn Ihre Einschätzung und die Fremdeinschätzung bei vielen Fragen voneinander abweicht. Die Abweichungen sollten aber nicht mehr als zwei oder drei Punkte bei jeder Frage betragen. Weichen die beiden Ergebnisse sehr weit voneinander ab, das heißt, sie liegen regelmäßig um drei oder vier Punkte auseinander, ist es sinnvoll, eine weitere Person mit der Fremdeinschätzung zu beauftragen. Bilden Sie dann einen Mittelwert zwischen Fremdeinschätzung A und B bei jeder Frage.

Anschließend bilden Sie den Mittelwert zwischen der Selbsteinschätzung und der Fremdeinschätzung und ermitteln Ihre Schlüsselqualifikationen. Die Verbindung des Berufsorientierungstests und des Tests der Schlüsselqualifikationen ermöglicht Ihnen jetzt eine Zuordnung zu in Frage kommenden Berufen, für die Sie die notwendigen Voraussetzungen mitbringen.

Sie sollten sich aber nicht nur auf einen Beruf konzentrieren, sondern sich auch andere Berufe innerhalb der Gruppe ansehen.

Beschränken Sie sich aber nicht auf lediglich eine Gruppe von Berufen. Schauen Sie sich auch einige Berufe an, die zu der Gruppe gehören, für die Sie das zweitmeiste Interesse gezeigt haben, evtl. sogar Berufe aus der dritten Gruppe. Machen Sie aber immer einen Abgleich mit den ermittelten Schlüsselqualifikationen.

Die Tests selbst sollten zügig, aber gründlich gemacht werden. Für den Extratest für Abiturienten sollten Sie sich für die Beantwortung der 20 Fragen mindestens 10 Minuten und maximal 25 Minuten Zeit lassen. Der Berufsinteressentest dürfte etwa 50 bis 60 Minuten Zeit in Anspruch nehmen. Rechnen Sie für den Test zur Ermittlung der Schlüsselqualifikationen jeweils etwa 30 bis 40 Minuten ein.

Und nun viel Spaß bei der Beantwortung der Fragen.

Extratest für Abiturienten

Von den Abiturienten nehmen in der Regel rund 60 % direkt nach dem Abitur oder nach Ableistung von Wehr- oder Zivildienst ein Hochschulstudium auf. Davon entscheiden sich etwa 73 % für ein Universitätsstudium (oder ein vergleichbares wissenschaftliches Studium) und 27 % für ein Studium an der Fachhochschule. Die übrigen 40 % beginnen eine Lehre, eine Sonderausbildung, die große Betriebe und viele Behörden anbieten, oder eine kombinierte Ausbildung an einer Berufsakademie. Von denjenigen, die sich erst einmal gegen ein Studium entscheiden, nimmt aber etwa die Hälfte später ein Studium auf.

Wegen der vielfältigen Möglichkeiten des Studiums und der beruflichen Ausbildung ist es deshalb sinnvoll, sich frühzeitig zu überlegen, ob man
- direkt mit dem Studium beginnt oder
- zuerst eine Berufsausbildung macht oder
- sich für ein Studium an einer wissenschaftlichen Hochschule oder
- an einer Fachhochschule entscheidet.

Diese Überlegungen sind deshalb wichtig, weil bei einer falschen Entscheidung ein Mißerfolg die Folge sein kann und weil z. B. eine Lehre nach dem Studium so gut wie nicht möglich ist. Arbeitgeber stellen ungern Leute für eine Berufsausbildung ein, die bereits mehrere Jahre studiert haben und einige Jahre älter sind als die übrigen Auszubildenden.

Um Ihnen diese Entscheidung zu erleichtern, wurde der folgende Sondertest konzipiert, der aus insgesamt 20 Fragen besteht und bei dem Sie sich jeweils zwischen 3 Antworten entscheiden müssen. Bitte kreuzen Sie deshalb immer nur eine Antwort an.

Für die Bearbeitung sollten Sie etwa 10–25 Minuten benötigen. Wichtig ist, daß Sie sich immer für eine der drei Möglichkeiten entscheiden. Falls Sie unsicher sind, ob Sie A, B oder C ankreuzen sollen, nehmen Sie bitte die Antwort, die Ihrer Entscheidung am nächsten kommt.

1. Frage
A. Ich fühle mich eher zur Theorie als zur Praxis hingezogen. ○
B. Praktisches Arbeiten ziehe ich der Theorie jederzeit vor. ○
C. Meine künftige Ausbildung sollte halb theoretisch und halb praktisch sein. ○

2. Frage
A. Wenn ich keinen äußeren Druck habe, tue ich wenig oder nichts. ○
B. Wenn es sein muß, kann ich mich leicht zum Lernen aufraffen. ○
C. Ich kann jederzeit auch ohne äußeren Druck selbstdisziplinert arbeiten. ○

3. Frage

A. Es macht mir Spaß, Dinge ohne Anleitung zu erarbeiten. ○
B. Es fällt mir leichter, wenn ich hierzu eine Anleitung habe. ○
C. Mir ist es lieber, wenn mir jemand sagt, wie es geht. ○

4. Frage

A. Ich möchte nach der Schule schnell finanziell unabhängig werden. ○
B. Ich möchte spätestens 3–4 Jahre nach dem Abitur Geld verdienen. ○
C. Mir ist eine mehrjährige Ausbildung wichtiger als frühes Geldverdienen. ○

5. Frage

A. Eine Ausbildung ohne ein Diplom oder einen Doktortitel ist mir zu wenig. ○
B. Für mich zählt vor allem, daß ich später einen Job bekomme. ○
C. Nicht auf ein Diplom kommt es mir an, sondern auf eine gute Ausbildung. ○

6. Frage

A. Ich möchte das lernen, was man für den Beruf braucht, und ein wenig drumherum. ○
B. Meine künftige Ausbildung sollte vor allem breit angelegt sein. ○
C. Nur das, was ich für den Beruf brauche, möchte ich lernen. ○

7. Frage

A. Wenn ich eine Aufgabe lösen muß, verlasse ich mich lieber auf mich selber. ○
B. Ich frage jemanden, wie er daran gehen würde. ○
C. Ich lasse mir die Aufgabe lieber von jemandem lösen, der sich auskennt. ○

8. Frage

A. Karriere ist nicht unwichtig, aber auch nicht das Wichtigste. ○
B. Ich möchte gerne eine »Spitzenkarriere« machen. ○
C. Zufriedenheit im Beruf ist mir wichtiger als Karriere. ○

9. Frage

A. Mich faszinieren Aufgaben, die theoretisches Denken erfordern. ○
B. Grau ist alle Theorie. ○
C. Mich interessiert eher die Anwendung der Theorie. ○

10. Frage

A. Fernsehsendungen über Wissenschaft und Forschung finde ich sehr spannend. ○
B. Langweilen mich eher. ○
C. Mag spannend sein, aber mich interessiert mehr, was man damit machen kann. ○

11. Frage

A. Ein kleines Referat selbständig zu schreiben, macht mir Spaß. ○
B. Lieber schreibe ich Klausuren, in denen das gelernte Wissen abgefragt wird. ○
C. Wenn überhaupt, sind mir mündliche Prüfungen am liebsten. ○

12. Frage

A. Wenn ich etwas nicht verstanden habe, lasse ich es mir nochmals erklären. ○
B. Setze ich mich selber daran, bis ich es verstanden habe. ○
C. Man muß nicht jedes Detail verstehen. ○

13. Frage
A. Ich schätze mich eher als jemanden ein, der an vielen Dingen Interesse hat. ○
B. Ich konzentriere mich auf einige Dinge, die ich gut kann. ○
C. Halb-halb. ○

14. Frage
A. Leute, die viel nachdenken, sind häufig weltfremd. ○
B. Um etwas zu verstehen, muß man viel nachdenken. ○
C. Wichtiger als viel nachdenken ist, daß man die Sache praktisch beherrscht. ○

15. Frage
A. Ich möchte soviel wie möglich lernen und wissen. ○
B. Man kann seine grauen Zellen auch überstrapazieren. ○
C. Es kommt nicht auf die Menge an, sondern darauf, was für den Beruf wichtig ist. ○

16. Frage
A. Ich lerne am besten unter guter Anleitung. ○
B. Ich lerne am besten mit anderen zusammen. ○
C. Ich lerne am besten alleine. ○

17. Frage
A. Während der Ausbildung will ich geregelte Arbeitszeiten und das Wochenende frei. ○
B. Wochentags sind mir die Arbeitszeiten egal, aber Freitag nachmittag geht's ins Wochenende. ○
C. Habe auch kein Problem mit ungeregelten Zeiten. ○

18. Frage
A. Meine Ausbildung soll dazu dienen, einen Beruf zu erlernen. ○
B. Meine Ausbildung sollte mir die Möglichkeit bieten, mich vielseitig zu bilden. ○
C. Meine Ausbildung sollte schon etwas mehr als reine Berufsausbildung sein. ○

19. Frage
A. Dinge, die mir keinen Spaß machen, bin ich nicht bereit zu lernen. ○
B. Es gibt nichts Uninteressantes, man muß nur lernen wollen. ○
C. Bin bereit, Dinge zu lernen, die keinen Spaß machen, wenn es nicht anders geht. ○

20. Frage
A. Ich lese gern und viel. ○
B. Bin ziemlich lesefaul. ○
C. Lese nur das, was mich direkt interessiert. ○

Berechnung

Bitte notieren Sie die Punkte anhand Ihrer angekreuzten Kästchen und zählen Sie anschließend zusammen.

Frage	A	B	C
1.	2	5	3
2.	6	4	2
3.	2	3	6
4.	6	3	1
5.	2	3	4
6.	3	2	5
7.	2	3	5
8.	3	5	4
9.	1	6	3
10.	1	5	3
11.	2	3	5
12.	3	2	4
13.	2	4	3
14.	5	1	3
15.	1	6	3
16.	5	4	2
17.	5	3	2
18.	5	1	3
19.	5	2	3
20.	2	5	3

Summe _____

Auswertung: Extratest für Abiturienten

Über 90 Punkte:

Sie sind vor allem an einer sehr schnellen Ausbildung und an einem baldigen Berufseinstieg interessiert. Die Vorstellung von einem langen Studium, finanzieller Abhängigkeit und unsicheren Arbeitsmarktperspektiven erschreckt Sie. Ihre Antworten lassen darauf schließen, daß Sie ohne großen Aufwand Ihr Abitur geschafft haben oder schaffen werden oder daß Sie die Nase (vorerst) voll haben von Schule und Lernen. Sie halten nicht viel von Theorie und mühsamem Pauken im Studium, von vielem Lesen und von Dingen, die aus ihrer Sicht nicht wichtig sind. Lassen Sie auf alle Fälle erst einmal die Finger von einem Studium und konzentrieren Sie sich auf eine berufliche Ausbildung. Eine Lehre bietet Ihnen die Möglichkeit, in zwei bis zweieinhalb Jahren einen berufsqualifizierenden Abschluß zu erlangen und in den Beruf einzusteigen. Sollten Sie später noch einmal Lust auf ein Studium bekommen, steht Ihnen dieser Weg jederzeit offen. Bei der Wahl der richtigen Ausbildung sollten Sie besonderen Wert darauf legen, daß der Beruf mit Ihren Vorstellungen und Schlüsselqualifikationen übereinstimmt, sonst werden Sie schnell frustriert und brechen die Ausbildung möglicherweise ab. Machen Sie deshalb die folgenden Tests sehr gründlich.

79–89 Punkte:

Sie sind an einer sehr schnellen Ausbildung und an einem schnellen Berufseinstieg interessiert. Die Vorstellung von einem langen Studium, finanzieller Abhängigkeit und unsicheren Arbeitsmarktperspektiven ist für Sie keine Perspektive. Ihre Antworten lassen darauf schließen, daß Sie die Nase (vorerst) voll haben von Schule und Lernen. Sie halten wenig von Theorie und mühsamem Pauken im Studium, von vielem Lesen und von Dingen, die aus ihrer Sicht nicht so wichtig sind. Lassen Sie auf alle Fälle erst einmal die Finger von einem Studium und konzentrieren Sie sich auf eine berufliche Ausbildung. Eine Lehre bietet Ihnen die Möglichkeit, in zwei bis zweieinhalb Jahren einen berufsqualifizierenden Abschluß zu erlangen und in den Beruf einzusteigen. Sollten Sie irgendwann noch einmal Lust auf ein Studium bekommen, steht Ihnen dieser Weg jederzeit offen. Bei der Wahl der richtigen Ausbildung sollten Sie Wert darauf legen, daß der Beruf mit Ihren Vorstellungen und Schlüsselqualifikationen übereinstimmt.

67–78 Punkte:

Ihr Interesse ist stark auf eine zügige Ausbildung und auf einen Beruf ausgerichtet, der Ihren Vorstellungen entspricht. Aus diesem Grund tendieren Ihre Überlegungen in Richtung einer Berufsausbildung oder sollten in diese Richtung gehen. Für Sie könnte auch ein Sonderausbildungsgang der Wirtschaft oder des Öffentlichen Dienstes, ggf. auch das Angebot der Berufsakademien von Interesse sein. In dem Kapitel »Ausbildungswege nach der Schule« finden Sie hierzu ausführliche Informationen.

Ein Universitätsstudium sollten Sie sich gründlich überlegen. Ihre Antworten vor allem zu den zentralen Fragen Ausbildungsdauer, Berufsorientierung Wissenschaft, Theorie usw. lassen darauf schließen, daß Sie eher an einer Berufsausbildung interessiert sind. Wenn Sie ein Studium anstreben, sollten Sie sich stärker auf Fachhochschulstudiengänge hin orientieren. Diese bieten den Vorteil, daß sie kürzer und mehr anwendungs- und berufsorientiert sind, somit mehr Praxisanteile enthalten und deshalb auch den Berufseinstieg erleichtern. Fachhochschulen entsprechen mit ihrem Klassensystem und mit der regelmäßigen Leistungskontrolle auch eher Ihrem Arbeitsstil.

54–66 Punkte:

Ihre Entscheidung wird recht schwer, weil Sie sowohl an einem Studium als auch an einer Berufsausbildung interessiert sind. Falls Sie sich die Entscheidung erleichtern möchten, wählen Sie den dritten Weg, erst eine Berufsausbildung und dann ein Studium. Dies wird mittlerweile von rund einem Drittel aller Abiturienten so gemacht. Allerdings sollten Sie dabei die Zeit nicht aus den Augen verlieren: Abitur mit 19 oder 20 Jahren, Wehr- oder Zivildienst, zwei Jahre Lehre und anschließend max. fünf bis sechs Jahre Studium. Dieses System bietet viele Vorteile: Man ist reifer, wenn man mit dem Studium beginnt, findet leichter einen Ferienjob, studiert normalerweise zielstrebiger und ist auch für Arbeitgeber wegen der Doppelqualifikation attraktiver. Doch Vorsicht: Die Lehre sollte in einem inhaltlichen Verhältnis zum Studium stehen. Außerdem sollte man wirklich Interesse an der Ausbildung haben. Eine Lehre zu machen nur, um eine Ausbildung zu haben, macht wenig Sinn.

Sie sollten eventuell auch ein Fachhochschulstudium in Erwägung ziehen, falls Sie ein Fach studieren möchten, das sowohl an der Uni als auch an der Fachhochschule vertreten ist; dabei sollten Sie die Vor- und Nachteile beider Hochschulen mit in die Überlegungen einbeziehen: kurze oder lange Studiendauer, mehr Theorie oder mehr Anwendungsorientierung, mehr oder weniger Überschaubarkeit im Studium, freies System mit Selbstverantwortung oder geregeltes System. Sie sollten sich auch einmal eine Universität und eine Fachhochschule und dort die Unterschiede vor Ort ansehen.

40–53 Punkte:

Sie scheinen ein/e geeignete/r Kandidat/in für ein Universitätsstudium zu sein. Weder die Theorie im Studium noch die lange Studiendauer, die finanzielle Abhängigkeit, der Arbeitsmarkt noch überfüllte Hörsäle und lange Reihen von noch zu lesenden Büchern schrecken Sie ab. Ganz im Gegenteil. Wenn Ihre Einschätzung stimmt, verfügen Sie auch über all die anderen Voraussetzungen, die man für ein Universitätsstudium braucht, wie Fleiß, selbständiges Arbeiten, Bereitschaft, auch mal abends oder am Wochenende zu arbeiten, die Fähigkeit zu logischem Denken, Interesse an Wissenschaft und vieles mehr.

Trotzdem sollten Sie sich die Möglichkeiten einer vorherigen Berufsausbildung überlegen. Sie bietet einige Vorteile: Man ist reifer, wenn man mit dem Studium beginnt, findet leichter einen Ferienjob, studiert normalerweise zielstrebiger und ist auch für Arbeitgeber wegen der Doppelqualifikation attraktiver. Die Lehre sollte in einem inhaltlichen Verhältnis zum Studium stehen, das heißt, beide sollten sich sinnvoll ergänzen. Außerdem sollte man Interesse an der Ausbildung haben. Eine Berufsausbildung zu machen nur deshalb, um sie zu haben, macht wenig Sinn.

Was die Entscheidung Universitätsstudium – FH-Studium anbelangt, dürfte das Universitätsstudium eher Ihren persönlichen Vorstellungen entsprechen.

Weniger als 40 Punkte:

Sie sind der ideale Kandidat/die ideale Kandidatin für ein Universitätsstudium. Jeder Professor wünscht sich Studenten mit Ihren Vorstellungen. Weder die Theorie im Studium noch die lange Studiendauer, die finanzielle Abhängigkeit, der Arbeitsmarkt noch überfüllte Hörsäle und lange Reihen von noch zu lesenden Büchern können Sie abschrecken. Wenn Ihre Einschätzung stimmt, verfügen Sie auch über all die anderen Voraussetzungen, die man für ein Universitätsstudium braucht, wie Fleiß, selbständiges Arbeiten, Bereitschaft, auch mal abends oder am Wochenende zu arbeiten, die Fähigkeit zu logisch-abstraktem Denken, Interesse an Wissenschaft und vieles mehr. Sie wollen an einer Universität studieren und dies bald und ohne Umwege. Trotzdem sollten Sie die Praxis nicht ganz vernachlässigen und vielleicht die Zeit bis zum Studienbeginn für ein Praktikum nutzen und im Studium einige praktische Erfahrungen sammeln.

Berufsorientierungstest
für alle Schulabgänger

Der folgende Test soll ermitteln, welche beruflichen Bereiche Sie mehr als andere interessieren. Für die Bewertung steht Ihnen eine zehnstufige Skala zu Verfügung. Wenn Sie eine der beschriebenen Tätigkeiten sehr interessant finden, dann kreuzen Sie bitte eine hohe Zahl an. Wenn etwas für Sie eher uninteressant ist, sollten Sie eine der niedrigen Zahlen wählen. Zur Verdeutlichung ein Beispiel:

Ich hätte Spaß daran ...

überhaupt nicht   sehr viel
         ① ② ③ ④ ⑤ ⑥ ⑦ ⊗ ⑨ ⑩

Computer-Spiele zu entwickeln

In diesem Beispiel hat der oder die Befragte die Zahl 8 gewählt. Man kann also sagen, daß die Tätigkeit »Computer-Spiele entwickeln« als sehr interessant eingeschätzt wird. Allerdings scheint der Befragte sich noch interessantere Tätigkeiten vorstellen zu können, die er dann mit 9 oder gar 10 bewerten wird.

Bitte bewerten Sie alle Aussagen; dies ist für die spätere Auswertung sehr wichtig.
Denken Sie bitte bei der Bewertung noch nicht an konkrete Berufe, die Sie hinter den Tätigkeiten vermuten, sondern überlegen Sie einfach, wieviel Spaß Ihnen die beschriebenen Tätigkeiten machen würden.

Ich hätte Spaß daran ...

1.
Druckmaschinen zu bedienen
und zu überwachen   ① ② ③ ④ ⑤ ⑥ ⑦ ⑧ ⑨ ⑩
2.
Kunden bei finanziellen Fragen zu beraten   ① ② ③ ④ ⑤ ⑥ ⑦ ⑧ ⑨ ⑩
3.
Maschinen zusammenzubauen   ① ② ③ ④ ⑤ ⑥ ⑦ ⑧ ⑨ ⑩
4.
Präzisionswerkzeuge aus Eisen
an einer Drehbank herzustellen   ① ② ③ ④ ⑤ ⑥ ⑦ ⑧ ⑨ ⑩

5.
ein neues Haus zu entwerfen und alle
Bauarbeiten zu koordinieren ① ② ③ ④ ⑤ ⑥ ⑦ ⑧ ⑨ ⑩

6.
die elektrische Versorgung eines
Bürokomplexes zu planen ① ② ③ ④ ⑤ ⑥ ⑦ ⑧ ⑨ ⑩

7.
zwischen Nachbarn bei Rechtsstreitigkeiten
zu vermitteln ① ② ③ ④ ⑤ ⑥ ⑦ ⑧ ⑨ ⑩

8.
für die Ordnung und Ruhe mehrerer Häuser
eines Siedlungsgebietes verantwortlich
zu sein ① ② ③ ④ ⑤ ⑥ ⑦ ⑧ ⑨ ⑩

9.
Heizungs- und Lüftungsanlagen zu entwerfen
und den Einbau zu überwachen ① ② ③ ④ ⑤ ⑥ ⑦ ⑧ ⑨ ⑩

10.
Kunden über günstige Verkehrsverbindungen
zu beraten und Vorzüge bestimmter
Reiseziele darzustellen ① ② ③ ④ ⑤ ⑥ ⑦ ⑧ ⑨ ⑩

11.
eine geschmackvolle Verpackung für ein
neues Produkt zu entwerfen ① ② ③ ④ ⑤ ⑥ ⑦ ⑧ ⑨ ⑩

12.
Kunden regelmäßig zu besuchen und ihnen
neue Produkte anzubieten ① ② ③ ④ ⑤ ⑥ ⑦ ⑧ ⑨ ⑩

13.
die Ausgaben einzelner Abteilungen in einem
Unternehmen zu überprüfen und
Verbesserungsvorschläge zu unterbreiten ① ② ③ ④ ⑤ ⑥ ⑦ ⑧ ⑨ ⑩

14.
statistische Berechnungen für ein neues
Hochhaus zu anzustellen ① ② ③ ④ ⑤ ⑥ ⑦ ⑧ ⑨ ⑩

15.
die Kosten für die Produktion von Waren eines
Industriebetriebes zu berechnen ① ② ③ ④ ⑤ ⑥ ⑦ ⑧ ⑨ ⑩

16.
einen Betrieb selbständig zu leiten und mit
Kunden Verträge abzuschließen ① ② ③ ④ ⑤ ⑥ ⑦ ⑧ ⑨ ⑩

17.
Betriebe in allen Steuer- und Finanzfragen zu beraten und deren Steuererklärungen zu erstellen   ① ② ③ ④ ⑤ ⑥ ⑦ ⑧ ⑨ ⑩

18.
neue Lagerstätten für Erdgasvorkommen zu ermitteln   ① ② ③ ④ ⑤ ⑥ ⑦ ⑧ ⑨ ⑩

19.
durch Mischen verschiedener Substanzen eine medizinisch wirksame Salbe herzustellen   ① ② ③ ④ ⑤ ⑥ ⑦ ⑧ ⑨ ⑩

20.
Vorschulkinder zum Malen und Basteln anzuregen und ihre Entwicklung zu fördern   ① ② ③ ④ ⑤ ⑥ ⑦ ⑧ ⑨ ⑩

21.
älteren, gebrechlichen Menschen bei der Verrichtung alltäglicher Dinge zu helfen   ① ② ③ ④ ⑤ ⑥ ⑦ ⑧ ⑨ ⑩

22.
nach einer Vorlage künstliche Zähne anzufertigen   ① ② ③ ④ ⑤ ⑥ ⑦ ⑧ ⑨ ⑩

23.
verschiedene Blumen für eine Raumdekoration zusammenzustellen   ① ② ③ ④ ⑤ ⑥ ⑦ ⑧ ⑨ ⑩

24.
an einer Hochschule zu unterrichten und Studenten bei Forschungsarbeiten zu unterstützen   ① ② ③ ④ ⑤ ⑥ ⑦ ⑧ ⑨ ⑩

25.
die Inneneinrichtung eines Hauses ästhetisch zu gestalten   ① ② ③ ④ ⑤ ⑥ ⑦ ⑧ ⑨ ⑩

26.
in einem Strafverfahren die Anklageschrift zu verfassen   ① ② ③ ④ ⑤ ⑥ ⑦ ⑧ ⑨ ⑩

27.
Zierpflanzen eines Parks zu züchten und zu pflegen   ① ② ③ ④ ⑤ ⑥ ⑦ ⑧ ⑨ ⑩

28.
Kunden bei der Auswahl der Speisen und Getränke für ein Fest zu beraten   ① ② ③ ④ ⑤ ⑥ ⑦ ⑧ ⑨ ⑩

29.

in einem Archiv zu entscheiden, welche
Dokumente aufgehoben werden und wie
sie geordnet werden sollen   ① ② ③ ④ ⑤ ⑥ ⑦ ⑧ ⑨ ⑩

30.

die Ansprüche eines Kunden auf Auszahlung
einer Versicherungssumme nachzuprüfen   ① ② ③ ④ ⑤ ⑥ ⑦ ⑧ ⑨ ⑩

31.

Klienten beim Verkauf eines Betriebes zu
beraten und dieses Rechtsgeschäft zu
beurkunden   ① ② ③ ④ ⑤ ⑥ ⑦ ⑧ ⑨ ⑩

32.

die physikalischen Eigenschaften eines neuen
Baustoffes zu untersuchen und zu verbessern ① ② ③ ④ ⑤ ⑥ ⑦ ⑧ ⑨ ⑩

33.

Strafgefangene zu beaufsichtigen und sie zur
Aus- und Weiterbildung anzuleiten   ① ② ③ ④ ⑤ ⑥ ⑦ ⑧ ⑨ ⑩

34.

Kinder oder Jugendliche zu unterrichten
und zu betreuen   ① ② ③ ④ ⑤ ⑥ ⑦ ⑧ ⑨ ⑩

35.

leckere Fleisch- und Wurstwaren herzustellen
und in der Fleischtheke eines Geschäfts
anzurichten   ① ② ③ ④ ⑤ ⑥ ⑦ ⑧ ⑨ ⑩

36.

Tiere auf mögliche Krankheiten zu untersuchen
und zu behandeln   ① ② ③ ④ ⑤ ⑥ ⑦ ⑧ ⑨ ⑩

37.

Maschinen zu berechnen und zu entwerfen   ① ② ③ ④ ⑤ ⑥ ⑦ ⑧ ⑨ ⑩

38.

für die Sicherheit einer prominenten Person
zu sorgen   ① ② ③ ④ ⑤ ⑥ ⑦ ⑧ ⑨ ⑩

39.

Werkstücke aus Metall durch Schmieden,
Schweißen, Nieten anzufertigen   ① ② ③ ④ ⑤ ⑥ ⑦ ⑧ ⑨ ⑩

40.

bei einem Großbetrieb Ware einzukaufen
und an Einzelhändler weiterzuverkaufen   ① ② ③ ④ ⑤ ⑥ ⑦ ⑧ ⑨ ⑩

41.

große elektronische Datenmengen zu erfassen
und zu ordnen   ① ② ③ ④ ⑤ ⑥ ⑦ ⑧ ⑨ ⑩

42.
die Wasserleitungen in einem Neubau zu installieren ① ② ③ ④ ⑤ ⑥ ⑦ ⑧ ⑨ ⑩

43.
für den Verkaufsbereich eines Unternehmens voll verantwortlich zu sein ① ② ③ ④ ⑤ ⑥ ⑦ ⑧ ⑨ ⑩

44.
Schmuckstücke zu entwerfen und anzufertigen ① ② ③ ④ ⑤ ⑥ ⑦ ⑧ ⑨ ⑩

45.
die Molekularstruktur organischer Stoffe zu erforschen ① ② ③ ④ ⑤ ⑥ ⑦ ⑧ ⑨ ⑩

46.
eine elektronische Steuerungsanlage zu überwachen ① ② ③ ④ ⑤ ⑥ ⑦ ⑧ ⑨ ⑩

47.
kranke Menschen bei Tätigkeiten zu unterstützen, die sie alleine nicht ausführen können ① ② ③ ④ ⑤ ⑥ ⑦ ⑧ ⑨ ⑩

48.
Kreditakten zu verwalten und zu bearbeiten ① ② ③ ④ ⑤ ⑥ ⑦ ⑧ ⑨ ⑩

49.
Seminare zu leiten, in denen erwachsene Teilnehmer lernen, besser miteinander zu kommunizieren ① ② ③ ④ ⑤ ⑥ ⑦ ⑧ ⑨ ⑩

50.
Betriebe darin zu beraten, wie sie ihren Umsatz verbessern und ihre Marktanteile erhöhen können ① ② ③ ④ ⑤ ⑥ ⑦ ⑧ ⑨ ⑩

51.
den Zustand eines Waldes zu begutachten und Neupflanzungen anzuordnen ① ② ③ ④ ⑤ ⑥ ⑦ ⑧ ⑨ ⑩

52.
in einem Chemiebetrieb Impfstoffe gegen Tierkrankheiten zu entwickeln ① ② ③ ④ ⑤ ⑥ ⑦ ⑧ ⑨ ⑩

53.
Kunden im Bereich der Schönheitspflege zu behandeln ① ② ③ ④ ⑤ ⑥ ⑦ ⑧ ⑨ ⑩

54.
für eine Bibliothek neue Bücher und Zeitschriften zu bestellen und über ihre Einordnung in den Bestand zu entscheiden   ① ② ③ ④ ⑤ ⑥ ⑦ ⑧ ⑨ ⑩

55.
Menschen etwas Besonderes beizubringen (z.B. eine Sprache, eine Sportart oder ähnliches)   ① ② ③ ④ ⑤ ⑥ ⑦ ⑧ ⑨ ⑩

56.
Werkzeuge auf ihre Festigkeit zu überprüfen und zu reparieren   ① ② ③ ④ ⑤ ⑥ ⑦ ⑧ ⑨ ⑩

57.
die Auswirkungen klimatischer Veränderungen auf die Bodenbeschaffenheit zu untersuchen   ① ② ③ ④ ⑤ ⑥ ⑦ ⑧ ⑨ ⑩

58.
auffällige Werbeprospekte zu entwerfen   ① ② ③ ④ ⑤ ⑥ ⑦ ⑧ ⑨ ⑩

59.
Reden während einer Konferenz in eine fremde Sprache zu übersetzen   ① ② ③ ④ ⑤ ⑥ ⑦ ⑧ ⑨ ⑩

60.
Maschinen oder Anlagen so einzustellen und zu steuern, daß hochwertige und fehlerfreie Produkte entstehen   ① ② ③ ④ ⑤ ⑥ ⑦ ⑧ ⑨ ⑩

61.
Klienten bei einer Gerichtsverhandlung zu vertreten   ① ② ③ ④ ⑤ ⑥ ⑦ ⑧ ⑨ ⑩

62.
mit Grundstücken, Häusern, Wohnungen und Industrieanlagen zu handeln   ① ② ③ ④ ⑤ ⑥ ⑦ ⑧ ⑨ ⑩

63.
Sitzungen, Tagungen und Reisen für die Unternehmensleitung vorzubereiten   ① ② ③ ④ ⑤ ⑥ ⑦ ⑧ ⑨ ⑩

64.
die finanziellen Budgets einzelner Abteilungen eines Betriebes zu überprüfen   ① ② ③ ④ ⑤ ⑥ ⑦ ⑧ ⑨ ⑩

65.
mathematische Modelle für technische Probleme zu entwickeln   ① ② ③ ④ ⑤ ⑥ ⑦ ⑧ ⑨ ⑩

66.
Patienten vor, während und nach einer medizinischen Behandlung zu betreuen   ① ② ③ ④ ⑤ ⑥ ⑦ ⑧ ⑨ ⑩

67.
eine Gesprächstherapie mit psychisch
kranken Menschen zu führen ① ② ③ ④ ⑤ ⑥ ⑦ ⑧ ⑨ ⑩

68.
die Bepflanzung von Ackerland mit
verschiedenen Nutzpflanzen zu planen ① ② ③ ④ ⑤ ⑥ ⑦ ⑧ ⑨ ⑩

69.
einen Artikel für eine Tageszeitung
zu schreiben ① ② ③ ④ ⑤ ⑥ ⑦ ⑧ ⑨ ⑩

70.
eine Gerichtsverhandlung zu leiten
und das Urteil zu sprechen ① ② ③ ④ ⑤ ⑥ ⑦ ⑧ ⑨ ⑩

71.
Menschen bei einer neuen Haarfrisur zu beraten
und diese Frisur zu schneiden ① ② ③ ④ ⑤ ⑥ ⑦ ⑧ ⑨ ⑩

72.
Wohnungen auszubauen oder zu sanieren ① ② ③ ④ ⑤ ⑥ ⑦ ⑧ ⑨ ⑩

73.
verdächtige Personen zu beschatten ① ② ③ ④ ⑤ ⑥ ⑦ ⑧ ⑨ ⑩

74.
die Besonderheit eines Ereignisses in einem
Foto festzuhalten ① ② ③ ④ ⑤ ⑥ ⑦ ⑧ ⑨ ⑩

75.
Schüler mit Lernschwierigkeiten zu fördern ① ② ③ ④ ⑤ ⑥ ⑦ ⑧ ⑨ ⑩

76.
Menschen beim Kauf von Büchern zu beraten ① ② ③ ④ ⑤ ⑥ ⑦ ⑧ ⑨ ⑩

77.
Kosten und Nutzen einer Werbekampagne
zu errechnen ① ② ③ ④ ⑤ ⑥ ⑦ ⑧ ⑨ ⑩

78.
für einen Industriebetrieb die notwendigen
Rohstoffe möglichst günstig einzukaufen ① ② ③ ④ ⑤ ⑥ ⑦ ⑧ ⑨ ⑩

79.
die Bilanz (Jahresabschlußbericht) eines
Unternehmens zu überprüfen und darüber
ein Gutachten zu erstellen ① ② ③ ④ ⑤ ⑥ ⑦ ⑧ ⑨ ⑩

80.
ein neues Wohngebiet einschließlich
Freizeiteinrichtungen zu planen ① ② ③ ④ ⑤ ⑥ ⑦ ⑧ ⑨ ⑩

81.
die Hygienevorschriften bei der Herstellung eines bestimmten Nahrungsmittels zu entwickeln ① ② ③ ④ ⑤ ⑥ ⑦ ⑧ ⑨ ⑩

82.
Maschinen zu steuern, die geschmolzene Metalle in Formen gießen ① ② ③ ④ ⑤ ⑥ ⑦ ⑧ ⑨ ⑩

83.
werdende Mütter auf die Geburt vorzubereiten ① ② ③ ④ ⑤ ⑥ ⑦ ⑧ ⑨ ⑩

84.
Jugendliche in Fragen der Berufswahl zu beraten ① ② ③ ④ ⑤ ⑥ ⑦ ⑧ ⑨ ⑩

85.
Nutzpflanzen anzubauen und zu ernten ① ② ③ ④ ⑤ ⑥ ⑦ ⑧ ⑨ ⑩

86.
ein Gutachten über die kulturelle und historische Bedeutung eines Bauwerkes zu erstellen ① ② ③ ④ ⑤ ⑥ ⑦ ⑧ ⑨ ⑩

87.
dafür zur sorgen, daß in einem Betrieb weder zu wenig noch zu viele Rohstoffe lagern ① ② ③ ④ ⑤ ⑥ ⑦ ⑧ ⑨ ⑩

88.
Soldaten auszubilden und auf Spezialeinsätze vorzubereiten ① ② ③ ④ ⑤ ⑥ ⑦ ⑧ ⑨ ⑩

89.
für die reibungslose Zusammenarbeit von Verwaltung und Produktion in einem Betrieb zu sorgen ① ② ③ ④ ⑤ ⑥ ⑦ ⑧ ⑨ ⑩

90.
Menschen mit speziellen Massagegeräten zu behandeln ① ② ③ ④ ⑤ ⑥ ⑦ ⑧ ⑨ ⑩

91.
Vasen zu entwerfen und zu verzieren ① ② ③ ④ ⑤ ⑥ ⑦ ⑧ ⑨ ⑩

92.
in einem Hotel Reservierungspläne zu erstellen, Gäste zu empfangen und Abrechnungen durchzuführen ① ② ③ ④ ⑤ ⑥ ⑦ ⑧ ⑨ ⑩

93.
die Aufteilung eines städtischen Bereiches in verschiedene Sektoren (Wohngebiet, Gewerbegebiet, Erholungsflächen) zu planen ① ② ③ ④ ⑤ ⑥ ⑦ ⑧ ⑨ ⑩

94.
Steuerbescheide von Klienten auf eventuelle Unstimmigkeiten zu überprüfen ① ② ③ ④ ⑤ ⑥ ⑦ ⑧ ⑨ ⑩

95.
Gewebeproben auf mögliche Krankheitserreger zu untersuchen ① ② ③ ④ ⑤ ⑥ ⑦ ⑧ ⑨ ⑩

96.
aus Holz ein Möbelstück zu fertigen ① ② ③ ④ ⑤ ⑥ ⑦ ⑧ ⑨ ⑩

97.
schwer erziehbare Kinder und verwahrloste Jugendliche zu betreuen ① ② ③ ④ ⑤ ⑥ ⑦ ⑧ ⑨ ⑩

98.
Maßnahmen zur Reinhaltung des Wassers zu entwickeln ① ② ③ ④ ⑤ ⑥ ⑦ ⑧ ⑨ ⑩

99.
Manuskripte dahingehend durchzusehen, ob sie sich für die Veröffentlichung eines Buches eignen ① ② ③ ④ ⑤ ⑥ ⑦ ⑧ ⑨ ⑩

100.
am Computer Konstruktionszeichnungen von Maschinen anzufertigen ① ② ③ ④ ⑤ ⑥ ⑦ ⑧ ⑨ ⑩

101.
Schäden an Kraftfahrzeugen zu finden und zu reparieren ① ② ③ ④ ⑤ ⑥ ⑦ ⑧ ⑨ ⑩

102.
einen städtischen Raum zu vermessen und auf Karten zu erfassen ① ② ③ ④ ⑤ ⑥ ⑦ ⑧ ⑨ ⑩

103.
Kunden in der Schönheitspflege zu beraten ① ② ③ ④ ⑤ ⑥ ⑦ ⑧ ⑨ ⑩

104.
den Erfolg einer Werbekampagne durch statistische Berechnungen zu ermitteln ① ② ③ ④ ⑤ ⑥ ⑦ ⑧ ⑨ ⑩

105.
für ein Unternehmen Bewerber zu testen und auf ihre Eignung hin zu überprüfen ① ② ③ ④ ⑤ ⑥ ⑦ ⑧ ⑨ ⑩

106.
die Wirksamkeit verschiedener
Schädlingsbekämpfungsmittel zu testen   ① ② ③ ④ ⑤ ⑥ ⑦ ⑧ ⑨ ⑩

107.
erkrankte Menschen zu beraten
und zu behandeln   ① ② ③ ④ ⑤ ⑥ ⑦ ⑧ ⑨ ⑩

108.
Lehrlingen das theoretische Wissen
für ihren Beruf zu vermitteln   ① ② ③ ④ ⑤ ⑥ ⑦ ⑧ ⑨ ⑩

109.
kranke Tiere zu pflegen und zu betreuen   ① ② ③ ④ ⑤ ⑥ ⑦ ⑧ ⑨ ⑩

110.
neue Bücher zu sichten und für eine
Buchhandlung eine angemessene Zahl
von Exemplaren zu bestellen   ① ② ③ ④ ⑤ ⑥ ⑦ ⑧ ⑨ ⑩

111.
den Rohbau eines Hauses zu verputzen   ① ② ③ ④ ⑤ ⑥ ⑦ ⑧ ⑨ ⑩

112.
Kunden zu bedienen und über bestimmte
Eigenschaften eines Produktes (z.B. die
Haltbarkeit eines Kleidungsstückes)
zu informieren   ① ② ③ ④ ⑤ ⑥ ⑦ ⑧ ⑨ ⑩

113.
nach flüchtigen Personen zu fahnden   ① ② ③ ④ ⑤ ⑥ ⑦ ⑧ ⑨ ⑩

114.
die Wirtschaftlichkeit eines Krankenhauses
zu prüfen und zu verbessern   ① ② ③ ④ ⑤ ⑥ ⑦ ⑧ ⑨ ⑩

115.
Gebäckwaren appetitlich zu verzieren   ① ② ③ ④ ⑤ ⑥ ⑦ ⑧ ⑨ ⑩

116.
eine Bodenprobe physikalisch-chemisch
zu untersuchen   ① ② ③ ④ ⑤ ⑥ ⑦ ⑧ ⑨ ⑩

117.
kranken Menschen gezielte Bewegungsübungen
zur Stärkung ihrer Muskulatur beizubringen   ① ② ③ ④ ⑤ ⑥ ⑦ ⑧ ⑨ ⑩

118.
Menschen mit Problemen zuzuhören
und emotional zu unterstützen   ① ② ③ ④ ⑤ ⑥ ⑦ ⑧ ⑨ ⑩

119.
die Einhaltung der Umweltschutzbestimmungen
in einem Betrieb zu überwachen   ① ② ③ ④ ⑤ ⑥ ⑦ ⑧ ⑨ ⑩

120.
Rechtsverträge vorzubereiten ① ② ③ ④ ⑤ ⑥ ⑦ ⑧ ⑨ ⑩

121.
sanitäre Einrichtungen einzubauen
oder zu reparieren ① ② ③ ④ ⑤ ⑥ ⑦ ⑧ ⑨ ⑩

122.
die Kulisse für ein Theaterstück zu gestalten ① ② ③ ④ ⑤ ⑥ ⑦ ⑧ ⑨ ⑩

123.
die Computer-Programmierung für ein
neues Fließband zu entwickeln ① ② ③ ④ ⑤ ⑥ ⑦ ⑧ ⑨ ⑩

124.
Kunden beim Abschluß einer Versicherung
zu beraten ① ② ③ ④ ⑤ ⑥ ⑦ ⑧ ⑨ ⑩

125.
die Personalakten aller Mitarbeiter eines
Unternehmens zu führen und deren
Gehaltsabrechnungen zu erstellen ① ② ③ ④ ⑤ ⑥ ⑦ ⑧ ⑨ ⑩

126.
neue Kunststoffe und Kunstfasern
zu entwickeln ① ② ③ ④ ⑤ ⑥ ⑦ ⑧ ⑨ ⑩

127.
Zahnbehandlungen durchzuführen ① ② ③ ④ ⑤ ⑥ ⑦ ⑧ ⑨ ⑩

128.
ein umweltgerechtes Aussehen einer
Bachlandschaft zu planen ① ② ③ ④ ⑤ ⑥ ⑦ ⑧ ⑨ ⑩

129.
fremdsprachliche Texte zu übersetzen ① ② ③ ④ ⑤ ⑥ ⑦ ⑧ ⑨ ⑩

130.
die Landesgrenze zu sichern und
verdächtige Personen zu überprüfen ① ② ③ ④ ⑤ ⑥ ⑦ ⑧ ⑨ ⑩

131.
einzelne Rohre zu einem Rohrsystem
zusammenzuschweißen ① ② ③ ④ ⑤ ⑥ ⑦ ⑧ ⑨ ⑩

132.
in einem Industrieunternehmen technische
und kaufmännische Fragen aufeinander
abzustimmen ① ② ③ ④ ⑤ ⑥ ⑦ ⑧ ⑨ ⑩

133.
Einnahmen und Ausgaben eines
Betriebes festzuhalten ① ② ③ ④ ⑤ ⑥ ⑦ ⑧ ⑨ ⑩

134.
die Neuartigkeit eines Produktes ausführlich zu beschreiben und hierfür ein Patent anzumelden   ① ② ③ ④ ⑤ ⑥ ⑦ ⑧ ⑨ ⑩

135.
Sprechübungen mit Kindern zu machen, die an Sprachstörungen leiden   ① ② ③ ④ ⑤ ⑥ ⑦ ⑧ ⑨ ⑩

136.
für eine Hochzeitsgesellschaft ein Menü zuzubereiten   ① ② ③ ④ ⑤ ⑥ ⑦ ⑧ ⑨ ⑩

137.
Brillen herzustellen und sie Kunden anzupassen   ① ② ③ ④ ⑤ ⑥ ⑦ ⑧ ⑨ ⑩

138.
neue Maschinen und technische Großanlagen zu entwickeln   ① ② ③ ④ ⑤ ⑥ ⑦ ⑧ ⑨ ⑩

139.
für Kunden Reisen zu buchen und die Reiseunterlagen fertigzustellen   ① ② ③ ④ ⑤ ⑥ ⑦ ⑧ ⑨ ⑩

140.
in einem Chemielabor die Betriebsabläufe zu überwachen und Fehler zu korrigieren   ① ② ③ ④ ⑤ ⑥ ⑦ ⑧ ⑨ ⑩

141.
psychisch kranke Menschen zu behandeln   ① ② ③ ④ ⑤ ⑥ ⑦ ⑧ ⑨ ⑩

142.
über ein aktuelles Thema gründlich zu recherchieren und einen umfassenden Artikel zu verfassen   ① ② ③ ④ ⑤ ⑥ ⑦ ⑧ ⑨ ⑩

143.
Unternehmen in steuerrechtlichen Fragen zu beraten   ① ② ③ ④ ⑤ ⑥ ⑦ ⑧ ⑨ ⑩

144.
nach den Resten einer römischen Siedlung zu forschen   ① ② ③ ④ ⑤ ⑥ ⑦ ⑧ ⑨ ⑩

145.
das Wetter verschiedener Großstädte miteinander zu vergleichen   ① ② ③ ④ ⑤ ⑥ ⑦ ⑧ ⑨ ⑩

146.
eine geschichtliche Ausstellung zu organisieren und den Ausstellungskatalog zu erstellen   ① ② ③ ④ ⑤ ⑥ ⑦ ⑧ ⑨ ⑩

147.
Eltern bei Erziehungsproblemen zu beraten   ① ② ③ ④ ⑤ ⑥ ⑦ ⑧ ⑨ ⑩
148.
Lohnsteuerberechnungen durchzuführen   ① ② ③ ④ ⑤ ⑥ ⑦ ⑧ ⑨ ⑩
149.
die Ursache von Vulkanausbrüchen
zu erforschen   ① ② ③ ④ ⑤ ⑥ ⑦ ⑧ ⑨ ⑩
150.
Kostüme für Theaterstücke zu schneidern   ① ② ③ ④ ⑤ ⑥ ⑦ ⑧ ⑨ ⑩

Auswertung:
Berufsorientierungstest

Übertragen Sie bitte die Werte, die Sie den einzelnen Tätigkeiten zugeordnet haben, in die jetzt folgenden Tabellen für die einzelnen Berufsbereiche.

Danach bilden Sie bitte für jeden Berufsbereich die Summe, die Sie unterhalb der Tabelle eintragen können. Sie muß dann noch durch die jeweilige Anzahl der im Test vorkommenden Tätigkeiten dividiert werden. Auch dafür ist unterhalb der Tabelle Platz.

[1] Handwerklich-technische Berufe (körperlich weniger beanspruchend)

Tätigkeit Nr.	Wert	Tätigkeit Nr.	Wert
1.	_____	89.	_____
9.	_____	100.	_____
22.	_____	137.	_____
37.	_____		

Summe der Werte = _____

Teilen durch 7 = _____ (auf eine Stelle gerundet)

[2] Handwerklich-technische Berufe (körperlich beanspruchend)

Tätigkeit Nr.	Wert	Tätigkeit Nr.	Wert
3.	_____	82.	_____
4.	_____	96.	_____
39.	_____	101.	_____
42.	_____	111.	_____
56.	_____	121.	_____
72.	_____	131.	_____

Summe der Werte = _____

Teilen durch 12 = _____ (auf eine Stelle gerundet)

[3] Gestaltung, Kunst, Mode, Design

Tätigkeit Nr.	Wert	Tätigkeit Nr.	Wert
5.	_____	74.	_____
11.	_____	80.	_____
25.	_____	91.	_____
44.	_____	122.	_____
58.	_____	150.	_____

Summe der Werte   = _____

Teilen durch 10   = _____   (auf eine Stelle gerundet)

[4] Ingenieurwissenschaftlich-technologische Berufe

Tätigkeit Nr.	Wert	Tätigkeit Nr.	Wert
6.	_____	102.	_____
14.	_____	123.	_____
46.	_____	132.	_____
60.	_____	138.	_____

Summe der Werte   = _____

Teilen durch 8   = _____   (auf eine Stelle gerundet)

[5] Beratung, Bedienung, Verkauf

Tätigkeit Nr.	Wert	Tätigkeit Nr.	Wert
2.	_____	76.	_____
10.	_____	78.	_____
12.	_____	92.	_____
28.	_____	103.	_____
40.	_____	112.	_____
62.	_____	124.	_____

Summe der Werte = _____

Teilen durch 12 = _____ (auf eine Stelle gerundet)

[6] Verwaltung und Organisation

Tätigkeit Nr.	Wert	Tätigkeit Nr.	Wert
13.	_____	87.	_____
15.	_____	93.	_____
30.	_____	104.	_____
41.	_____	114.	_____
48.	_____	125.	_____
63.	_____	133.	_____
64.	_____	139.	_____
77.	_____	148.	_____

Summe der Werte = _____

Teilen durch 16 = _____ (auf eine Stelle gerundet)

[7] Unternehmensleitung, -beratung und -prüfung

Tätigkeit Nr.	Wert	Tätigkeit Nr.	Wert
13.	_____	79.	_____
16.	_____	94.	_____
43.	_____	134.	_____
50.	_____	143.	_____

Summe der Werte = _____

Teilen durch 8 = _____ (auf eine Stelle gerundet)

[8] Naturwissenschaften

Tätigkeit Nr.	Wert	Tätigkeit Nr.	Wert
18.	_____	95.	_____
19.	_____	106.	_____
32.	_____	116.	_____
45.	_____	126.	_____
52.	_____	140.	_____
65.	_____	149.	_____
81.	_____		

Summe der Werte = _____

Teilen durch 13 = _____ (auf eine Stelle gerundet)

[9] Medizin, Gesundheit, Pflege

Tätigkeit Nr.	Wert	Tätigkeit Nr.	Wert
21.	_____	90.	_____
47.	_____	107.	_____
53.	_____	117.	_____
66.	_____	127.	_____
83.	_____		

Summe der Werte   = _____

Teilen durch 9   = _____   (auf eine Stelle gerundet)

[10] Soziale Berufe, Lehre und Erziehung

Tätigkeit Nr.	Wert	Tätigkeit Nr.	Wert
20.	_____	97.	_____
24.	_____	105.	_____
34.	_____	108.	_____
49.	_____	118.	_____
55.	_____	135.	_____
67.	_____	141.	_____
75.	_____	147.	_____
84.	_____		

Summe der Werte   = _____

Teilen durch 15   = _____   (auf eine Stelle gerundet)

[11] Land und Forstwirtschaft, Natur, Umwelt

Tätigkeit Nr.	Wert	Tätigkeit Nr.	Wert
23.	_____	85.	_____
27.	_____	98.	_____
36.	_____	109.	_____
51.	_____	119.	_____
57.	_____	128.	_____
68.	_____	145.	_____

Summe der Werte   =   _____

Teilen durch 12   =   _____   (auf eine Stelle gerundet)

[12] Sprachen, Literatur, Medien, Dokumentation

Tätigkeit Nr.	Wert	Tätigkeit Nr.	Wert
29.	_____	110.	_____
54.	_____	129.	_____
59.	_____	142.	_____
69.	_____	144.	_____
86.	_____	146.	_____
99.	_____		

Summe der Werte   =   _____

Teilen durch 11   =   _____   (auf eine Stelle gerundet)

[13] Rechtsberufe

Tätigkeit Nr.	Wert	Tätigkeit Nr.	Wert
7.	_____	61.	_____
17.	_____	70.	_____
26.	_____	120.	_____
31.	_____		

Summe der Werte = _____

Teilen durch 7 = _____ (auf eine Stelle gerundet)

[14] Sicherheitsberufe

Tätigkeit Nr.	Wert	Tätigkeit Nr.	Wert
8.	_____	88.	_____
33.	_____	113.	_____
38.	_____	130.	_____
73.	_____		

Summe der Werte = _____

Teilen durch 7 = _____ (auf eine Stelle gerundet)

Hierzu kommen noch vier Tätigkeiten, die den Berufsbereichen nicht gut zugeordnet werden konnten. Da sie allerdings Berufe repräsentieren, die relativ häufig sind, wollen wir sie nicht unterschlagen. Bitte tragen Sie auch hier die jeweiligen Werte ein. Es braucht nicht dividiert zu werden.

Wert der Tätigkeit Nr. 35 (Fleischer/in) =

Wert der Tätigkeit Nr. 71 (Friseur/in) =

Wert der Tätigkeit Nr. 115 (Bäcker/in; Konditor/in) =

Wert der Tätigkeit Nr. 136 (Koch/Köchin) =

Test zur Ermittlung von Schlüsselqualifikationen – Selbsteinschätzung

Jeder Beruf verlangt zum einen das sichere Beherrschen der jeweiligen fachlichen Materie. Dieses Wissen wird in der Regel während der Ausbildung oder des Studiums erworben. Zum anderen stellen verschiedene Berufe auch unterschiedliche Anforderungen an die Persönlichkeit der arbeitenden Person. Diese Anforderungen werden häufig als Schlüsselqualifikationen bezeichnet. Der folgende Test soll der Ermittlung Ihrer persönlichen Schlüsselqualifikationen dienen.

Wir verwenden hierzu zunächst eine sogenannte »Selbsteinschätzung«. Das bedeutet, daß Sie versuchen sollen, sich bezüglich verschiedener vorgegebener Aussagen selbst einzuschätzen. Hierzu ein Beispiel:

Ich gehe gerne ins Theater.

stimmt überhaupt nicht   stimmt voll und ganz
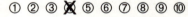

Die befragte Person hat die Zahl »4« gewählt. Offensichtlich geht sie nicht besonders gerne ins Theater, aber sie kann sich wohl noch unangenehmere Dinge vorstellen. Jemand, der ein Fan des Theaters ist und kein Theaterstück ausläßt, hätte sicher die »10« gewählt. Für dieses Beispiel könnten die Zahlen insgesamt etwa folgendermaßen beschrieben werden:

① = gehe grundsätzlich nie ins Theater; alles andere ist interessanter
② = nur wenn es unbedingt sein muß; 1000 Dinge sind interessanter
③ = höchstens einmal im Jahr; das meiste ist interessanter
④ = recht selten; es gibt noch einige interessantere Dinge
⑤ = hin und wieder; eines unter vielen interessanten Dingen
⑥ = des öfteren; interessante Sache
⑦ = regelmäßig; sehr interessant
⑧ = sehr gerne und oft; eines der interessantesten Dinge
⑨ = lasse kaum ein Theaterstück aus; kaum etwas ist so interessant wie Theater
⑩ = absoluter Theaterfreak; möchte Tag und Nacht nur Theater sehen

Beantworten Sie bitte wiederum alle Fragen, auch wenn Ihnen einige komisch oder nicht bedeutend erscheinen. Seien Sie dabei vor allem sich selbst gegenüber ehrlich. Beschreiben Sie sich nicht so, wie Sie sich gerne hätten, sondern versuchen Sie, eine realistische Einschätzung abzugeben.

1.
Andere würden mich als sehr zuverlässig beschreiben. ① ② ③ ④ ⑤ ⑥ ⑦ ⑧ ⑨ ⑩

2.
Ich habe oft kreative Ideen. ① ② ③ ④ ⑤ ⑥ ⑦ ⑧ ⑨ ⑩

3.
Auch bei schwierigen mathematischen Aufgaben finde ich die richtige Lösung. ① ② ③ ④ ⑤ ⑥ ⑦ ⑧ ⑨ ⑩

4.
Ich mag Leute nicht, die schlampig arbeiten. ① ② ③ ④ ⑤ ⑥ ⑦ ⑧ ⑨ ⑩

5.
Wenn ich etwas erkläre, verstehen dies die anderen meist sehr schnell. ① ② ③ ④ ⑤ ⑥ ⑦ ⑧ ⑨ ⑩

6.
Es macht mir Spaß, mich körperlich zu verausgaben. ① ② ③ ④ ⑤ ⑥ ⑦ ⑧ ⑨ ⑩

7.
Auch Steuerhinterziehung ist eine Straftat, die geahndet werden sollte. ① ② ③ ④ ⑤ ⑥ ⑦ ⑧ ⑨ ⑩

8.
Wenn mein Fahrrad/Mofa kaputt ist, repariere ich es selbst. ① ② ③ ④ ⑤ ⑥ ⑦ ⑧ ⑨ ⑩

9.
Es fällt mir leicht, einen ganzen Tag lang körperlich zu arbeiten. ① ② ③ ④ ⑤ ⑥ ⑦ ⑧ ⑨ ⑩

10.
Ordnung muß sein, auch wenn dies manchen Menschen nicht paßt. ① ② ③ ④ ⑤ ⑥ ⑦ ⑧ ⑨ ⑩

11.
Auf Partys stehe ich auch gerne mal im Mittelpunkt. ① ② ③ ④ ⑤ ⑥ ⑦ ⑧ ⑨ ⑩

12.
Es macht mir Spaß, etwas schriftlich zu formulieren. ① ② ③ ④ ⑤ ⑥ ⑦ ⑧ ⑨ ⑩

13.
Aufgaben, in denen logisches Denken gefordert ist, kann ich meist schnell lösen.   ① ② ③ ④ ⑤ ⑥ ⑦ ⑧ ⑨ ⑩

14.
Bei einer Entscheidung endlos hin- und herzuüberlegen, ist nicht meine Sache.   ① ② ③ ④ ⑤ ⑥ ⑦ ⑧ ⑨ ⑩

15.
Der Erfolg eines Teams ist entscheidender als der des einzelnen.   ① ② ③ ④ ⑤ ⑥ ⑦ ⑧ ⑨ ⑩

16.
Die wichtigste Auszeichnung für gute Arbeit ist eine ordentliche Bezahlung.   ① ② ③ ④ ⑤ ⑥ ⑦ ⑧ ⑨ ⑩

17.
Eine Arbeit, bei der ich meine eigenen Ideen und meine Kreativität nicht voll einbringen kann, würde mir auf Dauer keinen Spaß machen.   ① ② ③ ④ ⑤ ⑥ ⑦ ⑧ ⑨ ⑩

18.
Ich kann gut mit Geld umgehen.   ① ② ③ ④ ⑤ ⑥ ⑦ ⑧ ⑨ ⑩

19.
Eine Fahrradfahrt duch die Natur würde ich jederzeit einer Autorallye vorziehen.   ① ② ③ ④ ⑤ ⑥ ⑦ ⑧ ⑨ ⑩

20.
Es fällt mir leicht, auf andere Leute zuzugehen.   ① ② ③ ④ ⑤ ⑥ ⑦ ⑧ ⑨ ⑩

21.
Es macht mir Spaß, anderen einen komplizierten Sachverhalt ausführlich zu erklären.   ① ② ③ ④ ⑤ ⑥ ⑦ ⑧ ⑨ ⑩

22.
Wenn etwas defekt ist, nehme ich es gerne auseinander, um zu sehen, wie es innen aussieht.   ① ② ③ ④ ⑤ ⑥ ⑦ ⑧ ⑨ ⑩

23.
Wenn ich von einem anderen Menschen etwas erreichen will, kann ich sehr hartnäckig sein.   ① ② ③ ④ ⑤ ⑥ ⑦ ⑧ ⑨ ⑩

24.
Es würde mir Spaß machen, einen Kunden meines Unternehmens von den Vorteilen unserer Produkte zu überzeugen.   ① ② ③ ④ ⑤ ⑥ ⑦ ⑧ ⑨ ⑩

25.
Ich arbeite immer sehr ordentlich, auch wenn es dann etwas länger dauert.   ① ② ③ ④ ⑤ ⑥ ⑦ ⑧ ⑨ ⑩

26. Es macht mir Spaß, mich gut zu kleiden. ① ② ③ ④ ⑤ ⑥ ⑦ ⑧ ⑨ ⑩

27. Ich bastele gerne. ① ② ③ ④ ⑤ ⑥ ⑦ ⑧ ⑨ ⑩

28. Wer anderen Menschen unrecht tut, muß vom Staat auch zur Rechenschaft gezogen werden. ① ② ③ ④ ⑤ ⑥ ⑦ ⑧ ⑨ ⑩

29. Ich baue gerne Sachen zusammen. ① ② ③ ④ ⑤ ⑥ ⑦ ⑧ ⑨ ⑩

30. Die naturwissenschaftlichen Fächer Physik, Chemie und Biologie gehören zu meinen Stärken. ① ② ③ ④ ⑤ ⑥ ⑦ ⑧ ⑨ ⑩

31. Wenn ich mir etwas Größeres anschaffen wollte, hätte ich Spaß daran, mit dem Verkäufer einen besonders günstigen Preis auszuhandeln. ① ② ③ ④ ⑤ ⑥ ⑦ ⑧ ⑨ ⑩

32. Ich bevorzuge einen ordentlichen, strukturierten Arbeitsstil. ① ② ③ ④ ⑤ ⑥ ⑦ ⑧ ⑨ ⑩

33. Ich kann mich gut in andere Menschen hineinversetzen. ① ② ③ ④ ⑤ ⑥ ⑦ ⑧ ⑨ ⑩

34. Die heutigen Menschen sind viel zu sehr von der Technik geprägt und verstehen kaum noch etwas von der Natur. ① ② ③ ④ ⑤ ⑥ ⑦ ⑧ ⑨ ⑩

35. Ich bin lieber mit anderen Leuten zusammen als alleine. ① ② ③ ④ ⑤ ⑥ ⑦ ⑧ ⑨ ⑩

36. Ich bin naturverbundener als die meisten Menschen. ① ② ③ ④ ⑤ ⑥ ⑦ ⑧ ⑨ ⑩

37. Wenn ich mich für etwas entscheiden muß, geht das meistens sehr schnell. ① ② ③ ④ ⑤ ⑥ ⑦ ⑧ ⑨ ⑩

38. Ich habe einen ausgeprägten Sinn für ästhetische Formen und Farben. ① ② ③ ④ ⑤ ⑥ ⑦ ⑧ ⑨ ⑩

39.
Ich habe Spaß an naturwissenschaftlichen Fragestellungen. ① ② ③ ④ ⑤ ⑥ ⑦ ⑧ ⑨ ⑩

40.
Es fällt mit leicht, mit unbekannten Menschen Kontakt aufzunehmen. ① ② ③ ④ ⑤ ⑥ ⑦ ⑧ ⑨ ⑩

41.
Ich kann andere Leute gut von meiner Meinung überzeugen. ① ② ③ ④ ⑤ ⑥ ⑦ ⑧ ⑨ ⑩

42.
Die Sprache ist ein faszinierendes Ausdrucksmittel. ① ② ③ ④ ⑤ ⑥ ⑦ ⑧ ⑨ ⑩

43.
Ich habe mehr als andere Leute das Bedürfnis, Menschen in schwierigen Situationen zu helfen. ① ② ③ ④ ⑤ ⑥ ⑦ ⑧ ⑨ ⑩

44.
Es macht mir Spaß, bei der Arbeit meine Kreativität einzubringen. ① ② ③ ④ ⑤ ⑥ ⑦ ⑧ ⑨ ⑩

45.
Ich kann gut mit Werkzeugen umgehen. ① ② ③ ④ ⑤ ⑥ ⑦ ⑧ ⑨ ⑩

46.
Wenn zwei Leute sich streiten, spiele ich gerne die Rolle des Vermittlers. ① ② ③ ④ ⑤ ⑥ ⑦ ⑧ ⑨ ⑩

47.
Ich kann ziemlich gut zeichnen. ① ② ③ ④ ⑤ ⑥ ⑦ ⑧ ⑨ ⑩

48.
Ich kümmere mich gerne um mein gepflegtes Äußeres. ① ② ③ ④ ⑤ ⑥ ⑦ ⑧ ⑨ ⑩

49.
Ich lese gerne. ① ② ③ ④ ⑤ ⑥ ⑦ ⑧ ⑨ ⑩

50.
Ich mag Aufgaben, bei denen ich Schritt für Schritt überlegen muß und am Ende die richtige Lösung gefunden habe. ① ② ③ ④ ⑤ ⑥ ⑦ ⑧ ⑨ ⑩

51.
Es fällt mir leicht, mich sprachlich gewandt auszudrücken. ① ② ③ ④ ⑤ ⑥ ⑦ ⑧ ⑨ ⑩

52.
Es macht mir Spaß, verschiedene Wege zu überlegen und mich für einen zu entscheiden. ① ② ③ ④ ⑤ ⑥ ⑦ ⑧ ⑨ ⑩

53. Ich mag Filme, in denen der Verbrecher überführt und zur Rechenschaft gezogen wird. ① ② ③ ④ ⑤ ⑥ ⑦ ⑧ ⑨ ⑩

54. Mathematik gehört zu den Fächern, die ich mag. ① ② ③ ④ ⑤ ⑥ ⑦ ⑧ ⑨ ⑩

55. Ich mag Leute nicht, die ständig etwas verlegen oder verschlampen. ① ② ③ ④ ⑤ ⑥ ⑦ ⑧ ⑨ ⑩

56. Ich möchte auf jeden Fall einmal viel Geld verdienen. ① ② ③ ④ ⑤ ⑥ ⑦ ⑧ ⑨ ⑩

57. Ich sehe gerne Dokumentarfilme über unsere Tier- und Pflanzenwelt. ① ② ③ ④ ⑤ ⑥ ⑦ ⑧ ⑨ ⑩

58. Ich setze mich gerne für Menschen ein, die in Schwierigkeiten sind. ① ② ③ ④ ⑤ ⑥ ⑦ ⑧ ⑨ ⑩

59. Es macht mir Spaß, Mathematikaufgaben zu lösen. ① ② ③ ④ ⑤ ⑥ ⑦ ⑧ ⑨ ⑩

60. Ich verrichte eine längere Arbeit lieber im Stehen als im Sitzen. ① ② ③ ④ ⑤ ⑥ ⑦ ⑧ ⑨ ⑩

61. Ich verstehe nur schwer, warum viele Leute so zögerlich sind, wenn sie sich für oder gegen etwas entscheiden müssen. ① ② ③ ④ ⑤ ⑥ ⑦ ⑧ ⑨ ⑩

62. Ich weiß sehr genau, wie Kleidungsstücke farblich zusammenpasssen. ① ② ③ ④ ⑤ ⑥ ⑦ ⑧ ⑨ ⑩

63. Ich würde lieber auf dem Land als in der Stadt leben. ① ② ③ ④ ⑤ ⑥ ⑦ ⑧ ⑨ ⑩

64. In Diskussionsrunden übernehme ich gerne eine führende Rolle. ① ② ③ ④ ⑤ ⑥ ⑦ ⑧ ⑨ ⑩

65. Kleine Reparaturen an technischen Geräten nehme ich gerne selbst vor. ① ② ③ ④ ⑤ ⑥ ⑦ ⑧ ⑨ ⑩

66. Ich arbeite lieber mit anderen zusammen als für mich allein. ① ② ③ ④ ⑤ ⑥ ⑦ ⑧ ⑨ ⑩

67. Körperlich bin ich stark belastbar. ① ② ③ ④ ⑤ ⑥ ⑦ ⑧ ⑨ ⑩

68. Ich schätze mich als ziemlich gesprächig ein. ① ② ③ ④ ⑤ ⑥ ⑦ ⑧ ⑨ ⑩

69. Kreativität ist eine der wichtigsten Eigenschaften eines Menschen. ① ② ③ ④ ⑤ ⑥ ⑦ ⑧ ⑨ ⑩

70. Ich kann meine eigenen Wünsche denen einer Gruppe unterordnen. ① ② ③ ④ ⑤ ⑥ ⑦ ⑧ ⑨ ⑩

71. Mannschaftssportarten sind mir lieber als Einzelsportarten. ① ② ③ ④ ⑤ ⑥ ⑦ ⑧ ⑨ ⑩

72. Ich habe Verständnis für die Probleme anderer. ① ② ③ ④ ⑤ ⑥ ⑦ ⑧ ⑨ ⑩

73. Mathematische Probleme kann ich meist leicht lösen. ① ② ③ ④ ⑤ ⑥ ⑦ ⑧ ⑨ ⑩

74. Mein Zimmer (meine Wohnung) ist fast immer aufgeräumt. ① ② ③ ④ ⑤ ⑥ ⑦ ⑧ ⑨ ⑩

75. Naturwissenschaftliche Experimente finde ich faszinierend. ① ② ③ ④ ⑤ ⑥ ⑦ ⑧ ⑨ ⑩

76. Ohne Gesetze würde die Menschheit in einem Chaos leben. ① ② ③ ④ ⑤ ⑥ ⑦ ⑧ ⑨ ⑩

77. Ich bin ordnungsliebender als die meisten anderen meines Alters. ① ② ③ ④ ⑤ ⑥ ⑦ ⑧ ⑨ ⑩

78. Raffinierte technische Geräte faszinieren mich. ① ② ③ ④ ⑤ ⑥ ⑦ ⑧ ⑨ ⑩

79. Schwere Lasten zu heben, macht mir nichts aus. ① ② ③ ④ ⑤ ⑥ ⑦ ⑧ ⑨ ⑩

80. Ich kann äußerst verschwiegen sein. ① ② ③ ④ ⑤ ⑥ ⑦ ⑧ ⑨ ⑩

81.
Schwierige mathematische Aufgaben sind für mich eine Herausforderung, die ich gerne annehme. ① ② ③ ④ ⑤ ⑥ ⑦ ⑧ ⑨ ⑩

82.
Ich finde, daß viele Leute sich zu wenig um ihr Aussehen kümmern. ① ② ③ ④ ⑤ ⑥ ⑦ ⑧ ⑨ ⑩

83.
Sehr viele Menschen geraten unverschuldet in Not. ① ② ③ ④ ⑤ ⑥ ⑦ ⑧ ⑨ ⑩

84.
Ich bin künstlerisch talentiert. ① ② ③ ④ ⑤ ⑥ ⑦ ⑧ ⑨ ⑩

85.
Sich um andere zu kümmern, ist genauso wichtig wie um sich selbst. ① ② ③ ④ ⑤ ⑥ ⑦ ⑧ ⑨ ⑩

86.
Ich wünsche mir einen Arbeitsplatz, an dem ich modisch und elegant gekleidet sein kann. ① ② ③ ④ ⑤ ⑥ ⑦ ⑧ ⑨ ⑩

87.
Vor der Klasse etwas vorzutragen, fällt mir ziemlich leicht. ① ② ③ ④ ⑤ ⑥ ⑦ ⑧ ⑨ ⑩

88.
Wenn es anderen schlecht geht, höre ich mir ihre Probleme geduldig an. ① ② ③ ④ ⑤ ⑥ ⑦ ⑧ ⑨ ⑩

89.
Das Geld liegt auf der Straße, man muß nur cleverer sein als die anderen. ① ② ③ ④ ⑤ ⑥ ⑦ ⑧ ⑨ ⑩

90.
Ich kann andere Leute leicht für eine Sache gewinnen. ① ② ③ ④ ⑤ ⑥ ⑦ ⑧ ⑨ ⑩

91.
Es macht mir Spaß, mich um Jüngere zu kümmern. ① ② ③ ④ ⑤ ⑥ ⑦ ⑧ ⑨ ⑩

92.
Wenn jemand etwas nicht verstanden hat, erkläre ich es ihm gerne noch ein zweites oder drittes Mal. ① ② ③ ④ ⑤ ⑥ ⑦ ⑧ ⑨ ⑩

93.
Wenn Konflikte auftreten, versuche ich sie schnell zu lösen. ① ② ③ ④ ⑤ ⑥ ⑦ ⑧ ⑨ ⑩

94.
Eine schöne Naturlandschaft ist mir lieber als die aufregendste Großstadt. ① ② ③ ④ ⑤ ⑥ ⑦ ⑧ ⑨ ⑩

95.
Wenn mir jemand etwas im Vertrauen sagt, kann er sich darauf verlassen, daß es kein anderer erfährt. ① ② ③ ④ ⑤ ⑥ ⑦ ⑧ ⑨ ⑩

96.
Wer Kleidung verkauft, sollte selbst gut angezogen sein. ① ② ③ ④ ⑤ ⑥ ⑦ ⑧ ⑨ ⑩

97.
Zu idealistisch sollte man seinen Beruf nicht sehen; es kommt vor allem darauf an, Geld zu verdienen. ① ② ③ ④ ⑤ ⑥ ⑦ ⑧ ⑨ ⑩

98.
Statistiken finde ich sehr interessant. ① ② ③ ④ ⑤ ⑥ ⑦ ⑧ ⑨ ⑩

99.
Ich traue mir zu, auch in schwierigen Situationen ein Team anzuführen. ① ② ③ ④ ⑤ ⑥ ⑦ ⑧ ⑨ ⑩

100.
Eine Ausstellung über den Fortschritt der Technik würde ich sehr gerne besuchen. ① ② ③ ④ ⑤ ⑥ ⑦ ⑧ ⑨ ⑩

Test zur Ermittlung von Schlüsselqualifikationen – Fremdeinschätzung

(Diesen Test geben Sie bitte einer vertrauensvollen Person, die Sie sehr gut kennt [ein(e) gute(r)Freund/in oder ein(e) nahe(r) Verwandte(r)]. Er/sie soll helfen, Ihre eigenen Urteile abzusichern.)

Jeder Beruf verlangt zum einen das sichere Beherrschen der jeweiligen fachlichen Materie. Dieses Wissen wird in der Regel während der Ausbildung oder des Studiums erworben. Zum anderen stellen verschiedene Berufe auch unterschiedliche Anforderungen an die Persönlichkeit der arbeitenden Person. Diese Anforderungen werden häufig als Schlüsselqualifikationen bezeichnet. Der folgende Test soll bei der Ermittlung der Schlüsselqualifikationen Ihres/Ihrer Verwandte(n) oder Freundes/Freundin mithelfen.

Sie werden um eine sogenannte »Fremdeinschätzung« gebeten. Das bedeutet, daß Sie versuchen sollen, Ihre(n) Freund/in oder Verwandte(n) bezüglich verschiedener vorgegebener Aussagen einzuschätzen. Hierzu ein Beispiel:

Er/sie geht gerne ins Theater.

stimmt überhaupt nicht   stimmt voll und ganz

Die befragte Person hat die Zahl »4« gewählt. Offensichtlich glaubt sie, daß die eingeschätzte Person nicht besonders gerne ins Theater geht, aber sie kann sich für sie wohl noch unangenehmere Dinge vorstellen. Für dieses Beispiel könnten die Zahlen insgesamt etwa folgendermaßen beschrieben werden:

① = er/sie geht grundsätzlich nie ins Theater; alles andere ist für sie/ihn interessanter
② = nur wenn es unbedingt sein muß; 1000 Dinge sind für sie/ihn interessanter
③ = höchstens einmal im Jahr; das meiste ist für sie/ihn interessanter
④ = recht selten; es gibt noch einige interessantere Dinge für sie/ihn
⑤ = hin und wieder; eines unter vielen interessanten Dingen für sie/ihn
⑥ = des öfteren; interessante Sache für sie/ihn
⑦ = regelmäßig; sehr interessant für sie/ihn

⑧ = sehr gerne und oft; eines der interessantesten Dinge für sie/ihn
⑨ = er/sie läßt kaum ein Theaterstück aus; kaum etwas ist für sie/ihn so interessant wie Theater
⑩ = er/sie ist ein absoluter Theaterfreak; er/sie möchte Tag und Nacht nur Theater sehen

Beantworten Sie bitte alle Fragen, auch wenn Ihnen einige komisch oder nicht bedeutend erscheinen. Es kann auch möglich sein, daß Sie bei der einen oder anderen Aussage schlicht überfragt sind. Übergehen Sie dann bitte diese Aussage. Dieses Vorgehen sollte allerdings nicht allzu häufig vorkommen.

1.
Andere würden sie/ihn als sehr zuverlässig beschreiben. ① ② ③ ④ ⑤ ⑥ ⑦ ⑧ ⑨ ⑩

2.
Er/sie hat oft kreative Ideen. ① ② ③ ④ ⑤ ⑥ ⑦ ⑧ ⑨ ⑩

3.
Auch bei schwierigen mathematischen Aufgaben findet er/sie die richtige Lösung. ① ② ③ ④ ⑤ ⑥ ⑦ ⑧ ⑨ ⑩

4.
Sie/er mag Leute nicht, die schlampig arbeiten. ① ② ③ ④ ⑤ ⑥ ⑦ ⑧ ⑨ ⑩

5.
Wenn er/sie etwas erklärt, verstehen dies die anderen meist sehr schnell. ① ② ③ ④ ⑤ ⑥ ⑦ ⑧ ⑨ ⑩

6.
Es macht ihr/ihm Spaß, sich körperlich zu verausgaben. ① ② ③ ④ ⑤ ⑥ ⑦ ⑧ ⑨ ⑩

7.
Er/sie glaubt, daß auch Steuerhinterziehung eine Straftat ist, die geahndet werden sollte. ① ② ③ ④ ⑤ ⑥ ⑦ ⑧ ⑨ ⑩

8.
Wenn sein/ihr Fahrrad/Mofa kaputt ist, repariert sie/er es selbst. ① ② ③ ④ ⑤ ⑥ ⑦ ⑧ ⑨ ⑩

9.
Es fällt ihm/ihr leicht, einen ganzen Tag lang körperlich zu arbeiten. ① ② ③ ④ ⑤ ⑥ ⑦ ⑧ ⑨ ⑩

10.
Er/sie meint, daß Ordnung sein muß, auch wenn dies manchen Menschen nicht paßt. ① ② ③ ④ ⑤ ⑥ ⑦ ⑧ ⑨ ⑩

11.
Auf Partys steht er/sie auch gerne mal im Mittelpunkt. ① ② ③ ④ ⑤ ⑥ ⑦ ⑧ ⑨ ⑩

12.
Es macht ihm/ihr Spaß, etwas schriftlich zu formulieren. ① ② ③ ④ ⑤ ⑥ ⑦ ⑧ ⑨ ⑩

13.
Aufgaben, in denen logisches Denken gefordert ist, kann sie/er meist schnell lösen. ① ② ③ ④ ⑤ ⑥ ⑦ ⑧ ⑨ ⑩

14.
Bei einer Entscheidung endlos hin- und herzuüberlegen, ist nicht seine/ihre Sache. ① ② ③ ④ ⑤ ⑥ ⑦ ⑧ ⑨ ⑩

15.
Sie/er findet, daß der Erfolg eines Teams entscheidender ist als der des einzelnen. ① ② ③ ④ ⑤ ⑥ ⑦ ⑧ ⑨ ⑩

16.
Die wichtigste Auszeichnung für gute Arbeit ist für ihn/sie eine ordentliche Bezahlung. ① ② ③ ④ ⑤ ⑥ ⑦ ⑧ ⑨ ⑩

17.
Eine Arbeit, bei der er/sie seine/ihre eigenen Ideen und Kreativität nicht voll einbringen kann, würde ihm/ihr auf Dauer keinen Spaß machen. ① ② ③ ④ ⑤ ⑥ ⑦ ⑧ ⑨ ⑩

18.
Sie/er kann gut mit Geld umgehen. ① ② ③ ④ ⑤ ⑥ ⑦ ⑧ ⑨ ⑩

19.
Eine Fahrradfahrt duch die Natur würde sie/er jederzeit einer Autorallye vorziehen. ① ② ③ ④ ⑤ ⑥ ⑦ ⑧ ⑨ ⑩

20.
Es fällt ihm/ihr leicht, auf andere Leute zuzugehen. ① ② ③ ④ ⑤ ⑥ ⑦ ⑧ ⑨ ⑩

21.
Es macht ihr/ihm Spaß, anderen einen komplizierten Sachverhalt ausführlich zu erklären. ① ② ③ ④ ⑤ ⑥ ⑦ ⑧ ⑨ ⑩

22.
Wenn etwas defekt ist, nimmt er/sie es gerne auseinander, um zu sehen, wie es innen aussieht. ① ② ③ ④ ⑤ ⑥ ⑦ ⑧ ⑨ ⑩

23.
Wenn sie/er von einem anderen Menschen etwas erreichen will, kann sie/er sehr hartnäckig sein. ① ② ③ ④ ⑤ ⑥ ⑦ ⑧ ⑨ ⑩

24.
Es würde ihm/ihr Spaß machen, einen Kunden seines/ihres Unternehmens von den Vorteilen der Produkte zu überzeugen.   ① ② ③ ④ ⑤ ⑥ ⑦ ⑧ ⑨ ⑩

25.
Er/sie arbeitet immer sehr ordentlich, auch wenn es dann etwas länger dauert.   ① ② ③ ④ ⑤ ⑥ ⑦ ⑧ ⑨ ⑩

26.
Es macht ihr/ihm Spaß, sich gut zu kleiden.   ① ② ③ ④ ⑤ ⑥ ⑦ ⑧ ⑨ ⑩

27.
Er/sie bastelt gerne.   ① ② ③ ④ ⑤ ⑥ ⑦ ⑧ ⑨ ⑩

28.
Nach ihrer/seiner Meinung müssen Menschen, die anderen unrecht tun, vom Staat auch zur Rechenschaft gezogen werden.   ① ② ③ ④ ⑤ ⑥ ⑦ ⑧ ⑨ ⑩

29.
Er/sie baut gerne Sachen zusammen.   ① ② ③ ④ ⑤ ⑥ ⑦ ⑧ ⑨ ⑩

30.
Die naturwissenschaftlichen Fächer Physik, Chemie und Biologie gehören zu seinen/ihren Stärken.   ① ② ③ ④ ⑤ ⑥ ⑦ ⑧ ⑨ ⑩

31.
Wenn sie/er sich etwas Größeres anschaffen wollte, hätte sie/er Spaß daran, mit dem Verkäufer einen besonders günstigen Preis auszuhandeln.   ① ② ③ ④ ⑤ ⑥ ⑦ ⑧ ⑨ ⑩

32.
Er/sie bevorzugt einen ordentlichen, strukturierten Arbeitsstil.   ① ② ③ ④ ⑤ ⑥ ⑦ ⑧ ⑨ ⑩

33.
Er/sie kann sich gut in andere Menschen hineinversetzen.   ① ② ③ ④ ⑤ ⑥ ⑦ ⑧ ⑨ ⑩

34.
Er/sie glaubt, daß die heutigen Menschen viel zu sehr von der Technik geprägt sind und kaum noch etwas von der Natur verstehen.   ① ② ③ ④ ⑤ ⑥ ⑦ ⑧ ⑨ ⑩

35.
Sie/er ist lieber mit anderen Leuten zusammen als alleine.   ① ② ③ ④ ⑤ ⑥ ⑦ ⑧ ⑨ ⑩

36.
Er/sie ist naturverbundener als die meisten Menschen.   ① ② ③ ④ ⑤ ⑥ ⑦ ⑧ ⑨ ⑩

37.
Wenn sie/er sich für etwas entscheiden muß,
geht das meistens sehr schnell. ① ② ③ ④ ⑤ ⑥ ⑦ ⑧ ⑨ ⑩

38.
Er/sie hat einen ausgeprägten Sinn für
ästhetische Formen und Farben. ① ② ③ ④ ⑤ ⑥ ⑦ ⑧ ⑨ ⑩

39.
Sie/er hat Spaß an naturwissenschaftlichen
Fragestellungen. ① ② ③ ④ ⑤ ⑥ ⑦ ⑧ ⑨ ⑩

40.
Es fällt ihm/ihr leicht, mit unbekannten
Menschen Kontakt aufzunehmen. ① ② ③ ④ ⑤ ⑥ ⑦ ⑧ ⑨ ⑩

41.
Sie/er kann andere Leute gut von ihrer/seiner
Meinung überzeugen. ① ② ③ ④ ⑤ ⑥ ⑦ ⑧ ⑨ ⑩

42.
Die Sprache ist für ihn/sie ein faszinierendes
Ausdrucksmittel. ① ② ③ ④ ⑤ ⑥ ⑦ ⑧ ⑨ ⑩

43.
Sie/er hat mehr als andere Leute das Bedürfnis,
Menschen in schwierigen Situationen zu helfen. ① ② ③ ④ ⑤ ⑥ ⑦ ⑧ ⑨ ⑩

44.
Es macht ihm/ihr Spaß, bei der Arbeit seine/ihre
Kreativität einzubringen. ① ② ③ ④ ⑤ ⑥ ⑦ ⑧ ⑨ ⑩

45.
Sie/er kann gut mit Werkzeugen umgehen. ① ② ③ ④ ⑤ ⑥ ⑦ ⑧ ⑨ ⑩

46.
Wenn zwei Leute sich streiten, spielt er/sie
gerne die Rolle des Vermittlers. ① ② ③ ④ ⑤ ⑥ ⑦ ⑧ ⑨ ⑩

47.
Sie/er kann ziemlich gut zeichnen. ① ② ③ ④ ⑤ ⑥ ⑦ ⑧ ⑨ ⑩

48.
Er/sie kümmert sich gerne um sein/ihr
gepflegtes Äußeres. ① ② ③ ④ ⑤ ⑥ ⑦ ⑧ ⑨ ⑩

49.
Sie/er liest gerne. ① ② ③ ④ ⑤ ⑥ ⑦ ⑧ ⑨ ⑩

50.
Er/sie mag Aufgaben, bei denen er/sie Schritt
für Schritt überlegen muß und am Ende die
richtige Lösung gefunden hat. ① ② ③ ④ ⑤ ⑥ ⑦ ⑧ ⑨ ⑩

51. Es fällt ihr/ihm leicht, sich sprachlich gewandt auszudrücken. ① ② ③ ④ ⑤ ⑥ ⑦ ⑧ ⑨ ⑩

52. Es macht ihm/ihr Spaß, verschiedene Wege zu überlegen und sich für einen zu entscheiden. ① ② ③ ④ ⑤ ⑥ ⑦ ⑧ ⑨ ⑩

53. Sie/er mag Filme, in denen der Verbrecher überführt und zur Rechenschaft gezogen wird. ① ② ③ ④ ⑤ ⑥ ⑦ ⑧ ⑨ ⑩

54. Mathematik gehört zu den Fächern, die er/sie mag. ① ② ③ ④ ⑤ ⑥ ⑦ ⑧ ⑨ ⑩

55. Sie/er mag Leute nicht, die ständig etwas verlegen oder verschlampen. ① ② ③ ④ ⑤ ⑥ ⑦ ⑧ ⑨ ⑩

56. Er/sie möchte auf jeden Fall einmal viel Geld verdienen. ① ② ③ ④ ⑤ ⑥ ⑦ ⑧ ⑨ ⑩

57. Sie/er sieht gerne Dokumentarfilme über unsere Tier- und Pflanzenwelt. ① ② ③ ④ ⑤ ⑥ ⑦ ⑧ ⑨ ⑩

58. Er/sie setzt sich gerne für Menschen ein, die in Schwierigkeiten sind. ① ② ③ ④ ⑤ ⑥ ⑦ ⑧ ⑨ ⑩

59. Es macht ihr/ihm Spaß, Mathematikaufgaben zu lösen. ① ② ③ ④ ⑤ ⑥ ⑦ ⑧ ⑨ ⑩

60. Er/sie verrichtet eine längere Arbeit lieber im Stehen als im Sitzen. ① ② ③ ④ ⑤ ⑥ ⑦ ⑧ ⑨ ⑩

61. Sie/er versteht nur schwer, warum viele Leute so zögerlich sind, wenn sie sich für oder gegen etwas entscheiden müssen. ① ② ③ ④ ⑤ ⑥ ⑦ ⑧ ⑨ ⑩

62. Er/sie weiß sehr genau, wie Kleidungsstücke farblich zusammenpassen. ① ② ③ ④ ⑤ ⑥ ⑦ ⑧ ⑨ ⑩

63. Sie/er würde lieber auf dem Land als in der Stadt leben. ① ② ③ ④ ⑤ ⑥ ⑦ ⑧ ⑨ ⑩

64.
In Diskussionsrunden übernimmt er/sie gerne eine führende Rolle. ① ② ③ ④ ⑤ ⑥ ⑦ ⑧ ⑨ ⑩

65.
Kleine Reparaturen an technischen Geräten nimmt sie/er gerne selbst vor. ① ② ③ ④ ⑤ ⑥ ⑦ ⑧ ⑨ ⑩

66.
Er/sie arbeitet lieber mit anderen zusammen als für sich allein. ① ② ③ ④ ⑤ ⑥ ⑦ ⑧ ⑨ ⑩

67.
Körperlich ist sie/er stark belastbar. ① ② ③ ④ ⑤ ⑥ ⑦ ⑧ ⑨ ⑩

68.
Er/sie ist ziemlich gesprächig. ① ② ③ ④ ⑤ ⑥ ⑦ ⑧ ⑨ ⑩

69.
Sie/er meint, daß Kreativität eine der wichtigsten Eigenschaften eines Menschen ist. ① ② ③ ④ ⑤ ⑥ ⑦ ⑧ ⑨ ⑩

70.
Er/sie kann seine/ihre eigenen Wünsche denen einer Gruppe unterordnen. ① ② ③ ④ ⑤ ⑥ ⑦ ⑧ ⑨ ⑩

71.
Mannschaftssportarten sind ihr/ihm lieber als Einzelsportarten. ① ② ③ ④ ⑤ ⑥ ⑦ ⑧ ⑨ ⑩

72.
Er/sie hat Verständnis für die Probleme anderer. ① ② ③ ④ ⑤ ⑥ ⑦ ⑧ ⑨ ⑩

73.
Mathematische Probleme kann sie/er meist leicht lösen. ① ② ③ ④ ⑤ ⑥ ⑦ ⑧ ⑨ ⑩

74.
Sein/ihr Zimmer (Wohnung) ist fast immer aufgeräumt. ① ② ③ ④ ⑤ ⑥ ⑦ ⑧ ⑨ ⑩

75.
Naturwissenschaftliche Experimente findet er/sie faszinierend. ① ② ③ ④ ⑤ ⑥ ⑦ ⑧ ⑨ ⑩

76.
Sie/er glaubt, daß die Menschheit ohne Gesetze in einem Chaos leben würde. ① ② ③ ④ ⑤ ⑥ ⑦ ⑧ ⑨ ⑩

77.
Er/sie ist ordnungsliebender als die meisten anderen seines/ihres Alters. ① ② ③ ④ ⑤ ⑥ ⑦ ⑧ ⑨ ⑩

78. Raffinierte technische Geräte faszinieren sie/ihn. ① ② ③ ④ ⑤ ⑥ ⑦ ⑧ ⑨ ⑩

79. Schwere Lasten zu heben, macht ihm/ihr nichts aus. ① ② ③ ④ ⑤ ⑥ ⑦ ⑧ ⑨ ⑩

80. Sie/er kann äußerst verschwiegen sein. ① ② ③ ④ ⑤ ⑥ ⑦ ⑧ ⑨ ⑩

81. Schwierige mathematische Aufgaben sind für ihn/sie eine Herausforderung, die er/sie gerne annimmt. ① ② ③ ④ ⑤ ⑥ ⑦ ⑧ ⑨ ⑩

82. Sie/er findet, daß viele Leute sich zu wenig um ihr Aussehen kümmern. ① ② ③ ④ ⑤ ⑥ ⑦ ⑧ ⑨ ⑩

83. Er/sie glaubt, daß sehr viele Menschen unverschuldet in Not geraten. ① ② ③ ④ ⑤ ⑥ ⑦ ⑧ ⑨ ⑩

84. Sie/er ist künstlerisch talentiert. ① ② ③ ④ ⑤ ⑥ ⑦ ⑧ ⑨ ⑩

85. Sich um andere zu kümmern, ist für ihn/sie genauso wichtig wie um sich selbst. ① ② ③ ④ ⑤ ⑥ ⑦ ⑧ ⑨ ⑩

86. Sie/er wünscht sich einen Arbeitsplatz, an dem sie/er modisch und elegant gekleidet sein kann. ① ② ③ ④ ⑤ ⑥ ⑦ ⑧ ⑨ ⑩

87. Vor der Klasse etwas vorzutragen, fällt ihm/ihr ziemlich leicht. ① ② ③ ④ ⑤ ⑥ ⑦ ⑧ ⑨ ⑩

88. Wenn es anderen schlecht geht, hört sie/er sich ihre Probleme geduldig an. ① ② ③ ④ ⑤ ⑥ ⑦ ⑧ ⑨ ⑩

89. Er/sie findet, daß das Geld auf der Straße liegt, man muß nur cleverer sein als die anderen. ① ② ③ ④ ⑤ ⑥ ⑦ ⑧ ⑨ ⑩

90. Sie/er kann andere Leute leicht für eine Sache gewinnen. ① ② ③ ④ ⑤ ⑥ ⑦ ⑧ ⑨ ⑩

91.
Es macht ihm/ihr Spaß, sich um Jüngere zu kümmern. ① ② ③ ④ ⑤ ⑥ ⑦ ⑧ ⑨ ⑩

92.
Wenn jemand etwas nicht verstanden hat, erklärt sie/er es ihm gerne noch ein zweites oder drittes Mal. ① ② ③ ④ ⑤ ⑥ ⑦ ⑧ ⑨ ⑩

93.
Wenn Konflikte auftreten, versucht er/sie sie schnell zu lösen. ① ② ③ ④ ⑤ ⑥ ⑦ ⑧ ⑨ ⑩

94.
Eine schöne Naturlandschaft ist ihr/ihm lieber als die aufregendste Großstadt. ① ② ③ ④ ⑤ ⑥ ⑦ ⑧ ⑨ ⑩

95.
Wenn ihm/ihr jemand etwas im Vertrauen sagt, kann er sich darauf verlassen, daß es kein anderer erfährt. ① ② ③ ④ ⑤ ⑥ ⑦ ⑧ ⑨ ⑩

96.
Er/sie meint, wer Kleidung verkauft, sollte selbst gut angezogen sein. ① ② ③ ④ ⑤ ⑥ ⑦ ⑧ ⑨ ⑩

97.
Nach ihrer/seiner Meinung sollte man seinen Beruf nicht zu idealistisch sehen; es kommt vor allem darauf an, Geld zu verdienen. ① ② ③ ④ ⑤ ⑥ ⑦ ⑧ ⑨ ⑩

98.
Statistiken findet er/sie sehr interessant. ① ② ③ ④ ⑤ ⑥ ⑦ ⑧ ⑨ ⑩

99.
Sie/er traut sich zu, auch in schwierigen Situationen ein Team anzuführen. ① ② ③ ④ ⑤ ⑥ ⑦ ⑧ ⑨ ⑩

100.
Eine Ausstellung über den Fortschritt der Technik würde er/sie sehr gerne besuchen. ① ② ③ ④ ⑤ ⑥ ⑦ ⑧ ⑨ ⑩

Auswertung: Test zur Ermittlung von Schlüsselqualifikationen

Nun zur Auswertung. Zunächst der erste Test: Übertragen Sie bitte die Werte, die Sie den einzelnen Aussagen zugeordnet haben, in den jetzt folgenden Tabellen jeweils in die Spalte unter der Überschrift »Wert Selbsteinschätzung«. Die Werte, die ihr/e Freund/in oder Verwandte/r gewählt hat, tragen Sie bitte in der nächsten Spalte ein (unter »Wert Fremdeinschätzung«). Für das Festlegen des Einigungswertes gelten folgende Regeln:

1. Wenn der Wert für die Fremdeinschätzung fehlt (weil der oder die Befragte überfragt war), übernehmen Sie einfach den Wert Ihrer Selbsteinschätzung.
2. Wenn die Werte für die Selbsteinschätzung und für die Fremdeinschätzung identisch sind, übernehmen Sie natürlich den jeweiligen Wert als Einigungswert.
3. Wenn die Werte von Selbst- und Fremdeinschätzung einen, zwei oder drei Punkte auseinander liegen, bilden Sie den Mittelwert und tragen ihn als Einigungswert ein. Ein Beispiel: Sie haben die Zahl 3 gewählt, der/die Fremdeinschätzer/in den Wert 6. $3 + 6 = 9 \Rightarrow 9 : 2 = 4,5$ (= Einigungswert).
4. Wenn die Werte vier oder mehr Punkte auseinander liegen, ist die Ermittlung des Einigungswertes etwas aufwendiger. Sehen Sie sich gemeinsam mit Ihrem/Ihrer »Fremdeinschätzer/in« die jeweiligen Aussagen noch einmal an und diskutieren Sie, warum Sie zu Ihrer Einschätzung gekommen sind. Erfahrungsgemäß kommen Selbst- und Fremdeinschätzer in einem Gespräch schnell zu einer Einigung. Diese stellt dann den Einigungswert dar. Bleibt es bei großen Unterschieden in den Einschätzungen, übernehmen Sie letztendlich Ihre eigene Einschätzung.

Wenn sie alle Einigungswerte einer Tabelle ermittelt haben, addieren Sie sie bitte. Die Summe können Sie unterhalb der Tabelle eintragen. Diese muß dann noch durch die jeweilige Anzahl an Aussagen dividiert werden, damit die Werte auch vergleichbar sind. Auch dafür ist unterhalb der Tabelle eine Zeile vorgesehen.

1. Kontaktfreude

Aussage Nr.	Wert Selbsteinschätzung	Wert Fremdeinschätzung	Einigungswert
11.			
20.			
40.			
68.			

Summe der Werte aus der Spalte Einigungswert = _____

　　　　　Teilen durch 4 = _____　　(auf eine Stelle gerundet)

2. Teamorientierung

Aussage Nr.	Wert Selbsteinschätzung	Wert Fremdeinschätzung	Einigungswert
15.			
35.			
66.			
70.			
71.			

Summe der Werte aus der Spalte Einigungswert = _____

　　　　　Teilen durch 4 = _____　　(auf eine Stelle gerundet)

3. Entscheidungsfreude

Aussage Nr.	Wert Selbsteinschätzung	Wert Fremdeinschätzung	Einigungswert
14.			
37.			
52.			
61.			

Summe der Werte aus der Spalte Einigungswert = _____

　　　　　Teilen durch 4 = _____　　(auf eine Stelle gerundet)

4. Körperliche Belastbarkeit

Aussage Nr.	Wert Selbsteinschätzung	Wert Fremdeinschätzung	Einigungswert
6.			
9.			
60.			
67.			
79.			

Summe der Werte aus der Spalte Einigungswert = _____

                Teilen durch 5 = _____ (auf eine Stelle gerundet)

5. Handwerklich-technisches Geschick

Aussage Nr.	Wert Selbsteinschätzung	Wert Fremdeinschätzung	Einigungswert
8.			
27.			
29.			
45.			
65.			

Summe der Werte aus der Spalte Einigungswert = _____

                Teilen durch 5 = _____ (auf eine Stelle gerundet)

6. Technisches Verständnis

Aussage Nr.	Wert Selbsteinschätzung	Wert Fremdeinschätzung	Einigungswert
22.			
65.			
78.			
100.			

Summe der Werte aus der Spalte Einigungswert = _____

                Teilen durch 4 = _____ (auf eine Stelle gerundet)

7. Soziales Interesse/Engagement

Aussage Nr.	Wert Selbsteinschätzung	Wert Fremdeinschätzung	Einigungswert
33.			
43.			
58.			
72.			
83.			
85.			
88.			

Summe der Werte aus der Spalte Einigungswert = _____

Teilen durch 7 = _____ (auf eine Stelle gerundet)

8. Führungsfähigkeit

Aussage Nr.	Wert Selbsteinschätzung	Wert Fremdeinschätzung	Einigungswert
41.			
46.			
64.			
93.			
99.			

Summe der Werte aus der Spalte Einigungswert = _____

Teilen durch 5 = _____ (auf eine Stelle gerundet)

9. Sprachgewandtheit

Aussage Nr.	Wert Selbsteinschätzung	Wert Fremdeinschätzung	Einigungswert
12.			
42.			
49.			
51.			

Summe der Werte aus der Spalte Einigungswert = _____

        Teilen durch 4 = _____ (auf eine Stelle gerundet)

10. Interesse an äußerem Erscheinen

Aussage Nr.	Wert Selbsteinschätzung	Wert Fremdeinschätzung	Einigungswert
26.			
48.			
82.			
86.			
96.			

Summe der Werte aus der Spalte Einigungswert = _____

        Teilen durch 5 = _____ (auf eine Stelle gerundet)

11. Verkaufsfähigkeit

Aussage Nr.	Wert Selbsteinschätzung	Wert Fremdeinschätzung	Einigungswert
18.			
23.			
24.			
31.			
90.			

Summe der Werte aus der Spalte Einigungswert = _____

        Teilen durch 5 = _____ (auf eine Stelle gerundet)

12. Ordnungssinn

Aussage Nr.	Wert Selbsteinschätzung	Wert Fremdeinschätzung	Einigungswert
4.			
10.			
25.			
32.			
55.			
74.			
77.			

Summe der Werte aus der Spalte Einigungswert = _____

        Teilen durch 7 = _____ (auf eine Stelle gerundet)

13. Künstlerische Begabung und Kreativität

Aussage Nr.	Wert Selbsteinschätzung	Wert Fremdeinschätzung	Einigungswert
2.			
17.			
38.			
44.			
47.			
62.			
69.			
84.			

Summe der Werte aus der Spalte Einigungswert = _____

        Teilen durch 8 = _____ (auf eine Stelle gerundet)

14. Rechtsbewußtsein

Aussage Nr.	Wert Selbsteinschätzung	Wert Fremdeinschätzung	Einigungswert
7.			
28.			
53.			
76.			

Summe der Werte aus der Spalte Einigungswert = _____

                 Teilen durch 4 =   (auf eine Stelle gerundet)

15. Mathematisches Verständnis und logisch-abstraktes Denken

Aussage Nr.	Wert Selbsteinschätzung	Wert Fremdeinschzätzung	Einigungswert
3.			
13.			
50.			
54.			
59.			
73.			
81.			
98.			

Summe der Werte aus der Spalte Einigungswert = _____

                 Teilen durch 8 =   (auf eine Stelle gerundet)

16. Naturwissenschaftliches Verständnis

Aussage Nr.	Wert Selbsteinschätzung	Wert Fremdeinschätzung	Einigungswert
30.			
39.			
75.			

Summe der Werte aus der Spalte Einigungswert = _____

                 Teilen durch 3 =   (auf eine Stelle gerundet)

17. Seriosität

Aussage Nr.	Wert Selbsteinschätzung	Wert Fremdeinschätzung	Einigungswert
1.			
80.			
95.			

Summe der Werte aus der Spalte Einigungswert = _____

Teilen durch 3 = _____ (auf eine Stelle gerundet)

18. Geldorientierung

Aussage Nr.	Wert Selbsteinschätzung	Wert Fremdeinschätzung	Einigungswert
16.			
56.			
89.			
97.			

Summe der Werte aus der Spalte Einigungswert = _____

Teilen durch 4 = _____ (auf eine Stelle gerundet)

19. Naturverbundenheit

Aussage Nr.	Wert Selbsteinschätzung	Wert Fremdeinschätzung	Einigungswert
19.			
34.			
36.			
57.			
63.			
94.			

Summe der Werte aus der Spalte Einigungswert = _____

Teilen durch 6 = _____ (auf eine Stelle gerundet)

20. Didaktisches Geschick

Aussage Nr.	Wert Selbsteinschätzung	Wert Fremdeinschätzung	Einigungswert
5.			
21.			
87.			
91.			
92.			

Summe der Werte aus der Spalte Einigungswert = _____

        Teilen durch 5 = _____   (auf eine Stelle gerundet)

Verbindung der Testergebnisse

Die beiden Tests unterscheiden sich von vielen anderen in einem wichtigen Punkt. Andere Tests vergleichen die Werte, die man erreicht, mit denen anderer Leute oder mit dem Mittelwert, den eine große Anzahl von Menschen erzielt. So kann man zum Beispiel feststellen, ob der eigene Wert für das Interesse an dem Berufsbereich »Beratung, Bedienung, Verkauf« höher oder niedriger ist als das durchschnittliche Interesse. Dies kann sicher interessant sein. Es ist aber möglich, daß man in allen Berufsbereichen höhere oder niedrigere Werte erreicht. Das kann beispielsweise am eigenen Antwortverhalten liegen. Jedenfalls bringt ein Test in diesem Fall keine neuen Informationen.

Deshalb findet bei den Tests, die Sie bearbeitet haben, ein anderer Vergleich statt. Es werden Ihre Interessen an einem bestimmten Berufsbereich mit denen an anderen Berufsbereichen verglichen (bzw. die Ausprägung bestimmter Schlüsselqualifikationen mit der anderer Schlüsselqualifikationen). Die zahlenmäßige Höhe der Werte, die Sie für sich ermittelt haben, ist also völlig egal. Es geht nur um die Reihenfolge, die sich aus Ihren Werten ergibt. Schreiben Sie deshalb an dieser Stelle die acht Schlüsselqualifikationen sowie die fünf Berufsbereiche auf, bei denen Sie die vergleichsweise höchsten Werte erreicht haben:

<u>Schlüsselqualifikationen</u>

1. Platz:

2. Platz:

3. Platz:

4. Platz:

5. Platz:

6. Platz:

7. Platz:

8. Platz:

<u>Berufsbereiche</u>

1. Platz:

2. Platz:

3. Platz:

4. Platz:

5. Platz:

Wie bereits in der Einleitung zum Test zur Ermittlung der Schlüsselqualifikationen erwähnt, stellen unterschiedliche Berufe auch verschiedene Anforderungen an die Persönlichkeit der arbeitenden Person. Immer wichtiger werden dabei die sogenannten Schlüsselqualifikationen.

In einem Beruf wird man dauerhaft nur dann glücklich, wenn man sich einerseits für den Beruf interessiert, und andererseits die erforderlichen Schlüsselqualifikationen mitbringt. Der folgenden Tabelle kann entnommen werden, welche Schlüsselqualifikationen für die einzelnen Berufsbereiche wichtig (gekennzeichnet mit **x**), besonders wichtig (gekennzeichnet mit **xx**) oder gar unbedingt erforderlich (gekennzeichnet mit **xxx**) sind. Wenn ein Sternchen eingeschränkt wird (durch den Zusatz »teilweise«), dann gilt die wichtige Schlüsselqualifikation nicht für alle Berufe des Bereiches. Im zweiten Teil des Buches wird bei der Darstellung der Berufe darauf hingewiesen.

Es bietet sich also folgendes Vorgehen an: Suchen Sie sich zunächst die Spalte mit dem Berufsbereich, der sie vergleichsweise am meisten interessiert. Dann betrachten Sie die als wichtig, besonders wichtig und vor allem die als unbedingt erforderlich erachteten Schlüsselqualifikationen. Wenn diese (jedenfalls teilweise) auch in der »Hitliste« Ihrer Schlüsselqualifikationen (s.o.) vorkommen: Gratulation, Sie haben ein gutes Übereinstimmen von Interessen und Anforderungen für einen bestimmten Berufsbereich herausgefunden. Wenn Sie Lust haben, könnten Sie jetzt im zweiten Teil des Buches nachschlagen, welche Berufe sich genau hinter dem Berufsbereich verbergen, wie die Berufschancen sind, welche Ausbildung man absolvieren muß, was man verdienen kann usw.

Wenn Sie keine gute Übereinstimmung Ihrer Interessen und Ihrer Schlüsselqualifikationen gefunden haben: Werfen Sie die Flinte nicht vorschnell ins Korn. Überlegen Sie, ob Sie mit Fleiß und Ausdauer die erforderlichen Schlüsselqualifikationen erwerben können (und wollen). Wenn dies der Fall ist, bleibt der entsprechende Berufsbereich in Ihrer engeren Wahl. Sie wissen jetzt allerdings, woran Sie bei sich noch arbeiten müssen. Wenden Sie sich danach dem nächsten Berufsbereich aus der obigen Liste zu und wiederholen Sie den Vorgang.

Alternativ kann man das Vorgehen natürlich auch einmal umdrehen: Erst die Schlüsselqualifikationen betrachten und dann die Berufsbereiche heraussuchen, in denen sie wichtig oder besonders wichtig sind.

Berufsbereich / Schlüsselqualifikation	[1] Handwerklich-techn. Berufe (körperlich weniger beanspruchend)	[2] Handwerklich-techn. Berufe (körperlich beanspruchend)	[3] Gestaltung, Kunst Mode, Design
1. Kontakfreude			
2. Teamorientierung		✘ (teilweise)	
3. Entscheidungsfreude			
4. Körperliche Belastbarkeit	✘	✘ ✘ ✘	
5. Handwerklich-technisches Geschick	✘ ✘	✘ ✘ ✘	✘
6. Technisches Verständnis	✘ ✘ ✘	✘	✘ ✘ (nur für Architektur)
7. Soziales Interesse/ Engagement			
8. Führungsfähigkeit	✘ (teilweise)	✘	
9. Sprachgewandtheit			
10. Interesse an äußerem Erscheinen			
11. Verkaufsfähigkeit			✘
12. Ordnungssinn			
13. Künstlerische Begabung und Kreativität	✘ (teilweise)		✘ ✘ ✘
14. Rechtsbewußtsein			
15. Mathemat. Verständnis u. logisch-abstraktes Denken			✘ ✘ ✘ (nur für Architektur)
16. Naturwissenschaftliches Verständnis			
17. Seriosität			
18. Geldorientierung			
19. Naturverbundenheit			
20. Didaktisches Geschick			

Berufsbereich Schlüsselqualifikation	[4] Ingenieur- wissenschaftl.- technologische Berufe	[5] Beratung, Bedienung, Verkauf	[6] Verwaltung und Organisation
1. Kontakfreude		✗ ✗	
2. Teamorientierung	✗	✗	✗
3. Entscheidungsfreude			
4. Körperliche Belastbarkeit			
5. Handwerklich-technisches Geschick	✗		
6. Technisches Verständnis	✗ ✗		
7. Soziales Interesse/ Engagement			
8. Führungsfähigkeit	✗		
9. Sprachgewandtheit		✗	
10. Interesse an äußerem Erscheinen		✗	
11. Verkaufsfähigkeit		✗ ✗ ✗	
12. Ordnungssinn		✗	✗ ✗
13. Künstlerische Begabung und Kreativität			
14. Rechtsbewußtsein			
15. Mathemat. Verständnis u. logisch-abstraktes Denken	✗ ✗ ✗		✗ (teilweise)
16. Naturwissenschaftliches Verständnis			
17. Seriosität		✗	✗
18. Geldorientierung		✗	
19. Naturverbundenheit			
20. Didaktisches Geschick			

[7] Unternehmens-leitung, -beratung und -prüfung	[8] Natur-wissenschaften	[9] Medizin, Gesundheit, Pflege	[10] Soziale Berufe, Lehre und Erziehung
✕		✕	✕
✕	✕	✕	
		✕ (teilweise)	
		✕✕✕	✕✕✕
✕	✕		
✕✕		✕	
✕ (teilweise)			
✕			
	✕✕	✕ (für Medizin)	
	✕✕✕	✕	
✕		✕	✕
✕			
			✕

Berufsbereich Schlüsselqualifikation	[11] Land- und Forstwirtschaft, Natur, Umwelt	[12] Sprachen Literatur, Medien, Dokumentation	[13] Rechtsberufe
1. Kontakfreude		✘ (teilweise)	
2. Teamorientierung	✘		
3. Entscheidungsfreude			✘
4. Körperliche Belastbarkeit	✘ (nur für Landwirtschaft)		
5. Handwerklich-technisches Geschick			
6. Technisches Verständnis			
7. Soziales Interesse/ Engagement			
8. Führungsfähigkeit			✘
9. Sprachgewandtheit		✘ ✘	✘ ✘
10. Interesse an äußerem Erscheinen			
11. Verkaufsfähigkeit			
12. Ordnungssinn		✘ (für Archivar/ Bibliothekar)	✘
13. Künstlerische Begabung und Kreativität			
14. Rechtsbewußtsein			✘ ✘ ✘
15. Mathemat. Verständnis u. logisch-abstraktes Denken			
16. Naturwissenschaftliches Verständnis	✘		
17. Seriosität			✘
18. Geldorientierung			
19. Naturverbundenheit	✘ ✘ ✘		
20. Didaktisches Geschick			

[14] Sicherheitsberufe	[15] Sonstige Berufe			
	Fleischer/in	Friseur/in	Bäcker/in Konditor/in	Koch/Köchin
		✕		
✕ ✕				
✕ ✕	✕	✕	✕	✕ ✕
	✕		✕	✕
		✕		
✕				
		✕		
✕ ✕ ✕				
✕				

In Frage kommende Berufe

Suchen Sie zunächst den Berufsbereich (1–15), der bei Ihnen den ersten Rang einnimmt und bei dem auch die Schlüsselqualifikationen stimmen. Die jeweils darunter aufgeführten Ausbildungen und Berufe sollten Sie sich näher ansehen.

[1]   Handwerklich-technische Berufe (körperlich weniger beanspruchend):

Augenoptiker/in
Drucker/in
Technische/r Zeichner/in
Zahntechniker/in

[2]   Handwerklich-technische Berufe (körperlich beanspruchend):

Baugeräteführer/in
Baumaschinen-Meister/in
Gas- und Wasserinstallateur/in
Industriemechaniker/in
Klempner/in
Kraftfahrzeugelektriker/in
Kraftfahrzeugmechaniker/in
Land- und Baumaschinenmechaniker/in
Maler/in, Lackierer/in
Maurer/in
Metallbauer/in
Tischler/in
Werkzeugmacher/in
Zentralheizungs- und Lüftungsbauer/in
Zweiradmechaniker/in

[3]   Gestaltung, Kunst, Mode, Design:

Architekt/in
Bühnenbildner/in
Fotograf/in
Goldschmied/in

Grafikdesigner/in, Kommunikationsdesigner/in
Innenarchitekt/in
Keramiker/in
Restaurator/in
Schauspieler/in
Schneider/in
Silberschmied/in
Stadt- und Regionalplaner/in

[4]   **Ingenieurwissenschaftlich-technologische Berufe:**

Elektroingenieur/in
Energieelektroniker/in
Informatiker/in
Ingenieur/in für Baumaschinen
Kommunikationselektroniker/in
Statistiker/in
Vermessungsingenieur/in (Geodät/in)
Wirtschaftsinformatiker/in
Wirtschaftsingenieur/in

[5]   **Beratung, Bedienung, Verkauf:**

Bankkaufmann/-frau
Buchhändler/in
Handelsvertreter/in
Hotelfachmann/-frau
Industriekaufmann/-frau
Kaufmann/-frau in der Grundstücks- und Wohnungswirtschaft
Kosmetiker/in
Reiseverkehrskaufmann/-frau
Restaurantfachmann/-frau
Verkäufer/in
Versicherungskaufmann/-frau
Werbekaufmann/-frau

[6] Verwaltung und Organisation:

Bankkaufmann/-frau
Datenverarbeitungskaufmann/-frau
Hotelfachmann/-frau
Industriekaufmann/-frau
Kaufmann/-frau in der Grundstücks- und Wohnungswirtschaft
Marktforschungskaufmann/-frau
Pharmazeutisch-Kaufmännische/r Angestellte/r
Reiseverkehrskaufmann/-frau
Sekretär/in
Statistiker/in
Steuerfachangestellte/r
Versicherungskaufmann/-frau
Verwaltungsangestellte/r
Werbekaufmann/-frau
Wirtschaftsprüfer/in

[7] Unternehmensleitung, -beratung und -prüfung:

Controller/in
Patentanwalt/-anwältin
Steuerberater/in
Unternehmensberater/in
Wirtschaftsprüfer/in

[8] Naturwissenschaftliche Berufe:

Agrarwissenschaftler/in
Biologisch-technische/r Assistent/in
Apotheker/in, Pharmakologe/Pharmakologin
Biologe/Biologin
Chemielaborant/in
Chemiker/in
Chemisch-Technische/r Assistent/in
Geologe/Geologin
Geowissenschaftler/in
Haushalts- und Ernährungswissenschaftler/in
Mathematiker/in

Meteorologe/Meteorologin
Physiker/in

[9] **Medizin, Gesundheit, Pflege:**

Altenpfleger/in
Apotheker/in
Arzt/Ärztin
Arzthelfer/in
Cytologieassistent/in
Gymnastiklehrer/in
Hebamme
Kosmetiker/in
Krankenpfleger/-schwester
Lehrer/in für Pflegeberufe
Logopäde/Logopädin
Masseur/in und Medizinische/r Bademeister/in
Medizinische/r Dokumentar/in
Medizinisch-Technische/r Assistent/in für Funktionsdiagnostik
Medizinisch-Technische/r Laboratoriumsassistent/in
Medizinisch-Technische/r Radiologieassistent/in
Motopäde/Motopädin
Orthoptist/in
Pharmazeutisch-kaufmännische/r Angestellte/r
Physiotherapeut/in
Zahnarzt/-ärztin
Zahnarzthelfer/in

[10] **Soziale Berufe, Lehre und Erziehung:**

Arbeits- und Berufsberater/in
Arzt/Ärztin
Entwicklungshelfer/in
Erzieher/in
Gymnastiklehrer/in
Hochschullehrer/in
Lehrer/in an allgemeinbildenden Schulen
Lehrer/in an berufsbildenden Schulen

Lehrer/in an Sonderschulen
Lehrer/in für Pflegeberufe
Logopäde/Logopädin
Psychiater/in
Psychologe/in
Sozialarbeiter/in, Sozialpädagoge/-pädagogin
Sportlehrer/in
Theologe/ Theologin

[11] Land- und Forstwirtschaft, Natur, Umwelt:

Agrarwissenschaftler/in
Biologe/Biologin
Entwicklungshelfer/in
Florist/in
Forstwirt/in
Gärtner/in
Geologe/Geologin
Geowissenschaftler/in
Landwirt/in
Stadt- und Regionalplaner/in
Tierarzt/-ärztin
Tierpfleger/in
Veterinärmedizinisch-Technische/r Assistent/in

[12] Sprachen, Literatur, Medien, Dokumentation:

Archäologe
Archivar/in, Dokumentar/in
Bibliothekar/in
Buchhändler/in
Denkmalpfleger/in
Dolmetscher/in
Historiker/in
Journalist/in
Lektor/in im Verlagswesen
Medizinische/r Dokumentar/in
Publizist/in
Übersetzer/in

[13] **Rechtsberufe:**

    Amtsanwalt/-anwältin
    Notar/in
    Patentanwalt/-anwältin
    Rechtsanwalt/-anwältin
    Rechtsanwalts- und Notarfachangestellte/r
    Rechtspfleger/in
    Richter/in
    Staatsanwalt/-anwältin
    Steuerberater/in
    Steuerfachangestellte/r

[14] **Sicherheitsberufe:**

    Berufskraftfahrer/in
    Bundesgrenzschutzbeamter/-beamtin
    Detektiv/in
    Hausmeister/in, Hausverwalter/in
    Justizvollzugsbeamter/-beamtin
    Leibwächter/in
    Offizier der Bundeswehr 224
    Polizeibeamter/-beamtin

[15] **Sonstige Berufe:**

    Bäcker/in
    Friseur/Friseurin
    Koch/Köchin
    Konditor/in
    Metzger/in

Überblick über die Berufe

[1] Handwerklich-technische Berufe (körperlich weniger beanspruchend)

Beruf:	Augenoptiker/Augenoptikerin
Tätigkeiten:	Handwerkliche Bearbeitung von Brillengläsern und Brillenfassungen, Herstellung und Reparatur von Brillen, Kundenberatung
Art der Ausbildung:	Lehre
Dauer:	3 Jahre
Abschluß:	Augenoptikergeselle/Augenoptikergesellin
Formale Voraussetzungen:	Hauptschule, möglichst aber: Mittlere Reife oder Abitur
Fachliche Qualifikationen:	Naturwissenschaftliche Begabung, technisches Verständnis, Sinn für Ästhetik, Einfühlungsvermögen
Ausbildungsvergütung:	Unterschiedlich je nach Lehrjahr, max. 1.000 DM pro Monat
Berufsperspektiven:	Die Zahl der Brillenträger ist steigend. Die Mode beeinflußt die Brillennachfrage positiv. Brillen für unterschiedliche Anlässe sind im Kommen. Beratungen rund »um das gute Sehen« sind gefragt.
Verdienstmöglichkeiten:	Durchschnittlich, in letzter Zeit leicht rückläufig
Sitzende, stehende Tätigkeit:	Überwiegend stehende Tätigkeit
Aufstiegsmöglichkeiten:	Fortbildung zum staatlich-geprüften Augenoptiker (Dauer: 2-2 1/2 Jahre) oder zum Augenoptikermeister. Auch Fachhochschulstudiengang an der FH Aalen und der FH Jena zum Diplom-Ingenieur Fachrichtung Augenoptik möglich
Vor- und Nachteile:	Die Zahl der Augenoptikbetriebe ist relativ groß. Großanbieter verdrängen mittelständische Betriebe. Brillen werden anspruchsvoller, daher qualifizierte Mitarbeiter gesucht.
Selbständige Berufsmöglichkeiten:	Selbständige/r Augenoptikermeister/in oder Filialleiter/in
Zusätzliche wichtige Informationen:	Augenoptiker zählen zu den 125 Handwerksberufen. Mit rund 40% ist der Abiturientenanteil für das Handwerk überdurchschnittlich hoch. Mit rund 70% ist auch der Anteil weiblicher Lehrlinge überdurchschnittlich hoch.
Literatur oder Ansprechpartner:	Blätter zur Berufskunde: 2-IR 46 Dipl. Ingenieur (FH Augenoptik) und 2-IR 47 Augenoptikermeister/in, Dieter Herrmann, Angela Verse-Herrmann, Wachstumsmarkt Gesundheit & Pflege. Berufe, Ausbildungsmöglichkeiten, Perspektiven, 1997 Zentralverband der Augenoptiker, Alexanderstr. 25a, 40210 Düsseldorf, Tel.: 0211/320697, Fax.: 0211/324453

Beruf	**Drucker / Druckerin**
Tätigkeiten:	Die Arbeit von Druckern besteht in der Vervielfältigung von Text- oder Bildvorlagen, dem Bedienen und Überwachen von Druckmaschinen und dem Prüfen von Druckmaterialien. In der Ausbildung kann zwischen den Schwerpunkten »Druckformherstellung« (Herstellung von Druckplatten), »Druckformbearbeitung« (Herstellung von Filmkopien für das Tiefdruckverfahren) und »Weiteres Druckverfahren« (Einrichten von Druckmaschinen) gewählt werden.
Art der Ausbildung:	Lehre
Dauer:	3 Jahre
Formale Voraussetzungen:	Mindestens Hauptschulabschluß
Fachliche Qualifikationen:	Technisches Verständnis, Sinn für Farben und Formen
Ausbildungsvergütung:	Im ersten Ausbildungsjahr rd. 1.000-1.200 DM, im 3. Jahr rd. 1.200-1.400 DM
Berufsperspektiven:	Konstant gute Arbeitsmarktsituation, nahezu Vollbeschäftigung
Verdienstmöglichkeiten:	Anfangsgehalt ab ca. 2.600 DM
Sitzende, stehende Tätigkeit:	Vorwiegend stehende Tätigkeit
Aufstiegsmöglichkeiten:	Druckmeister/in, Techniker/in Drucktechnik, Fachkaufmann/-frau Druck, Dipl.-Ing. Druckereitechnik (mit Fachhochschulreife oder Abitur)
Vor- und Nachteile:	Vorteil: überdurchschnittliches Einstiegsgehalt, Nachteil: möglicherweise Schichtdienst und Nachtarbeit
Zusätzliche wichtige Informationen:	Studium zum Dipl.-Ing. Druckereitechnik an Universitäten und Fachhochschulen möglich. Weitere mögliche Ausbildungen im Bereich Druck mit einer starken Spezialisierung und nur wenigen Ausbildungsplätzen sind die zum Siebdrucker, zum Steindrucker und zum Tapetendrucker.
Literatur oder Ansprechpartner:	Blätter zur Berufskunde: 1-IV B 601 Drucker/Druckerin und 1-IV B 606 Siebdrucker/Siebdrucker/in

Beruf:	**Technischer Zeichner / Technische Zeichnerin**
Tätigkeiten:	Ihre Tätigkeit besteht darin, technische Zeichnungen von Maschinen oder Maschinenteilen mit Hilfe eines Computers (CAD = Computer Aided Design) oder am Zeichenbrett im Auftrag eines Konstrukteurs zu erstellen. Während der Ausbildung kann zwischen fünf Fachrichtungen gewählt werden: Maschinen- und Anlagentechnik, Heizungs-, Klima-

	und Sanitärtechnik, Stahl- und Metallbautechnik, Elektrotechnik oder Holztechnik.
Art der Ausbildung:	Lehre
Dauer:	3,5 Jahre
Formale Voraussetzungen:	Mind. Hauptschulabschluß
Fachliche Qualifikationen:	Räumliches Vorstellungsvermögen, Konzentrationsfähigkeit, präzises Arbeiten, eine ruhige Hand
Ausbildungsvergütung:	Im ersten Lehrjahr rd. 750-1.000 DM, im 4. Jahr rd. 1000-1.400 DM
Berufsperspektiven:	Konstante Beschäftigungsquote
Verdienstmöglichkeiten:	Anfangsgehalt bei rd. 3.500 DM
Sitzende, stehende Tätigkeit:	Überwiegend stehende Tätigkeit
Aufstiegsmöglichkeiten:	Industriemeister/in Metall, Techniker/in, Techniker/in für Betriebswissenschaft, Dipl.-Ing. Maschinenbau/Stahlbau (mit Fachhochschulreife oder Abitur)
Literatur oder Ansprechpartner:	Blätter zur Berufskunde: 1-VII A 101
Beruf:	**Zahntechniker / Zahntechnikerin**
Tätigkeiten:	Ihre Tätigkeit besteht in der Anfertigung und Reparatur von Zahnersatz aus verschiedensten Werkstoffen und von kieferorthopädischen Geräten im Auftrag von Zahnärzten. Zahntechniker/innen üben ihren Beruf entweder in großen Zahnarztpraxen oder in zahntechnischen Labors aus.
Art der Ausbildung:	Lehre
Dauer:	3,5 Jahre
Formale Voraussetzungen:	Mind. Hauptschulabschluß
Fachliche Qualifikationen:	Handwerkliches Geschick, technisches Verständnis, Fähigkeit zur präzisen Arbeit
Ausbildungsvergütung:	Im ersten Ausbildungsjahr rd. 450 DM, im 4. Jahr rd. 610 DM
Berufsperspektiven	Konstante niedrige Arbeitslosenquote
Verdienstmöglichkeiten:	Anfangsgehalt (im Angestelltenverhältnis) bei rd. 2.400 DM; Inhaber/innen eines eigenen zahntechnischen Labors haben überdurchschnittlich hohe Einkommen
Sitzende, stehende Tätigkeit:	Sowohl sitzende als auch stehende Tätigkeit
Aufstiegsmöglichkeiten:	Zahntechnikermeister/in, Dipl.-Ing. Feinwerktechnik (mit Fachhochschulreife oder Abitur)
Zusätzliche wichtige Informationen:	Studium zum Dipl.-Ing. Feinwerktechnik an verschiedenen Universitäten und Fachhochschulen möglich
Literatur oder Ansprechpartner:	Blätter zur Berufskunde: 1-III E 901 und Dieter Herrmann, Angela Verse-Herrmann, Wachstumsmarkt Gesundheit & Pflege. Berufe, Ausbildungsmöglichkeiten, Perspektiven, 1997

[2] Handwerklich-technische Berufe (körperlich beanspruchend)

Beruf:	**Baugeräteführer/in**
Tätigkeiten:	Bedienen, Warten und Instandhalten von Baumaschinen
	Bauhilfsarbeiten (z.B. Schalen)
Art der Ausbildung:	Lehre
Dauer:	3 Jahre
Abschluß:	Facharbeiterbrief (-zeugnis) »Baugeräteführer«
Formale Voraussetzungen:	Mittlere Reife
Fachliche Qualifikationen:	Interesse am Bedienen von Bagger, Lader, Planierraupe, Kran, Betonpumpe usw.
	Arbeit auf bundesweiten Baustellen
Ausbildungsvergütung:	Ca. 900 bis 2.000 DM
Berufsperspektiven:	Hängt von der künftigen Anerkennung des Berufes ab
Verdienstmöglichkeiten:	4.500-5.000 DM brutto
Sitzende, stehende Tätigkeit:	In der Maschine sitzende, bei Bauhilfsarbeiten stehende Tätigkeiten
Aufstiegsmöglichkeiten:	Nach mindestens fünfjähriger Tätigkeit als Baugeräteführer Qualifikation zum Geprüften Baumaschinen-Meister, dann Maschinenmeister im Bauunternehmen oder Werkstattmeister
Vor- und Nachteile:	Vom Unternehmer noch nicht anerkannt, da Bedienen von Maschinen z.Zt. auch ohne Beruf noch gestattet ist.
Selbständige Berufsmöglichkeiten:	Keine
Zusätzliche wichtige Informationen:	Tiefbau- und Bau-BGs möchten in Zukunft nur noch qualifiziertes Fachpersonal für die Bedienung von Baumaschinen zulassen.
Literatur oder Ansprechpartner:	Blätter zur Berufskunde: I-IV B 104
	Hauptverband d. Dt. Bauindustrie Wiesbaden,
	Zentralverband d. Dt. Baugewerbes Bonn,
	Verband der Baumaschinen-Ingenieure und -Meister e.V., Henleinstr. 8a,
	28816 Stuhr, Tel.: 04 21 / 87 16 80,
	Fax.: 04 21 / 8 71 68 88

Beruf:	**Geprüfter Baumaschinen-Meister/in**
	(Industriemeister-Prüfung vor der IHK)
Tätigkeiten:	Leiter MTA in einem Bauunternehmen
	Service- und Kundendienstleiter bei einem Händler
Art der Ausbildung:	Schlosser-, Mechaniker-, Hydrauliker-, Elektrikeroder auch Baugeräteführer-Ausbildung
Dauer der Zusatzausbildung:	16 Wochen
	(3 Wochen: Wirtschafts-, Rechts- und Sozialkunde,

Abschluß:	10 Wochen: Baumaschinen, 3 Wochen: Berufs- und Arbeitspädagogik) Industriemeister: Geprüfter Baumaschinen-Meister IHK
Formale Voraussetzungen:	Hauptschulabschluß, Mittlere Reife, anschließend Ausbildung zum Baumaschinen-Mechaniker, Schlosser, Elektriker, evtl. Baumaschinen-Führer mit Schlosserpraxis Praxisdauer: mindestens 5 Jahre
Fachliche Qualifikationen:	Technisches Verständnis
Ausbildungsvergütung:	Meister-BAföG
Berufsperspektiven:	Leiter MTA in Bauunternehmen, Service-Leiter bei Händlern
Verdienstmöglichkeiten:	4.000 bis 6.000 DM brutto
Sitzende, stehende Tätigkeit:	Z. T. sitzende und stehende (organisatorische) Tätigkeiten
Aufstiegsmöglichkeiten:	Unternehmensgründung (nicht Handwerk)
Vor- und Nachteile:	Nachteil: z.Zt. Rückgang der Auftragslage im Bauwesen
Selbständige Berufsmöglichkeiten:	Unternehmensgründung
Zusätzliche wichtige Informationen:	Nur bestehende Ausbildungsstätten auch im Baugewerbe
Literatur oder Ansprechpartner:	Verband der Baumaschinen-Ingenieure und -Meister e.V., Henleinstr. 8 a, 28816 Stuhr, Tel.: 04 21 / 87 16 80, Fax.: 04 21 / 8 71 68 88

Beruf:	**Gas- und Wasserinstallateur/in**
Tätigkeiten:	Erstellung von Versorgungsanlagen mit Gas zum Kochen und Heizen, Installationen von Wasseranlagen (Trink- und Brauchwasser), Errichtung von Abflüssen, Toiletten, größtenteils auf Baustellen, aber auch bei der Reparatur und Renovierung von bestehenden Gebäuden
Art der Ausbildung:	Lehre
Dauer:	3-3,5 Jahre
Abschluß:	Gesellenprüfung
Formale Voraussetzungen:	Mindestens Hauptschulabschluß oder vergleichbare Schulbildung
Fachliche Qualifikationen:	Handwerkliches Geschick, technisches Verständnis, körperliche Belastbarkeit
Ausbildungsvergütung:	Ca. 860 DM im ersten Ausbildungsjahr, im 3. Jahr 1.500 DM
Berufsperspektiven:	Konstante Beschäftigungszahlen
Verdienstmöglichkeiten:	Ab ca. 2.800 DM
Sitzende, stehende Tätigkeit:	Stehende Tätigkeit
Aufstiegsmöglichkeiten:	Gas- und Wasserinstallateurmeister, Techniker Ver-

	sorgungstechnik, Techniker für Betriebswissenschaft, Dipl.-Ing. Versorgungstechnik (mit Fachhochschulreife oder Abitur)
Selbständige Berufsmöglichkeiten:	Ja, Eröffnung eines eigenen Betriebes
Zusätzliche wichtige Informationen:	Studium zum Dipl.-Ing. Versorgungstechnik an Fachhochschulen und Universitäten möglich
Literatur oder Ansprechpartner:	Blätter zur Berufskunde:1–II A 501

Beruf:	**Industriemechaniker/in**
Tätigkeiten:	Dieser Ausbildungsberuf umfaßt mehrere Fachgebiete: Maschinen- und Systemtechnik, Betriebstechnik, Produktionstechnik und Geräte- und Feinwerktechnik.
	Je nach Fachrichtung repariert der Industriemechaniker Maschinen, überprüft ihre Funktionen und verkettet ganze Produktionssysteme. Er montiert und demontiert Maschinenteile, ohne die Produktion dadurch zu gefährden. Durch Messen und Prüfen behebt er auftretende Störungen und veranlaßt dann die Wiederaufnahme der Produktion. Er prüft die hergestellten Produkte, um die geforderte Fertigungsqualität sicherzustellen. Außerdem fertigt er einzelne Bauteile aus Metallen und Kunststoffen an, um sie anschließend zu Geräten und Einrichtungen zusammenzubauen.
Art der Ausbildung:	Lehre
Dauer:	3,5 Jahre
Formale Voraussetzungen:	Hauptschulabschluß oder Realschulabschluß
Fachliche Qualifikationen:	Teamgeist, handwerkliches Geschick, Anpassungsfähigkeit an wechselnde Aufgabenbereiche, Fingerfertigkeit, gutes technisches Verständnis
Ausbildungsvergütung:	Im 1. Lehrjahr: 997-1.079 DM, im 2. Jahr: 1.065-1.148 DM, im 3. Jahr: 1.152-1.243 DM, im 4. Jahr: 1.226-1.325 DM
Berufsperspektiven:	Neuer industrieller Metallberuf. Leicht steigende Nachfrage auf dem Arbeitsmarkt. Trendberuf bei Jungen mit überwiegend weiterführendem Schulabschluß.
Verdienstmöglichkeiten:	Anfangsgehalt brutto ca. 2.800-3.000 DM, mit Berufserfahrung etwa 4.000 DM
Sitzende, stehende Tätigkeit:	Stehberuf (bücken, heben) mit körperlicher Beanspruchbarkeit
Aufstiegsmöglichkeiten:	Aufstiegsmöglichkeiten zum Industriemeister Fachrichtung Metall, Dipl.-Ing. Feinwerktechnik (Fachhochschulstudium), Techniker Feinwerktechnik und für Betriebswissenschaft

Vor- und Nachteile:	Viel bücken und z.T. schwer heben. Mögliche spätere Lärmschwerhörigkeit
Selbständige Berufsmöglichkeiten:	Kaum möglich
Zusätzliche wichtige Informationen:	Sehr geringe Durchfallquote (4-6 %) und sehr geringe Abbruchquote (8-9 %) während der Ausbildung
Literatur oder Ansprechpartner:	Blätter zur Berufskunde: 1-II A 703 (Betriebstechnik), 1-II A 701 (Geräte- und Feinwerktechnik), 1-II A 704 (Maschinen- und Systemtechnik), 1-II A 702 (Produktionstechnik)
Beruf:	**Klempner/in**
Tätigkeiten:	Be- und Verarbeitung von Blechen aus Stahl, Kupfer, Messing u.a. zu Behältern, Dachrinnen, Regenfallrohren und deren Installation. Sind vor allem beim Neubau und Renovierungsbau tätig.
Art der Ausbildung:	Lehre
Dauer:	3-3,5 Jahre
Abschluß:	Gesellenprüfung
Formale Voraussetzungen:	Hauptschulabschluß oder vergleichbare Schulbildung
Fachliche Qualifikationen:	Handwerkliches Geschick, technisches Verständnis
Ausbildungsvergütung:	Im ersten Ausbildungsjahr ca. 860 DM, im 3. Jahr 1.400 DM
Berufsperspektiven:	Konstant, hängt auch etwas von der jeweiligen Baukonjunktur ab
Verdienstmöglichkeiten:	Ca. 2.700-2.900 DM
Sitzende, stehende Tätigkeit:	Stehende, körperlich beanspruchende Tätigkeit
Aufstiegsmöglichkeiten:	Klempner-Meister, Techniker Versorgungstechnik, Techniker für Betriebswissenschaft
Selbständige Berufsmöglichkeiten:	Eigenes Unternehmen
Zusätzliche wichtige Informationen:	Hohe Durchfallquote (durchschnittlich ca. 25%) bei der Abschlußprüfung
Literatur oder Ansprechpartner:	Blätter zur Berufskunde: 1-II A 301
Beruf:	**Kraftfahrzeugelektriker/in**
Tätigkeiten:	Wartung und Instandsetzung von mechanischen, pneumatischen und hydraulischen Systemen an Kraftfahrzeugen
Art der Ausbildung:	Lehre
Dauer:	3 $^1/_2$ Jahre; für Realschüler 3 Jahre; für Abiturienten 2 $^1/_2$ Jahre
Abschluß:	Gesellenbrief
Formale Voraussetzungen:	Mindestens guter Hauptschulabschluß; in der Regel haben Berufsbewerber ohne Mittlere Reife keine Chance
Fachliche Qualifikationen:	Interesse an technischen Zusammenhängen; analyti-

	sches Denkvermögen; Bereitschaft, umfassende Informationen für den speziellen Instandsetzungsfall zu selektieren
Ausbildungsvergütung:	Ca. 700 bis 1.000 DM
Berufsperspektiven:	Der zunehmende Einsatz von elektrischen und elektronischen Systemen im Automobil führt gerade für die Kfz-Elektriker zu besonders guten Berufsperspektiven.
Verdienstmöglichkeiten:	Stark von der Berufsqualifikation abhängig; Berufsanfänger erzielen zunächst ca. 2.800 bis 3.000 DM brutto.
Sitzende, stehende Tätigkeit:	Überwiegend stehend und mit häufigem Haltungswechsel
Aufstiegsmöglichkeiten:	Gute Möglichkeiten für qualifizierte Gesellen über den Kraftfahrzeug-Servicetechniker zum Kraftfahrzeug-Meister
Vor- und Nachteile:	Der Beruf wird in bezug auf seine analytischen Anforderungen bei Diagnosen vielfach unterschätzt.
Selbständige Berufsmöglichkeiten:	Für Könner mit Meisterprüfung und Service-Orientierung gut bis sehr gut
Zusätzliche wichtige Informationen:	Kraftfahrzeugberufe sind nach wie vor sehr gefragt. Betriebe haben wieder die Chance, auszubilden.
Literatur oder Ansprechpartner:	Blätter zur Berufskunde: 1-II B 104, Broschüre »Karriere mit Lehre« erhältlich bei: AUTO-BERUFE, Chancen für Könner, Postfach 10 06 40, 47906 Kempen, Tel.: 0 21 52 / 9 15-1 47, Fax.: 0 21 52 / 9 15-2 00
Beruf:	**Kraftfahrzeugmechaniker/in**
Tätigkeiten:	Wartung, Instandhaltung und Diagnose von Kraftfahrzeugen aller Art; Instandsetzen von Unfallschäden
Art der Ausbildung:	Lehre
Dauer:	3$^{1}/_{2}$ Jahre; für Realschüler 3 Jahre; für Abiturienten 2$^{1}/_{2}$ Jahre
Abschluß:	Gesellenbrief
Formale Voraussetzungen:	Mindestens guter Hauptschulabschluß
Fachliche Qualifikationen:	Verständnis für technische Zusammenhänge; die Fähigkeit, Informationen zu selektieren und für den speziellen Instandsetzungsfall anzuwenden; analytisches Denkvermögen zur Diagnoseerstellung
Ausbildungsvergütung:	Ca. 700 bis 1.000 DM
Berufsperspektiven:	Die Arbeitsoberfläche in Werkstätten wird zunehmend durch den Computer besetzt; Chancen vor allem für Allround-Talente mit hohem Qualifikationsniveau.
Verdienstmöglichkeiten:	Stark von der Berufsqualifikation abhängig;

	Berufsanfänger erzielen zunächst ca. 2.700 bis 2.900 DM brutto.
Sitzende, stehende Tätigkeit:	Überwiegend stehend und mit häufigem Haltungswechsel
Aufstiegsmöglichkeiten:	Gute Möglichkeiten für qualifizierte Gesellen über den Kraftfahrzeug-Servicetechniker zum Kraftfahrzeug-Meister
Vor- und Nachteile:	Der Beruf wird in bezug auf seine Qualifikationsanforderungen – insbesondere im Bereich der Elektrik/Elektronik – falsch eingeschätzt.
Selbständige Berufsmöglichkeiten:	Für Könner mit Meisterprüfung und Service-Orientierung gut bis sehr gut
Zusätzliche wichtige Informationen:	Kraftfahrzeugberufe sind nach wie vor sehr gefragt. Betriebe haben wieder die Chance auszubilden.
Literatur oder Ansprechpartner:	Blätter zur Berufskunde: 1-II A 402, Broschüre »Karriere mit Lehre« erhältlich bei: AUTO-BERUFE, Chancen für Könner, Postfach 10 06 40, 47906 Kempen, Tel.: 0 21 52 / 9 15-1 47, Fax.: 0 21 52 / 9 15-2 00.
Beruf:	**Land- und Baumaschinen-Mechaniker/in**
Tätigkeiten:	Pflegen, Warten und Instandsetzen von Baumaschinen und -geräten bei Händlern im Service-Bereich oder MTA der Bauunternehmen
Art der Ausbildung:	Lehre
Dauer:	3 Jahre
Abschluß:	Facharbeiterbrief (-zeugnis) »Land- und Baumaschinen-Mechaniker«
Formale Voraussetzungen:	Mittlere Reife
Fachliche Qualifikationen:	Interesse an Land- bzw. Baumaschinen bei Baumaschinen z.B. Bagger, Lader, Planierraupen, Turmkrane, Autokrane, Betonpumpen usw., technische Begabung
Ausbildungsvergütung:	Ca. 900 bis 1.800 DM
Verdienstmöglichkeiten:	Berufsanfänger ca. 3.000 bis 3.500 DM, später bis ca. 5.000 DM
Sitzende, stehende Tätigkeit:	Stehende Tätigkeiten, Instandsetzung im Service meist auf Baustellen, aber auch in Werkstätten
Aufstiegsmöglichkeiten:	Nach fünfjähriger praktischer Tätigkeit als Baumaschinen-Mechaniker Qualifikation zum Geprüften Baumaschinen-Meister oder Baumaschinen-Fachmeister Service-Leiter, Werkstatt-Meister, Baumaschinen-Verkäufer bei Abitur, Studium zum Dipl.-Ing. für Baumaschinen (mit Fachhochschulreife oder Abitur) möglich
Vor- und Nachteile:	Beruf erst seit 1995 im Aufbau, interessante

	Inhalte, wie Elektronik, Hydraulik, mechanische Bearbeitung, Schweißen
Selbständige Berufsmöglichkeiten:	Als Meister: Aufbau eines Händler- bzw. Service-Unternehmens
Zusätzliche wichtige Informationen:	Bei Baumaschinen-Herstellern, z.B. Zeppelin in Garching bei München oder Gewerbeschule Breisach im Schwarzwald
Literatur oder Ansprechpartner:	VDMA, Frankfurt/Main Verband der Baumaschinen-Ingenieure und -Meister e.V., Henleinstr. 8a, 28816 Stuhr, Tel.: 04 21 / 87 16 80, Fax.: 04 21 / 8 71 68 88

Beruf:	**Maler/in, Lackierer/in**
Tätigkeiten:	Maler und Lackierer arbeiten im Innenausbau von neuen Häusern und Gebäuden und bei der Renovierung von Räumen. Zu ihren Aufgaben gehört das Tapezieren, Streichen von Decken und Wänden, Verlegung von Böden u. ä. Ein eigener Beruf ist der des Kfz-Lackierers, wo es um die Neulackierung von Fahrzeugen und um die Ausbesserung von Lackschäden geht.
Art der Ausbildung:	Lehre
Dauer:	3 Jahre
Abschluß:	Gesellenprüfung
Formale Voraussetzungen:	Hauptschulabschluß oder vergleichbare Schulbildung
Fachliche Qualifikationen:	Handwerkliches Geschick, Genauigkeit, Farbsinn
Ausbildungsvergütung:	Ca. 700 DM im ersten Ausbildungsjahr, im dritten Jahr ca. 1.800 DM
Berufsperspektiven:	Zwar konstante Beschäftigungszahlen, aber schon heute relativ hohe Arbeitslosenquote
Verdienstmöglichkeiten:	Ab 3.500 DM brutto
Sitzende, stehende Tätigkeit:	Stehende, körperlich beanspruchende Tätigkeit
Aufstiegsmöglichkeiten:	Maler- und Lackiermeister, Techniker Maler- und Lackierhandwerk,
Selbständige Berufsmöglichkeiten:	Eigener Malerbetrieb
Zusätzliche wichtige Informationen:	Es gibt eine überdurchschnittlich hohe Abbruchquote während der Ausbildung (ca. 21%).
Literatur oder Ansprechpartner:	Blätter zur Berufskunde:1-III E 102

Beruf:	**Maurer/in**
Tätigkeiten:	Maurer sind überall dort tätig, wo es um Errichtung, Ausbau oder Renovierung von Gebäuden geht. Die Arbeit beschränkt sich überwiegend auf Wohn- und Betriebsgebäude. Maurer sind aber

	auch im Tiefbau (Brücken, Straßen, Tunnel) zu finden.
Art der Ausbildung:	Lehre
Dauer:	3 Jahre
Abschluß:	Gesellenprüfung
Formale Voraussetzungen:	Mind. Hauptschulabschluß
Fachliche Qualifikationen:	Gute körperliche Konstitution, handwerkliche Begabung
Ausbildungsvergütung:	Im ersten Ausbildungsjahr ca. 1.000, im dritten 1.900 DM
Berufsperspektiven:	Durch den Konkurrenzdruck aus dem Ausland wird eine Steigerung der Arbeitslosigkeit erwartet.
Verdienstmöglichkeiten:	Anfangsgehalt bei ca. 4.200 DM brutto
Sitzende, stehende Tätigkeit:	Stehende, körperlich beanspruchende Tätigkeit
Aufstiegsmöglichkeiten:	Geprüfter Polier, Werkpolier, Maurermeister, Industriemeister, Techniker Bautechnik, Techniker für Betriebswissenschaft
Selbständige Berufsmöglichkeiten:	Eigenes Bauunternehmen (aber schwer wegen der hohen Anfangsinvestitionen)
Zusätzliche wichtige Informationen:	Noch immer ein fast reiner Männerberuf
Literatur oder Ansprechpartner:	Blätter zur Berufskunde:1-II C 109

Beruf:	**Metallbauer/in**
Tätigkeiten:	Be- und Verarbeitung von Blechen und Stahl, Nichteisenmetallen und Kunststoffen; Anreißen, Spanen, Umformen, Schmieden etc. nach Plänen und Zeichnungen. Während der Ausbildung kann zwischen den Fachrichtungen Konstruktionstechnik, Metallgestaltung, Anlagen- und Fördertechnik, Landtechnik und Fahrzeugbau gewählt werden .
Art der Ausbildung:	Lehre
Dauer:	3,5 Jahre
Formale Voraussetzungen:	Keine
Fachliche Qualifikationen:	Handwerkliches Geschick, technisches Verständnis
Ausbildungsvergütung:	Im ersten Ausbildungsjahr rd. 750 DM, im 4. rd. 1.000 DM
Berufsperspektiven:	Konstante Beschäftigungszahlen
Verdienstmöglichkeiten:	Anfangsgehalt ca. 2.900 DM
Sitzende, stehende Tätigkeit:	Stehende Tätigkeit, mit viel Bücken verbunden
Aufstiegsmöglichkeiten:	Metallbaumeister, Betriebswirt des Handwerks
Zusätzliche wichtige Informationen:	Mögliche gesundheitliche Beeinträchtigung (Lärmschwerhörigkeit)
Literatur oder Ansprechpartner:	Blätter zur Berufskunde: 1-II A 100

Beruf:	**Tischler/in**
Tätigkeiten:	Tischler stellen Einzelmöbel (Tische, Stühle, Kommoden etc.) und Einrichtungkomplexe (Büro- und Gaststätteneinrichtungen), aber auch Wand- und Deckenverkleidungen aus Holz her. Meist handeln Tischler nach einem bestimmten Kundenauftrag, realisieren Sonderwünsche, können aber auf Wunsch auch eigene Entwürfe einbringen. Bei den zu verarbeitenden Materialen handelt es sich meist um Holz, aber auch um Kunststoffe, Metalle, Spanplatten und Glas. Bevor ein Objekt entsteht, müssen zuerst entsprechende Zeichnungen angefertigt werden, daraufhin wird das passende Material ausgesucht und verarbeitet. Gearbeitet wird heute hauptsächlich mit maschineller Hilfe (Kreissägen, Bohr- und Schleifmaschinen, Furnierklebemaschinen).
Art der Ausbildung:	Lehre
Dauer:	3 Jahre
Abschluß:	Gesellenprüfung
Formale Voraussetzungen:	Handwerkliches Geschick, Fähigkeit zur Präzisionsarbeit, Fingerfertigkeit, Kreativität, zeichnerische Geschicklichkeit
Fachliche Qualifikationen:	Hauptschulabschluß, besser Realschulabschluß
Ausbildungsvergütung:	Im 1. Lehrjahr: 525-698 DM, im 2. Jahr: 700-930 DM, im 3. Jahr: 805-1.070 DM
Berufsperspektiven:	Tischler ist ein Trendberuf mit einem recht hohen Anteil an Abiturienten, die diese Ausbildung eher als Grundlage für ein Studium, z. B. der Architektur, der Holztechnik oder der Forstwirtschaft, betrachten. Gleichbleibende Beschäftigungszahlen sind zu erwarten.
Verdienstmöglichkeiten:	Anfangsgehalt ca. 3.000-3.200 DM
Sitzende, stehende Tätigkeit:	Stehberuf mit körperlicher Beanspruchung, z. T. starke Lärmbelästigung (spätere Lärmschwerhörigkeit)
Aufstiegsmöglichkeiten:	Handwerksmeister, Dipl.-Ing. Holztechnik, staatl. gepr. Betriebswirt Möbelhandel, Techniker, Refa-Techniker.
Selbständige Berufsmöglichkeiten:	Als Inhaber/in einer Schreinerei oder eines holzbearbeitenden Betriebes
Zusätzliche wichtige Informationen:	Sehr hohe Jugend-Arbeitslosenquote (über 10%)
Literatur oder Ansprechpartner:	Blätter zur Berufskunde: 1-III C 101
Beruf:	**Werkzeugmacher/in**
Tätigkeiten:	Herstellung von Werkzeugen wie Schneid-, Umform- oder Bearbeitungswerkzeuge, die zur Produktion anderer Produkte verwendet werden; Fertigung,

	Montage, Überprüfung und Reparatur von Werkzeugen und Formen, Wartung von Maschinen; zwei Fachrichtungen: Stanz- und Umformtechnik oder Formentechnik
Art der Ausbildung:	Lehre
Dauer:	3,5 Jahre
Abschluß:	Gesellenprüfung
Formale Voraussetzungen:	Mind. Hauptschulabschluß
Fachliche Qualifikationen:	Handwerkliches Geschick, technisches Verständnis, präzises Arbeiten
Ausbildungsvergütung:	Im ersten Ausbildungsjahr rd. 1.100 DM, im 4. rd. 1.200 bis 1.300 DM
Berufsperspektiven:	Recht günstig, geringe Arbeitslosenquote
Verdienstmöglichkeiten:	Anfangsgehalt bei ca. 3.000 DM
Sitzende, stehende Tätigkeit:	Stehende, körperlich beanspruchende Tätigkeit
Aufstiegsmöglichkeiten:	Werkzeugmachermeister, Industriemeister, Techniker Maschinentechnik/Maschinenbau, Dipl.-Ing. Fertigungstechnik/Maschinenbau (Fachhochschulreife oder Abitur Voraussetzung)
Selbständige Berufsmöglichkeiten:	Nur in begrenztem Umfang. Die Einrichtung einer Werkstatt ist wegen der Anschaffung teurer Maschinen finanziell schwer realisierbar.
Zusätzliche wichtige Informationen:	Studium zum Dipl.-Ing. Fertigungstechnik/Maschinenbau an verschiedenen Fachhochschulen und Universitäten möglich, allerdings nur mit Abitur/Fachhochschulreife (entweder vorher oder über Berufsfachschule oder über den 2. Bildungsweg)
Literatur oder Ansprechpartner:	Blätter zur Berufskunde: 1-I A 201

Beruf:	**Zentralheizungs- und Lüftungsbauer/in**
Tätigkeiten:	Errichtung von Heizungsanlagen, Wartung von schon vorhandenen, Beratung von Kunden
Art der Ausbildung:	Lehre
Dauer:	3,5 Jahre
Formale Voraussetzungen:	Mind. Hauptschulabschluß
Fachliche Qualifikationen:	Technisches Verständnis, handwerkliches Geschick, körperliche Kraft
Ausbildungsvergütung:	Im ersten Ausbildungsjahr zwischen 550 und 850 DM, im 4. Jahr 700-1050 DM
Berufsperspektiven:	Konstante Beschäftigungszahlen werden prognostiziert.
Verdienstmöglichkeiten:	Anfangsgehalt bei rd. 2.700 DM
Sitzende, stehende Tätigkeit:	Überwiegend stehende Tätigkeit
Aufstiegsmöglichkeiten:	Zentralheizungs- und Lüftungsbaumeister, Techniker Heizung/Lüftung/Klimatechnik, Techniker für Betriebswissenschaft, Dipl.-Ing. Versorgungstechnik (mit Fachhochschulreife oder Abitur)

Zusätzliche wichtige Informationen:	Studium zum Dipl.-Ing. Versorgungstechnik an zahlreichen Fachhochschulen und Universitäten
Literatur oder Ansprechpartner:	Blätter zur Berufskunde: 1-II A 503

Beruf:	**Zweiradmechaniker/in**
Tätigkeiten:	Wartung, Überholung und Reparatur von Zweirädern und anderen motorbetriebenen Geräten; Überprüfung von mechanischen, hydraulischen, pneumatischen, elektrischen und elektronischen Systemen
Art der Ausbildung:	Lehre
Dauer:	3-3,5 Jahre
Abschluß:	Gesellenprüfung
Formale Voraussetzungen:	Hauptschulabschluß
Fachliche Qualifikationen:	Technisches Verständnis, handwerkliches Geschick
Ausbildungsvergütung:	Ab 610 DM
Berufsperspektiven:	Konstante Beschäftigungsquote
Verdienstmöglichkeiten:	Anfangsgehalt ab ca. 2.600 DM
Sitzende, stehende Tätigkeit:	Stehende, körperlich beanspruchende Tätigkeit
Aufstiegsmöglichkeiten:	Kfz-Mechanikermeister, Techniker Karosserie- und Fahrzeugtechnik/Kfz-Technik, Kfz-Betriebsassistent, Techniker für Betriebswissenschaft, Dipl.-Ing. Fahrzeugbau/-technik (Studium an Fachhochschulen und als Schwerpunktfach in Maschinenbau an Universitäten)
Selbständige Berufsmöglichkeiten:	Eigene Werkstatt
Literatur oder Ansprechpartner:	Blätter zur Berufskunde: 1-II A 411 Zweiradmechaniker/in

[3] Gestaltung, Kunst, Mode, Design

Beruf:	**Architekt/in**
Tätigkeiten:	Planen, Entwerfen und Ausführen von Hochbauten (Wohnhäuser, Öffentliche Gebäude, Industriebauten) und auch von komplexen städtebaulichen Anlagen. In zunehmenden Maße Altbausanierung. Ausübung des Berufs im Angestelltenverhältnis (auch verbeamtet im öffentlichen Dienst) oder selbständige Tätigkeit als Architekt/in
Art der Ausbildung:	Studium an Universitäten, Kunsthochschulen oder Fachhochschulen
Dauer:	Regelstudienzeit: 8 Semester, durchschnittlich 10-11 Semester Praktika vor oder während des Studiums im Bau- oder Baunebengewerbe und in Architekturbüros
Abschluß:	Diplom
Formale Voraussetzungen:	Allgemeine Hochschulreife

Fachliche Qualifikationen:	Interesse an künstlerischer Gestaltung, technisches Verständnis, räumliches Denken und Darstellungsvermögen, Abstraktionsvermögen und Umsetzungsbereitschaft
Ausbildungsvergütung:	Keine, ggf. BAföG
Berufsperspektiven:	Die Beschäftigungszahlen sind von der Auftragslage abhängig (Tendenz rückläufig). Gute Chancen u.a. im Bereich Altbausanierung
Verdienstmöglichkeiten:	Honorar Selbständiger abhängig von Baukosten und Größe des Projekts sowie dem Umfang der erbrachten Leistungen. Als Angestellter je nach Vereinbarung und Tätigkeitsschwerpunkt (Berufsanfänger ca. 3.800 bis 4.800 DM brutto)
Sitzende, stehende Tätigkeit:	Überwiegend Schreibtischtätigkeit, Wahrnehmung zahlreicher auswärtiger Termine
Vor- und Nachteile:	Abwechslungsreiche, kreative Tätigkeit, hohe Verantwortung gegenüber Mensch und Umwelt, häufige Überstunden (vor allem der Arbeitseinsatz des freischaffenden Architekten geht weit über das normale Maß hinaus)
Selbständige Berufsmöglichkeiten:	Der Beruf gehört zu denjenigen mit einem hohen Anteil an Selbständigen (Inhaber oder Mitinhaber eines Architekturbüros).
Zusätzliche wichtige Informationen:	Es gibt Aufbaustudiengänge im Bereich Städtebau und Stadtplanung, Regionalplanung, Denkmalpflege.
Literatur oder Ansprechpartner:	Blätter zur Berufskunde: 3-I N 01 Diplom-Ingenieur/in, Architektur, 2-I N 10 Diplom-Ingenieur/in (Fachhochschule), Architektur

Beruf:	**Bühnenbildner/in**
Tätigkeiten:	Entwerfen des Bühnenbildes, der Kulisse und der Szenerie, Beschäftigung am Theater, beim Film und beim Fernsehen. Die Beschäftigung erfolgt entweder im Angestelltenverhältnis (eher selten) oder (überwiegend) bei Theatern für eine Spielzeit oder (beim Film und zunehmend beim Fernsehen und Theater) für ein Projekt.
Art der Ausbildung:	Kein vorgeschriebener Ausbildungsweg, i.d.R. Studium an einer Hochschule für Bildende Künste und Volontariat im Theaterbereich
Dauer:	Im Falle eines Studiums 4 bis 5 Jahre und 2 Jahre Volontariat
Abschluß:	Diplom-Bühnenbildner/in
Formale Voraussetzungen:	Fachhochschulreife, Abitur, Kenntnisse der Kunstgeschichte, Stillehre, Theaterwissenschaft, guter Sinn für Formen und Farben

Fachliche Qualifikationen:	Architektonische Begabung, Fähigkeit zum perspektivischen Denken, handwerkliche Begabung
Ausbildungsvergütung:	Keine, ggf. BAföG
Berufsperspektiven:	Sehr unterschiedlich. Hängt von der künstlerischen Gestaltungsfähigkeit und (im Falle des Theaters) von der Haushaltslage ab.
Verdienstmöglichkeiten:	Rd. 3.500 DM
Sitzende, stehende Tätigkeit:	Überwiegend stehende Tätigkeit
Vor- und Nachteile:	Interessante Tätigkeit, aber mit viel Reisen und mit unsicheren kurzfristigen Beschäftigungsverhältnissen verbunden.
Selbständige Berufsmöglichkeiten:	Die meisten Bühnerbildner/innen sind selbständig als Ein-Frau- oder Ein-Mann-Betriebe tätig.
Zusätzliche wichtige Informationen:	Nur wenigen Bühnenbildnern gelingt es, über Jahrzehnte erfolgreich in ihrem Beruf zu arbeiten, da vor allem der Konkurrenzdruck von unten (Jüngere rücken nach) groß ist.

Beruf:	**Fotograf/in**
Tätigkeiten:	Arbeit in spezialisierten Sparten, z.B. Porträt, Architektur und Landschaft, Produkt-, Mode- und Industriefotografie. Vielfältige und interessante Tätigkeit mit allerdings großer Konkurrenz
Art der Ausbildung:	1. Lehre, 2. Studium
Dauer:	1. 3 Jahre, 2. 3,5-4 Jahre
Abschluß:	1. Abschlußprüfung, 2. Diplom (FH)
Formale Voraussetzungen:	Mindestens Hauptschulabschluß, eher Mittlere Reife oder Abitur
Fachliche Qualifikationen:	Sinn für Formen und Farben, künstlerische Begabung und ein gutes Auge, also ästhetische Begabung
Ausbildungsvergütung:	Relativ gering, im ersten Ausbildungsjahr ab 340 DM, im 3. Jahr ca. 750 DM, Studium: evtl. BAföG
Berufsperspektiven:	Relativ hohe, konstante Arbeitslosigkeit, Erfolg hängt wesentlich vom eigenen Können und vom Aufspüren von Trends ab
Verdienstmöglichkeiten:	Ca. 2.220 DM Anfangsgehalt
Sitzende, stehende Tätigkeit:	Stehende Tätigkeit
Aufstiegsmöglichkeiten:	Fotografenmeister, Dipl.-Ing. Fotoingenieurwesen (FH-Studium)
Selbständige Berufsmöglichkeiten:	Die Einrichtung eines eigenen Ateliers und die Tätigkeit als selbständiger Fotograf sind nach wie vor beliebt.
Zusätzliche wichtige Informationen:	Der Übergang von der Berufsausbildung in eine gesicherte berufliche Existenz dauert recht lange.
Literatur oder Ansprechpartner:	Blätter zur Berufskunde: 1-III E 401

Beruf:	**Goldschmied/in**
Tätigkeiten:	Herstellung von Schmuck in Edelmetallen unter Hinzufügung von Edelsteinen, Perlen usw.
Art der Ausbildung:	Lehre / schulische Ausbildung an der Berufsfachschule
Dauer:	3,5 Jahre / 2 – 3,5 Jahre
Abschluß:	Gesellenprüfung
Formale Voraussetzungen:	Mindestens Hauptschulabschluß
Fachliche Qualifikationen:	Manuelle Geschicklichkeit, gestalterische Fähigkeit, technisches Verständnis, Geduld und Ausdauer
Ausbildungsvergütung:	Ca. 300 DM bis 600 DM
Berufsperspektiven:	Mittelmäßig; selbständiger Goldschmied mit eigener Werkstatt oder angestellt bei Juwelier o.ä.
Verdienstmöglichkeiten:	Anfangsgehalt ca. 2.000 DM brutto. Evtl. besserer Verdienst als selbständiger Goldschmied (Meisterprüfung)
Sitzende, stehende Tätigkeit:	Fast ausschließlich sitzend, große Belastung für die Wirbelsäule
Aufstiegsmöglichkeiten:	Berufliche Weiterqualifikation zum Meister. Studium Gestaltung, Schmuckdesign an verschiedenen Fachhochschulen möglich
Vor- und Nachteile:	Kreative Entfaltung möglich, Arbeitsplatz zu Hause möglich. Nur mäßige Verdienstmöglichkeiten
Selbständige Berufsmöglichkeiten:	Sehr gut möglich
Zusätzliche wichtige Informationen:	Schlechtes Lehrstellenangebot, auf eine Lehrstelle kommen ca. 20-30 Bewerber. Aufnahmeprüfung für Ausbildung an den Berufsfachschulen
Literatur oder Ansprechpartner:	Gesellschaft für Goldschmiedekunst e. V., Altstädter Markt 6, 63450 Hanau, Tel.: 0 61 81 / 25 65 56, Fax.: 0 61 81 / 25 65 54 und Zentralverband der deutschen Goldschmiede, Silberschmiede und Juweliere e.V., Weseler Str. 4, 48151 Münster, Tel.: 02 51 / 5 20 08 30, Fax.: 02 51 / 5 20 08 33
Beruf:	**Grafikdesigner/in / Kommunikationsdesigner/in**
Tätigkeiten:	Erstellung von Konzepten für die Gesellschafts- und Wirtschaftskommunikation und ihre Umsetzung in zielgruppengerechte Gestaltung: Printmedien, audiovisuelle Medien, Multimedia. Bereiche: Agenturen für Werbung und Öffentlichkeitsarbeit (Public Relations), Wirtschaftsunternehmen, Verbände, Verlage, Presse, TV, kulturelle und öffentliche Institutionen
Art der Ausbildung:	Studium an einer Fachhochschule, Hochschule für Gestaltung, Gesamthochschule, Kunsthochschule

Dauer:	Je nach Ausbildungsinstitution ca. 4 bis 5 Jahre
Abschluß:	Diplomdesigner (Dipl. Des.)
Formale Voraussetzungen:	Abitur: Fachoberschule oder Gymnasium. Um einen Studienplatz muß man sich mit einer Mappe gestalterischer Arbeiten, einer Aufnahmeprüfung mit praktischen Arbeiten und u. U. einem Kolloquium bewerben. Ferner gelten ein oder mehrere Praktika in Agenturen oder designrelevanten Unternehmen als Voraussetzung. Ein vor dem Studium erlernter gewerblicher oder handwerklicher Beruf wie Werbekaufmann/ -frau, Druckvorlagenhersteller, Fotograf, Buchbinder, Medientechniker usw. kann durchaus von Vorteil sein. Ebenso die Ausbildung an einer Werbefachschule oder Berufsakademie.
Fachliche Qualifikationen:	Fähigkeit, komplexe Inhalte in sinnfällige Gestaltung und treffende Bildideen umzusetzen, Sensibilität für Formen und Farben. Kommunikative Kompetenz, besonders: Teamfähigkeit und sprachlicher Ausdruck! Interesse an gesellschaftlichen und wirtschaftlichen Prozessen, Beratungs- und Dienstleistungsmentalität.
Ausbildungsvergütung:	Im Praktikum ca. 500 bis 800 DM monatlich
Berufsperspektiven:	Gute bis beste Aussichten für alle Absolventen mit guter Ausbildung und Schnittstellenkompetenzen: Foto, Text, Marketing, Produktion
Verdienstmöglichkeiten:	Anfangsgehalt ca. 3000 bis 4.500 DM
Aufstiegsmöglichkeiten:	Bei entsprechender Kompetenz und Weiterqualifikation: Grouphead, Art- /Creativ-Director, Leiter einer Werbeabteilung. Postgraduate-Studien: Industriedesign, BWL / Marketing, Soziologie, Psychologie, Kommunikationswissenschaft, Philosophie
Vor- und Nachteile:	Vorteile: interessanter, interdisziplinärer und kreativer Beruf. Man kann etwas bewegen. Nachteile: oft stressig, häufig Überstunden, auch Arbeit am Wochenende. Wer sich mehr als Künstler fühlt, sollte nicht Design studieren.
Selbständige Berufsmöglichkeiten:	Freischaffender Grafikdesigner, Leitung eines Grafikdesign-Büros
Literatur oder Ansprechpartner:	Blätter zur Berufskunde: Grafik-Designer, Michael Jung, Studienführer Kunst und Design, München 1993, Rudolf Kossolapow, Design und Designer zwischen Tradition und Utopie, Frankfurt/Main 1985; Design Report Special, Designausbildung in Deutschland. Rat für Formgebung, Frankfurt/Main 1996

Ansprechpartner:
BDG Bund Deutscher Grafik-Designer e.V., Kreuzbergstr. 1, 40489 Düsseldorf,
Tel. 02 11 / 4 79 06 70
Autor: Prof. Dr. Hartwig Frankenberg,
Fachhochschule Augsburg, Leiter des BDG-Referates
Aus- und Weiterbildung

Beruf:	**Innenarchitekt/in**
Tätigkeiten:	Berufsaufgabe ist die gestalterische, wirtschaftliche, ökologische und soziale Planung von Innenräumen. Dazu gehört die Beratung, Betreuung und Vertretung des Auftraggebers in den mit der Planung und Ausführung zusammenhängenden Angelegenheiten sowie die Überwachung der Ausführung. Die Aufgabenbereiche erstrecken sich vom gestalterischen Entwurf und der technischen und konstruktiven Durcharbeitung von Konstruktionsplänen über das Einholen von Kostenvoranschlägen und der Auftragsvergabe sowie die Überwachung der Durchführung bis zur Schlußabrechnung. Erstellung von Grundkonzeptionen, Raumprogrammen, Funktionsplänen, Konstruktionen für Wohn-, Geschäfts,- Ausstellungs-, Theater-, Freizeit und Hotelbauten, für Altbaumodernisierung, Nutzungsänderungen, Entwicklung von baulichen Primär- und Sekundärstrukturen, Restaurierung von Kulturbauten und Denkmalpflege
Art der Ausbildung:	Studium an Fachhochschulen, Kunsthochschulen oder Universitäten
Dauer:	Mindestens 6 Semester und ein Prüfungssemester an Fachhochschulen, an den Kunsthochschulen und Universitäten 9 bis 10 Semester
Abschluß:	Diplom-Ingenieur/in, z.T. auch Diplom-Designer/in
Formale Voraussetzungen:	Allgemeine Hochschulreife oder Fachhochschulreife und mindestens 6 Monate Praktikum. Eine vorherige Lehre ist sinnvoll.
Fachliche Qualifikationen:	Talent im freien Zeichnen, Malen, Skizzieren, in räumlicher Darstellung und im Ausdruck
Ausbildungsvergütung:	Keine, ggf. BAföG
Berufsperspektiven:	In der Zukunft dank der Vielseitigkeit der Gebiete im Arbeitsbereich eher günstig
Verdienstmöglichkeiten:	Ca. 60.000 bis 100.000 DM netto pro Jahr, Anfangsgehalt ca. 3.500 DM im Monat
Sitzende, stehende Tätigkeit:	Sowohl als auch
Aufstiegsmöglichkeiten:	Eigenes Architektenbüro
Vor- und Nachteile:	Möglichkeit der Teilzeitarbeit und der freien Mitar-

Selbständige Berufsmöglichkeiten:	beit / arbeits- und leistungsintensiv mit Anforderungen an überdurchschnittliches Engagement Gute Möglichkeiten der späteren Selbständigkeit
Zusätzliche wichtige Informationen:	Bei einigen Hochschulen bestehen Aufnahmebeschränkungen durch zusätzliche Auswahlverfahren. Die meisten Fachhochschulen und alle Kunsthochschulen haben künstlerische Eignungsprüfungen. In Nordrhein-Westfalen werden die Studienplätze über die ZVS vergeben. Die Berufsbezeichnung »Innenarchitekt« ist durch die Gesetze der Länder geschützt. Nach mind. zwei- bzw. dreijähriger Praxis als »Diplom-Ingenieur« in den Tätigkeitsbereichen des Innenarchitekten erfolgt auf Antrag die Aufnahme in die Architektenkammer des jeweiligen Landes.
Literatur oder Ansprechpartner:	Blätter zur Berufskunde: 2 – XI F 01 Innenarchitekt/Innenarchitektin und Informationsunterlagen des Bundes Deutscher Innenarchitekten, Bundesgeschäftsstelle, Königswinterer Str. 675, 53227 Bonn, Tel. 02 28 / 44 24 14, Fax: 02 28 / 44 43 87

Beruf:	**Keramiker/in**
Tätigkeiten:	Herstellung von Gebrauchs- und Ziergegenständen aus Ton, anschließendes Brennen im Brennofen; bei der Ausbildung sind drei Fachrichtungen möglich: 1. »Scheibentöpferei« (Herstellung von Gebrauchsgeschirr etc.), 2. »Baukeramik« (Herstellung von Bauelementen für Innen- und Außenwand und Kacheln), 3. »Dekoration« (Gestaltung von Flächen)
Art der Ausbildung:	Lehre
Dauer:	3 Jahre
Abschluß:	Gesellenprüfung
Formale Voraussetzungen:	Mind. Hauptschulabschluß oder Mittlere Reife. Der Beruf ist auch bei Abiturienten beliebt, recht hoher Frauenanteil (bei 1 zu 3).
Fachliche Qualifikationen:	Handwerkliche Begabung, Sinn für Formen und Farben
Ausbildungsvergütung:	Zwischen 700 DM (1. Ausbildungsjahr) und 1.200 DM (3. Ausbildungsjahr)
Berufsperspektiven:	Unterschiedlich. Am günstigsten im Kunsthandwerk. Zahl der größeren Betriebe ist seit Jahren wegen starker internationaler Konkurrenz rückläufig.
Verdienstmöglichkeiten:	Ca. 3.000 DM Anfangsgehalt
Sitzende, stehende Tätigkeit:	Sowohl als auch, insgesamt mehr stehende Tätigkeit. Bereich 2 ist körperlich beansprucht.
Aufstiegsmöglichkeiten:	Keramik-Meister/in, Keramik-Techniker/in, Keramik-

	Ingenieur/in (mit Fachhochschulstudium). In Höhr-Grenzhausen gibt es eine spezielle Fachhochschule für Keramik.
Selbständige Berufsmöglichkeiten:	Am ehesten in den Bereichen 1 und 3
Zusätzliche wichtige Informationen:	Keramik ist auch in anderen Bereichen (Medizintechnik, Luft- und Raumfahrttechnik) ein wichtiger Werkstoff. Deshalb gibt es auch Berufsmöglichkeiten außerhalb der genannten Tätigkeitsbereiche.
Literatur oder Ansprechpartner:	Blätter zur Berufskunde 1-III B 201

Beruf:	**Restaurator/in**
Tätigkeiten:	Erhaltung, Pflege, Restaurierung und materielle Erfassung (etwa Bestimmung der verwandten Werkstoffe) von Kunst- und Kulturgut. Mehrere Fachrichtungen, u.a. Leinwand- und Tafelmalerei, Holzskulptur, Wandmalerei und Steinskulptur, Glasmalerei, Textilien, Holzobjekte mit veredelter Oberfläche (Möbel, Täfelungen), Objekte aus dem Bereich der Archäologie und dem Kunsthandwerk
Art der Ausbildung:	Vorpraktikum und Studium (an 7 Fachhochschulen oder Kunsthochschulen)
Dauer:	Vorpraktikum 2 Jahre, Studium 4 Jahre
Abschluß:	Diplom
Formale Voraussetzungen:	Bestehen einer Eignungsprüfung an den Hochschulen (je nach Hochschule vor dem Praktikum oder nach Ableistung des Praktikums)
Fachliche Qualifikationen:	Manuelle Geschicklichkeit, Geduld, technisches Verständnis, historisches Verständnis, Sensibilität gegenüber dem gealterten Zustand eines Werkes und die Fähigkeit, eigene kreative Impulse den Anforderungen des zu bearbeitenden Objekts unterzuordnen, zeichnerische Fähigkeiten, schriftliches Ausdrucksvermögen
Ausbildungsvergütung:	Ausbildungsvergütung im Vorpraktikum: von unbezahlter Tätigkeit bis 1.500 DM. Viele öffentliche Institutionen (Museen) zahlen keine Vergütung. Die durchschnittliche Vergütung der Praktikanten bei freien Restauratoren liegt bei etwa 1.000 DM.
Berufsperspektiven und Verdienstmöglichkeiten:	Die Zahl der Praktikanten übersteigt die Zahl der Studienplätze, so daß nicht jeder das Ziel eines Hochschulabschlusses erreicht. Perspektiven und Verdienstmöglichkeiten sind sehr unterschiedlich. Im öffentlichen Dienst (Landesdenkmalämter/ Museen) sind die Stellen zwischen den Vergütungsgruppen VIII und II a des BAT (je nach Lebensumständen, Alter, Position ein

	monatliches Bruttogehalt von 2.700 bis 7.300 DM) angesetzt. Der Verdienst von freiberuflichen Restauratoren ist nicht genauer einzugrenzen. Je nach Markt- und Auftragslage kann der Verdienst über dem des öffentlichen Dienstes liegen.
Sitzende, stehende Tätigkeit:	s. u. Nachteile
Vor- und Nachteile:	Vorteile: Die Tätigkeit des Restaurators verbindet intellektuelles Forschen und Handeln mit manuellen Tätigkeiten am Objekt. Der Beruf genießt ein hohes gesellschaftliches Ansehen. Vielfältige Möglichkeiten für Tätigkeiten im Ausland. Nachteile: Dem langen Ausbildungsweg (6 Jahre) steht ein meist bescheidenes Einkommen gegenüber. Nachteilig ist auch die anstrengende Körperhaltung bei restauratorischer Tätigkeit: Gerade im Bereich der Wandmalerei- und Steinkonservierung/-restaurierung wird lange im Stehen oder über Kopf gearbeitet. Auch in den anderen Fachbereichen kann es über längere Zeiträume zu unangenehmen Körperhaltungen kommen. Die Arbeit auf Gerüsten und im Freien gehört zum Alltag eines Steinrestaurators. Auch kann nicht immer ausgeschlossen werden, daß Restauratoren selbst bei sorgfältiger Einhaltung der Arbeitsschutzmaßnahmen gesundheitsgefährdenden Stoffen ausgesetzt sind.
Selbständige Berufsmöglichkeiten:	Die Mehrzahl der Diplom-Restauratoren arbeitet selbständig. Auftraggeber sind Denkmalämter der Bundesländer, Kirchen, der Kunsthandel sowie private Sammler.
Zusätzliche wichtige Informationen:	Der Beruf des Restaurators ist in Deutschland kein gesetzlich geschützter Beruf. Bislang kann sich jeder Restaurator bezeichnen und freiberuflich tätig werden, gleichgültig ob er die mindestens sechsjährige Hochschulausbildung zum Diplom-Restaurator absolvierte, an einer mehrwöchigen Fortbildungsmaßnahme im Rahmen des Handwerks teilgenommen oder sich autodidaktisch fortgebildet hat.
Literatur oder Ansprechpartner:	Deutscher Restauratorenverband e. V., Bischofsgartenstraße 1, 50667 Köln; Ulrike Besch (Hrsg.), Restauratorentaschenbuch 1996, München 1995
Beruf:	**Schauspieler/in**
Tätigkeiten:	Aufgabe des Schauspielers ist es, mit den Mitteln des darstellenden Spiels das Publikum von der von

ihm verkörperten Rolle zu überzeugen. Den Medien, für die der Schauspieler arbeitet, ist der Anspruch gemeinsam, kreative Prozesse beim Zuschauer auszulösen, ihn zu unterhalten und ihn über sinnliche Erfahrungen mit neuen Gedanken, Seh- und Hörweisen bekanntzumachen.

Die Arbeit von Schauspielern läßt sich nach Medienbereichen (Bühnen-, Film-, Fernsehdarsteller, Rundfunksprecher usw.) aufgliedern oder aber auch nach den vielfältigen, sich im Laufe eines Berufslebens oft verändernden oder überschneidenden Funktionen: Darsteller, Sprecher, Synchronsprecher, Kabarettist, Rezitator, Pantomime, ggf. auch Conférencier, Entertainer, Quizmaster, Ansager, Schauspiellehrer, Animateur, Spielpädagoge, Theatertherapeut u.a.

Art der Ausbildung:	Nur staatlich anerkannte Schauspielschulen (Vorsicht vor »Scharlatanen«)
Dauer:	3 bis 4 Jahre
Abschluß:	Prüfung der Ausbildungsstätte
Formale Voraussetzungen:	Mindestens Mittlere Reife, besser Abitur, Aufnahmeprüfung der Ausbildungsstätte
Fachliche Qualifikationen:	Grundvoraussetzung ist neben schauspielerischem Talent die differenzierte Beherrschung des Handwerks – Stimme, Mimik, Gestik, Körpersprache. Ebenso psychische und physische Belastbarkeit (ärztliches Attest). Ferner Stress-Stabilität, Sensibilität, Wandlungsfähigkeit, geistige Flexibilität, permanente Erweiterung und Neuerwerb von Kenntnissen (wie z. B. Sportarten, Musikinstrumente, Fremdsprachen), Mobilität
Ausbildungsvergütung:	Keine
Berufsperspektiven:	Hängt vom Können und von Beziehungen ab
Verdienstmöglichkeiten:	Breite Spanne (bei Bühnenschauspielern 2.500 bis 10.000 DM monatlich; bei Filmschauspielern pro Drehtag ca. 1.500 bis 20.000 DM)
Sitzende, stehende Tätigkeit:	Körperlich und geistig herausfordernde Tätigkeit
Aufstiegsmöglichkeiten:	Je nach Marktwert
Vor- und Nachteile:	Nachteil: soziale Situation, zumeist unbeständig Beschäftigte
Selbständige Berufsmöglichkeiten:	Gering (weil weisungsgebunden)
Literatur oder Ansprechpartner:	Interessenverband Deutscher Schauspieler e. V., Prinzregentenstraße 52, 80538 München, Tel. 0 89 / 22 35 95 und Blätter zur Berufskunde: 2-XI A 01 Schauspieler/in

Beruf:	**Schneider/in**
Tätigkeiten:	Hier kann zwischen drei Ausbildungen, die im ersten Ausbildungsjahr jeweils gleiche Inhalte haben, gewählt werden: 1. Damenschneider/in (Neuanfertigung und Änderung von Damenoberbekleidung in den verschiedensten Materialien, z. T. auch aus Pelz und Leder, nach den Wünschen der Kunden, Beratung der Kunden und evtl. auch Stoffeinkauf), 2. Herrenschneider/in (Neuanfertigung und Änderung von Herrenbekleidung und Kleidungsstücken, die nach Material und Verarbeitung der Herrenoberbekleidung ähneln, so z. B. auch Damenkostüme, sonst w. o.) und 3. Wäscheschneider/in (Anfertigung von Bett- und Tischwäsche, Nachtwäsche, Damenblusen, Herrenhemden, Berufskleidung, sonst w. o.).
Art der Ausbildung:	Ausbildung
Dauer:	3 Jahre
Formale Voraussetzungen:	Mindestens Hauptschulabschluß oder gleichwertige Schulbildung
Fachliche Qualifikationen:	Manuelles Geschick, Farb- und Stilempfinden, Einfühlungsvermögen, gründliches Arbeiten und Arbeiten unter Zeitdruck
Ausbildungsvergütung:	Ja
Verdienstmöglichkeiten:	Als selbständige/r Schneider/in abhängig vom Können und der Größe des Kundenstammes
Sitzende, stehende Tätigkeit:	Überwiegend sitzende Tätigkeit
Selbständige Berufsmöglichkeiten:	Ja, als Inhaber/in eines Schneidersalons
Literatur oder Ansprechpartner:	Blätter zur Berufskunde: 1-III D 101 b (Damenschneider/in), 1-III D 101 a (Herrenschneider/in) und 1-III D 102 (Wäscheschneider/in)

Beruf:	**Silberschmied/in**
Tätigkeiten:	Herstellung von Geräten (z.B. Dosen, Becher, Schalen, Pfannen, sakrales Gerät) in Silber und anderen Metallen; Ausübung des Berufs als selbständiger Silberschmied mit eigener Werkstatt oder angestellt in Werkstatt
Art der Ausbildung:	Lehre / schulische Ausbildung an Berufsfachschulen
Dauer:	3,5 Jahre / 2 – 3,5 Jahre
Abschluß:	Gesellenprüfung
Formale Voraussetzungen:	Mindestens Hauptschulabschluß
Fachliche Qualifikationen:	Manuelle Geschicklichkeit, gestalterische Fähigkeit, technisches Verständnis, Geduld und Ausdauer
Ausbildungsvergütung:	Ca. 300 bis 600 DM
Berufsperspektiven:	Eher schlecht
Verdienstmöglichkeiten:	Anfangsgehalt ca. 2.000 DM brutto. Evtl. besserer

Sitzende, stehende Tätigkeit:	Verdienst als selbständiger Silberschmied (Meisterprüfung) Kraftvolle Tätigkeit, fast ausschließlich sitzend, große Belastung für die Wirbelsäule
Aufstiegsmöglichkeiten:	Berufliche Weiterqualifikation zum Meister. Studium »Produktdesign« an Fachhochschulen möglich
Vor- und Nachteile:	Kreative Entfaltung möglich; Werkstatt mit hohem Lärmpegel; nur mäßige Verdienstmöglichkeiten
Selbständige Berufsmöglichkeiten:	Gut möglich
Zusätzliche wichtige Informationen:	Nur weniger Ausbildungsplätze vorhanden, Ausbildung an Berufsfachschule möglich / Aufnahmeprüfung
Literatur oder Ansprechpartner:	Gesellschaft für Goldschmiedekunst e. V:, Altstädter Markt 6, 63450 Hanau, Tel.: 06181/256556, Fax: 06181/256554 und Zentralverband der deutschen Goldschmiede, Silberschmiede und Juweliere e.V., Weseler Str. 4, 48151 Münster, Tel.: 02 51 / 5 20 08 30, Fax: 02 51 / 5 20 08 33

Beruf:	**Stadtplaner/in / Raumplaner/in / Stadt- und Regionalplaner/in**
Tätigkeiten:	Planungen für Orte aller Größen, für Flächen aller Art und Größe; Projektsteuerung und Koordination
Art der Ausbildung:	Studium
Dauer:	Regelstudienzeit: 9 Semester, Realstudienzeit: 12-14 Semester
Abschluß:	Diplom-Ingenieur für ... (unterschiedliche Bezeichnungen je nach Universität und Studium)
Formale Voraussetzungen:	Allgemeine Hochschulreife
Fachliche Qualifikationen:	Denkvermögen und Interesse an der lebenden und gebauten Umwelt
Ausbildungsvergütung:	Keine, ggf. BAföG
Berufsperspektiven:	Durchschnittlich
Verdienstmöglichkeiten:	BAT II a, oft nur IV a, im Büro zwischen 4.500 und 5.800 DM
Sitzende, stehende Tätigkeit:	Viel Schreibtischarbeit am PC, aber auch viele Termine und Vor-Ort-Aufnahmen
Aufstiegsmöglichkeiten:	Wie öffentlicher Dienst oder freie Wirtschaft allgemein
Vor- und Nachteile:	Abwechslungsreiche Tätigkeit, viel persönlicher Einsatz und Interesse
Selbständige Berufsmöglichkeiten:	Viele, je nach persönlichem Einsatz und Interesse
Zusätzliche wichtige Informationen:	Studienplätze meist mit internem NC. Nur wenige Unis bieten das Studium an.
Literatur oder Ansprechpartner:	Weitere Informationen: Blätter zur Berufskunde: 3-I N 05 Diplom-Ingenieur / Raumplanung; und beim

Bundesverband SRL e.V., Köpenicker Str. 48/49,
10179 Berlin, GF: R. Bohne,
Tel.: 0 30 / 30 86 20 60

[4] Ingenieurwissenschaftlich-technologische Berufe

Beruf:	Elektroingenieur/in
Tätigkeiten:	Entwicklung komplexer, vernetzter, informationsverarbeitender Systeme in den vier Hauptgruppen Informationstechnik, Elektrische Energietechnik, Mikroelektronik und Mikrosystemtechnik, Meß-, Regelungs- und Automatisierungstechnik
Art der Ausbildung:	Studium an Universität, Fachhochschule oder Berufsakademie
Dauer:	Regelstudienzeit: 10 Semester (Uni), 7-8 Semester (FH), 3 Jahre (BA)
Abschluß:	Diplom-Ingenieur/in / Elektrotechnik
Formale Voraussetzungen:	Allgemeine Hochschulreife, Fachhochschulreife (FH-Studium)
Fachliche Qualifikationen:	Interesse für naturwissenschaftliche und technische Zusammenhänge insbesondere in Physik, Informatik und Mathematik, Fähigkeit zum analytischen Denken, Neugierde an der Funktion technischer Geräte, Lust, schöpferisch tätig zu werden, zu konstruieren und Bestehendes zu verbessern, Teamgeist, Entscheidungsfreude, Initiative, Fremdsprachenkenntnisse
Ausbildungsvergütung:	Keine, ggf. BAföG
Berufsperspektiven:	Qualifizierten Elektroingenieuren, die Schlüsselqualifikationen und Führungseigenschaften mitbringen, werden gute Berufschancen zugeschrieben.
Verdienstmöglichkeiten:	Einstiegsgehalt in der Industrie ca. 5.000 DM (Uni) bzw. 4.500 DM (FH)
Sitzende, stehende Tätigkeit:	Sowohl als auch
Aufstiegsmöglichkeiten:	Vielfältige Möglichkeiten: Abteilungsleitung, Firmenleitung, Vorstand von großen Unternehmen. Auch gute internationale Arbeitsmöglichkeiten.
Selbständige Berufsmöglichkeiten:	Elektroingenieure sind vor allem als Angestellte in der Industrie tätig. Zunehmender Trend zur Selbständigkeit, vor allem in der Informations- und Kommunikationsbranche
Zusätzliche wichtige Informationen:	Universitäten verlangen i.d.R. ein achtwöchiges Vorpraktikum, Fachhochschulen bis zu 13 Wochen
Literatur oder Ansprechpartner:	Eine Broschüre »Elektroingenieure gestalten Zukunft« ist erhältlich beim:

VDE Verband deutscher Elektrotechniker e.V., VDE-Haus, Stresemannallee 15, 60596 Frankfurt/Main

Beruf:	**Energieelektroniker/in**
Tätigkeiten:	Energieelektroniker montieren und verkabeln mechanische und elektrische Geräte, verlegen die Leitungen und richten Installationssysteme mit Hilfe von Schaltplänen ein. Dieser Beruf umfaßt aber neben dem Montieren auch das Warten von Anlagen der Energieverteilung, der Steuerungs-, Melde- und Antriebstechnik. Hauptbeschäftigungsorte sind Montagebaustellen und Betriebswerkstätten. Während der Ausbildung kann zwischen den Fachrichtungen Anlagentechnik und Betriebstechnik gewählt werden.
Art der Ausbildung:	Lehre
Dauer:	3,5 Jahre
Abschluß:	Prüfung vor der Industrie- und Handelskammer
Formale Voraussetzungen:	Mind. Hauptschulabschluß, normalerweise Realschulabschluß
Fachliche Qualifikationen:	Abstraktes Denken, Fingerfertigkeit, Fähigkeit zur Präzisionsarbeit, handwerkliches Geschick, gutes technisches Verständnis, mathematische Begabung
Ausbildungsvergütung:	Im 1. Ausbildungsjahr: 1000-1.100 DM, im 2. Jahr: 1.100-1.200 DM, im 3. Jahr: 1.200-1.300 DM, im 4. Jahr: bis 1.400 DM
Berufsperspektiven:	Neuer industrieller Beruf mit guten Zukunftsaussichten, Trendberuf für Schüler mit Realschulabschluß
Verdienstmöglichkeiten:	Anfangsgehalt ca. 2.800-2.900 DM
Sitzende, stehende Tätigkeit:	Überwiegend Stehberuf
Aufstiegsmöglichkeiten:	Industriemeister/in Elektrotechnik, Netzmeister/in, Dipl.-Ing. Elektrotechnik (mit Fachhochschulreife oder mit Abitur), Techniker/in Elektrotechnik u.a.
Vor- und Nachteile:	Häufiger Montageeinsatz
Selbständige Berufsmöglichkeiten:	Nur sehr begrenzt, da die Einrichtung eines Betriebes wegen der technischen Investitionen sehr teuer ist
Literatur oder Ansprechpartner:	Blätter zur Berufskunde: 1-II B 402 und 1-II B 403
Beruf:	**Diplom-Informatiker/in**
Tätigkeiten:	Entwicklung formaler, maschinell durchführbarer Verfahren. Die Tätigkeiten sind vielfältig, vielseitig und einem ständigen Wandel unterworfen.
Art der Ausbildung:	Studium an einer Universität oder Fachhochschule

Dauer:	Universität: Regelstudienzeit 9, in besonderen Fällen 10 Semester, Durchschnittsstudienzeit 10 bis 13 Semester; Fachhochschule: Regelstudienzeit zwischen 6 und 8 Semester
Abschluß:	Diplom-Informatiker/in oder Diplom-Informatiker/in (FH)
Formale Voraussetzungen:	Fachhochschulreife, Allgemeine Hochschulreife
Fachliche Qualifikationen:	Interesse an (Informations-)Technik, intellektuelle Flexibilität, mathematische Begabung
Ausbildungsvergütung:	Keine, evtl. BAföG
Berufsperspektiven:	Die Nachfrage ist nach wie vor gut, wenn auch einem gewissen Wandel unterworfen.
Verdienstmöglichkeiten:	Anfangsgehälter und weitere Entwicklung gut
Sitzende, stehende Tätigkeit:	Meist sitzend
Aufstiegsmöglichkeiten:	Fachlaufbahn sehr gut, Managerlaufbahn mittelmäßig
Vor- und Nachteile:	Informatiker haben eine breite Grundlage, sind aber durch Fachspezialisten ersetzbar.
Selbständige Berufsmöglichkeiten:	Sehr gut, es gibt eine große Zahl freiberuflich tätiger Informatiker.
Zusätzliche wichtige Informationen:	Der Bundeswettbewerb Informatik versucht, Interesse für Informatik zu wecken; Zahl der Studienanfänger rückläufig.
Literatur oder Ansprechpartner:	Blätter zur Berufskunde: 3-I A 02 Diplom-Informatiker, 3-I A 33 Diplom-Informatiker (FH); Wilfried Brauer, Siegfried Münck, Studien- und Forschungsführer Informatik; Gesellschaft für Informatik e. V., Ahrstr. 45, 53175 Bonn, Tel.: 02 28 / 30 21 45, Fax: 02 28 / 30 21 67

Beruf:	**Dipl. Ingenieur/in für Baumaschinen**
Tätigkeiten:	Entwurf, Konstruktion, Instandhaltung, Einsatz und Service, einschl. Handel, von Baumaschinen
Art der Ausbildung:	Studium an einer Universität oder Technischen Hochschule, Abschluß berechtigt zur Promotion
Dauer:	10 Semester, einschließlich Diplomarbeit
Abschluß:	Diplom-Ingenieur/in (Dipl.-Ing.)
Formale Voraussetzungen:	Abitur
Fachliche Qualifikationen:	Interesse an Baumaschinen, d.h. Maschinenbau, Hydraulik, Fahrzeugtechnik, Stahlbau
Ausbildungsvergütung:	Keine, ggf. BAföG
Berufsperspektiven:	Einsatz: Leiter MTA in Bauunternehmen Hersteller: Gruppen-, Abteilungs- oder Konstruktionsleiter
Verdienstmöglichkeiten:	6.000 bis 10.000 DM brutto, je nach Dienststellung
Sitzende, stehende Tätigkeit:	Meist sitzende Tätigkeit

Aufstiegsmöglichkeiten:	Siehe Berufsperspektiven, bei zusätzlichen wirtschaftlichen Kenntnissen bis Geschäftsführer
Vor- und Nachteile:	Interessante Tätigkeit, Nachteil: z.Zt. Rückgang der Auftragslage im Bauwesen
Selbständige Berufsmöglichkeiten:	Firmengründung
Zusätzliche wichtige Informationen:	Studium nur an der Otto-von-Guericke-Universität Magdeburg, Fakultät für Maschinenbau, Institut für Förder- und Baumaschinentechnik, weniger Praxisbezug, dafür mehr Forschung und Entwicklung. Ein entsprechender Studiengang an Fachhochschulen, der einen hohen Praxisbezug aufweist, wird einmalig in Deutschland an der Hochschule für Technik und Wirtschaft (FH) Dresden (Fach Maschinenbau, Studienrichtung Baumaschinen/Mobiltechnik) angeboten. Das Studium ist auf 8 Semester einschließlich Diplomarbeit angelegt. Verdienstmöglichkeiten: 5.000-8.000 DM brutto, je nach Dienststellung.
Literatur oder Ansprechpartner:	Lehrmaterial der Hochschule und diverse Fachliteratur Verband des Baumaschinen-Ingenieure und -Meister e.V. Henleinstr. 8a, 28816 Stuhr, Tel.: 04 21 / 87 16 80, Fax: 04 21 / 8 71 68 88
Beruf:	**Kommunikationselektroniker/in**
Tätigkeiten:	Fachrichtungen Funktechnik, Informationstechnik und Telekommunikationstechnik. Der Tätigkeitsbereich umfaßt das Verdrahten, Zusammenbauen, Installieren, Prüfen und Warten von Geräten und Systemen der Telekommunikation, der Melde- und Signaltechnik. Das gleiche gilt für Anlagen der Funktechnik, Sende- und Empfangsgeräte und Übertragungsgeräte für Bild und Ton. Kommunikationselektroniker arbeiteten – je nach Fachrichtung – in der Fertigung, im Prüffeld, in Versuchswerkstätten, im Kundendienst, in der Betriebserhaltung und in der Montage.
Art der Ausbildung:	Lehre
Dauer:	3,5 Jahre
Abschluß:	Prüfung vor der Industrie- und Handelskammer
Formale Voraussetzungen:	Mind. Hauptschulabschluß, besser Realschulabschluß
Fachliche Qualifikationen:	Gutes technisches Verständnis, logisches Denken, handwerkliches Geschick, Fingerfertigkeit, keine besonderen körperlichen Anforderungen
Ausbildungsvergütung:	Im 1. Ausbildungsjahr: 980-1.100 DM, im 2. Jahr:

Berufsperspektiven:	1.040-1.150 DM, im 3. Jahr: 1.150-1.240 DM, im 4. Jahr: bis 1.350 DM Neuer industrieller Beruf mit guten Zukunftsaussichten. Steigende Beschäftigungszahlen sind zu erwarten. Trendberuf für Schüler mit weiterführendem Schulabschluß.
Verdienstmöglichkeiten:	Anfangsgehalt ca. 2.700-3.000 DM
Sitzende, stehende Tätigkeit:	Sowohl als auch
Aufstiegsmöglichkeiten:	Techniker/in Elektrotechnik, Techniker/in Betriebswissenschaft, Dipl.-Ing. Elektrotechnik (Studium an Universitäten und Fachhochschulen), Industriemeister/in Elektrotechnik
Vor- und Nachteile:	Teilweise Montageeinsatz
Selbständige Berufsmöglichkeiten:	Eigene Kundendienstwerkstatt
Literatur oder Ansprechpartner:	Blätter zur Berufskunde: 1-II B 406, 1-II B 407, 1-II B 408

Statistiker/in s. S. 140

Beruf:	**Vermessungsingenieur/in (Geodät/in)**
Tätigkeiten:	Vermessungsingenieure arbeiten als Beamte oder (öfter) als Angestellte in Behörden, die sich mit der Vermessung von Grund, Boden und Gebäuden, Gelände- und Luftaufnahmen, Stadtentwicklungsfragen oder auch mit der Neuaufteilung des ländlichen Raumes beschäftigen. Neue Arbeitsfelder werden durch moderne Technologien geschaffen, z. B. in der Satellitengeodäsie, Weltraumforschung und dem Umweltschutz.
Art der Ausbildung:	Studium des Vermessungswesens/Geodäsie
Dauer:	Ca. 5-6 Jahre (Universität), 3,5-4 Jahre (Fachhochschule)
Abschluß:	Diplom-Vermessungsingenieur/in
Formale Voraussetzungen:	Hoch- bzw. Fachhochschulreife
Fachliche Qualifikationen:	Interesse an Mathematik, Naturwissenschaften, Geographie und Technik, gute EDV-Kenntnisse, Fähigkeit zum exakten Arbeiten
Ausbildungsvergütung:	Keine, ggf. BAföG
Berufsperspektiven:	Berufschancen im öffentlichen Dienst (Hauptarbeitsfeld des Vermessungsingenieurs) sind nach wie vor durch die anhaltenden Sparmaßnahmen eher mittelmäßig. Besser sind die Chancen in Zukunft in den Bereichen der Industrie und dem technischen Umweltschutz.
Verdienstmöglichkeiten:	Starteinkommen im öffentlichen Dienst zwischen 4.000-5.500 DM (A 13/BAT II a) monatlich, Aufstiegsgehälter zwischen 6.500-7.500 DM

Sitzende, stehende Tätigkeit:	Schreibtischarbeit genauso wie Arbeit im Gelände
Aufstiegsmöglichkeiten:	Wenn der Staat der Arbeitgeber ist: gehobener Dienst (FH-Abschluß) oder höherer Dienst (Universitätsabschluß). Die Aufstiegspositionen sind hier z. B. die Leitung eines Referates, anschließend die Abteilungsleitung und schließlich die Leitung einer Behörde.
Selbständige Berufsmöglichkeiten:	Nur begrenzt möglich, etwa privates Planungsbüro
Literatur oder Ansprechpartner:	Blätter zur Berufskunde: 2-1 K 30 (Vermessungswesen/FH), 3-I L 01 (Universität)

Beruf:	**Diplom-Wirtschaftsinformatiker/in**
Tätigkeiten:	Tätigkeitsfelder, die sowohl Informatik- als auch wirtschaftswissenschaftliche Kenntnisse erfordern
Art der Ausbildung:	Studium an Universitäten und Fachhochschulen)
Dauer:	Regelstudienzeit an Universitäten 9 bzw. 10 Semester; wird aber jedoch meist um einige Semester überschritten, Fachhochschule: 3½ bis 4 Jahre
Abschluß:	Diplom-Wirtschaftsinformatiker/in
Formale Voraussetzungen:	Allgemeine Hochschulreife (Universitärer Studiengang), Fachhochschulreife
Fachliche Qualifikationen:	Interesse an Informatik und wirtschaftlichen Fragen, intellektuelle Flexibilität
Ausbildungsvergütung:	Keine, ggf. BAföG
Berufsperspektiven:	Die Nachfrage ist nach wie vor gut, wenn auch einem gewissen Wandel unterworfen.
Verdienstmöglichkeiten:	Anfangsgehälter und weitere Entwicklung gut
Sitzende, stehende Tätigkeit:	Meist sitzende Tätigkeit
Aufstiegsmöglichkeiten:	Fachlaufbahn sehr gut, Managerlaufbahn gut
Vor- und Nachteile:	Vielseitig verwendbar, sind aber durch Fachspezialisten ersetzbar
Selbständige Berufsmöglichkeiten:	Sehr gut, es gibt eine große Zahl freiberuflich tätiger Wirtschaftsinformatiker.
Zusätzliche wichtige Informationen:	Der Bundeswettbewerb Informatik versucht, Interesse für Informatik zu wecken.
Literatur oder Ansprechpartner:	Blätter zur Berufskunde: 3 – I A 03 Wirtschaftsinformatiker/in und 2-I A 44 Diplom-Informatiker/in der Fachrichtung Wirtschaftsinformatik, Diplom-Betriebswirt/in mit Schwerpunkt Wirtschaftsinformatik (Fachhochschulen) und Gesellschaft für Informatik, Ahrstr. 45, 53175 Bonn, Tel.: 02 28 / 30 21 45, Fax.: 02 28 / 30 21 67

Beruf:	**Diplom-Wirtschaftsingenieur/in**
Tätigkeiten:	Tätigkeitsbereiche vielfältig und weit gestreut an der Schnittstelle von Technik und Wirtschaft, vor

	allem in den Bereichen Materialwirtschaft/Logistik, Vertrieb, Finanz- und Rechnungswesen, Organisation, Verwaltung, Marketing, Werbung. Nach Branchen sind sie schwerpunktmäßig im Consulting, in der Eisen-, Metall- und Maschinenbauindustrie, der Automobilindustrie und in der elektrotechnischen Industrie tätig.
Art der Ausbildung:	Studium an Universitäten und Fachhochschulen. Möglich ist 1. ein Simultanstudium Wirtschaftsingenieurwesen oder 2. erst das Studium eines »klassischen« ingenieurwissenschaftlichen oder naturwissenschaftlichen Faches und anschließend ein Aufbaustudium, das wirtschaftswissenschaftliche und technische Fächer enthält.
Dauer:	Durchschnitt FH: 9,2 Semester
	Durchschnitt Uni: 12,6 Semester
Abschluß:	Diplom-Wirtschaftsingenieur/in oder Diplom-Wirtschaftsingenieur/in (FH). Rund 20 % aller Absolventen sind promoviert.
Formale Voraussetzungen:	Fachhochschulreife, allgemeine Hochschulreife
Fachliche Qualifikationen:	Kommunikationsfähigkeit, analytisches Denken, Belastbarkeit, Teamfähigkeit, Mobilität, Kreativität, Kundenorientierung, Internationalität, technisch-naturwissenschaftliche Begabung
Ausbildungsvergütung:	Keine, evtl. BAföG
Berufsperspektiven:	Mittel- bis langfristig außerordentlich gut
Verdienstmöglichkeiten:	Jahreseinstiegsgehälter für FH-Absolventen: 56.000-65.000 DM, für Uni-Absolventen etwa 61.000-70.000 DM; über die Hälfte der im Beruf stehenden Wirtschaftsingenieure erhält Gehälter zw. 100.000 und 200.000 DM.
Sitzende, stehende Tätigkeit:	Sitzende Tätigkeit im Büro
Aufstiegsmöglichkeiten:	Breit gefächerte Möglichkeiten im technischen Management
Vor- und Nachteile:	Häufiger Stellenwechsel (durchschnittlich 2-3 Mal), hohe Arbeitszeit (durchschnittlich 51 h/Wo.), hohe Leistungsbereitschaft wird vorausgesetzt, überdurchschnittliche Vergütung
Selbständige Berufsmöglichkeiten:	Etwa jeder sechste Wirtschaftsingenieur ist selbständig.
Literatur oder Ansprechpartner:	Helmut Baumgarten, Klaus Feilhauer, Berufsbild des Wirtschaftsingenieurs, hrsg. vom Verband Deutscher Wirtschaftsingenieure e. V. (VWI), zu beziehen bei: VWI-Geschäftsstelle, Hardenbergstr. 4-5, 10623 Berlin, Tel.: 0 30 / 3 15 05-7 77, Fax.: 0 30 / 3 15 05-8 88

[5] Beratung, Bedienung, Verkauf

Beruf:	**Bankkaufmann/ -frau**
Tätigkeiten:	Bankkaufleute sind bei privaten Banken, bei Sparkassen und Girozentralen sowie bei Volks- und Raiffeisenbanken tätig. Sie bedienen und beraten Privatkunden in allen Geld- und Finanzgeschäften (Girokonto, Sparkonten und -verträge, Kredite, Baufinanzierungen, Devisen, Lebensversicherungen, Wertpapieranlagen). Bei Firmenkunden geht es stärker um Kredit- und Anlagegeschäfte und um Abwicklung des Auslandszahlungsverkehrs. Bei großen Banken und Sparkassen spielt auch der Handel mit Devisen und Wertpapieren eine Rolle. Ein Teil der Bankkaufleute ist verwaltend und organisierend (Kassen- und Kontoführung, EDV, Personal) tätig.
Art der Ausbildung:	Lehre
Dauer:	3 Jahre, für Abiturienten 2-2$^{1}/_{2}$ Jahre
Abschluß:	Kaufmännischer Gehilfenbrief
Formale Voraussetzungen:	Min. Realschulabschluß, meist Hoch- bzw. Fachhochschulreife.
Fachliche Qualifikationen:	Gepflegtes Auftreten, Sprachgewandtheit, gute Umgangsformen, Kontaktfreudigkeit, ausgeprägtes Interesse an Wirtschaftszusammenhängen und an EDV
Ausbildungsvergütung:	Im 1. Ausbildungsjahr rd. 1.100 DM, im 3. Jahr rd. 1.400 DM
Berufsperspektiven:	Für die Zukunft werden leicht ansteigende Beschäftigungszahlen erwartet. Durch die zunehmende Technisierung bei Banken und Sparkassen (EDV, Geldautomaten, Telebanking) werden die bankinternen Tätigkeiten weiter abnehmen, die kundenorientierten Dienstleistungen hingegen zunehmen. Im kundennahen Bereich wird von den Beschäftigten erwartet, daß sie die Bankprodukte aktiv an die Kunden verkaufen können. Der »Verkaufsdruck« wächst.
Verdienstmöglichkeiten:	Anfangsgehalt ca. 3.000-3.200 DM, Berufserfahrene etwa 4.500-5.600 DM.
Sitzende, stehende Tätigkeit:	Sowohl als auch
Aufstiegsmöglichkeiten:	Innerhalb des Kreditinstituts zum Gruppenleiter, Abteilungsleiter, Zweistellenleiter und Leiter einer Filiale. Bei Abiturienten ist ein Studium der Wirtschaftswissenschaften nach der Banklehre üblich. Es gibt vielfältige Möglichkeiten der internen beruflichen Weiterbildung, etwa berufsbegleitend zum Bankfachwirt oder zum Bankbetriebswirt.

Selbständige Berufsmöglichkeiten:	Einige Kreditinstitute unterhalten eigene Akademien mit attraktiven Weiterbildungsangeboten.
Zusätzliche wichtige Informationen:	Nur im Bereich der privaten Vermögensberatung Bewerbung um einen Ausbildungsplatz, der sehr begeht ist, bereits 1½ Jahre vorher.
Literatur oder Ansprechpartner:	Blätter zur Berufskunde: 1-IX A 102

Beruf:	**Buchhändler/in**
Tätigkeiten:	Einkauf, Lagerhaltung und Verkauf von Büchern, in Buchverlagen Kalkulation von Herstellungskosten und Verkaufspreisen, Verantwortung für Druck, Bindung und Vertrieb des Buches auf dem Markt
Art der Ausbildung:	Lehre
Dauer:	3 Jahre einschl. Besuch der Deutschen Buchhändlerschule in Frankfurt/Main
Abschluß:	Kaufmännische Abschlußprüfung
Formale Voraussetzungen:	Mind. Hauptschulabschluß, eher Realschulabschluß. Sehr hoher Anteil an Abiturienten
Fachliche Qualifikationen:	Kontaktfreudigkeit, Sprachgewandtheit, Geduld, Interesse an Büchern und an Literatur
Ausbildungsvergütung:	Zwischen ca. 900 DM (1. Ausbildungsjahr) und 1.200 DM (3. Jahr)
Berufsperspektiven:	Durchaus konstante Beschäftigungszahlen, in den nächsten Jahren jedoch starke Konkurrenz durch elektronische Systeme. Ein Teil der heutigen Bücher geht ins Internet.
Verdienstmöglichkeiten:	Einstiegsgehalt bei ca. 2.200 DM. Im Buchhandel werden keine hohen Gehälter gezahlt.
Sitzende, stehende Tätigkeit:	Im Buchhandel stehend, im Verlagssektor eher sitzend
Aufstiegsmöglichkeiten:	Handelsfachwirt/in, Handelsassistent/in, Fachkauffrau/-mann, Staatl. gepr. Betriebswirt/in, Dipl.-Betriebswirt/in (Fachhochschulstudium). Im Buchhandel nur wenige Aufstiegsmöglichkeiten (1. Verkäufer), im Verlagswesen wird Lektorentätigkeit angestrebt.
Selbständige Berufsmöglichkeiten:	Die eigene Buchhandlung ist nach wie vor der Traum der meisten Buchhändler.
Zusätzliche wichtige Informationen:	Die Ausbildung zum Buchhändler ist sehr beliebt bei Abiturienten, die später (oder vorher) Germanistik oder ein ähnliches Fach studieren. Angestrebt wird dann häufig der Wechsel ins Verlagswesen.
Literatur oder Ansprechpartner:	Blätter zur Berufskunde: 1-VIII A 104

Beruf:	**Handelsvertreter/in**
Tätigkeiten:	Der Beruf des Handelsvertreters ist dem des Verkäufers verwandt, mit zwei Unterschieden. Die Kunden kommen zum Verkäufer, während der Handelsvertreter seine Kunden besucht. Verkäufer verkaufen ihre Ware meist an den Endverbraucher. Handelsvertreter an den Groß- oder Einzelhandel. Sie sind entweder von einem Unternehmen angestellt, besuchen ihre Kunden regelmäßig, führen ihnen neue Produkte vor oder holen Aufträge rein. Oder sie sind eigenständig tätig und verkaufen dabei häufig nicht nur die Produkte eines Unternehmens, sondern von mehreren. Die Tätigkeit ist in der Regel auf Provisionsbasis angelegt.
Art der Ausbildung:	Keine vorgeschriebene Berufsausbildung. Handelsvertreter verfügen häufig über eine kaufmännische Ausbildung oder über eine technische, entsprechend der zu verkaufenden Produkte.
Dauer:	Je nach Ausbildung 3- 3,5 Jahre
Abschluß:	Je nach Ausbildung
Formale Voraussetzungen:	Mindestens Hauptschulabschluß, ansonsten Mittlere Reife
Fachliche Qualifikationen:	Seriosität, Überzeugungsfähigkeit, Kommunikationsfähigkeit, gepflegtes Äußeres, kaufmännisches Interesse
Ausbildungsvergütung:	Vgl. zu den jeweiligen Ausbildungsberufen
Berufsperspektiven:	Hängt von den Verkaufsfähigkeiten ab.
Verdienstmöglichkeiten:	Da Beruf vielfach auf Provisionstätigkeit oder abhängig vom Verkauf erfolgt, sehr unterschiedlich. Verdienst liegt recht hoch, z.T. 9.000 DM Monatsverdienst.
Sitzende, stehende Tätigkeit:	Sowohl als auch
Aufstiegsmöglichkeiten:	Leiter/in einer Außendienstabteilung
Vor- und Nachteile:	Handelsvertreter sind viel mit dem Auto unterwegs und übernachten mehr in Hotels als zu Hause.
Selbständige Berufsmöglichkeiten:	Ein Teil der Handelsvertreter ist selbständig.
Literatur oder Ansprechpartner:	Arbeitsamt

Beruf:	**Hotelfachmann/ -frau**
Tätigkeiten:	Hotelfachleute arbeiten innerhalb eines Hotelbetriebes in der Verwaltung, in der Küche, im Service, am Büfett, am Empfang oder im Zimmerservice. Das heißt, sie planen bestimmte Festlichkeiten und Veranstaltungen, überwachen Betriebsabläufe und erstellen Belegungsstatistiken. Für die Gäste wichtige Materialien und Waren müssen ermittelt,

	bestellt und verwaltet werden. Sie erstellen Reservierungspläne und Abrechnungen.
Art der Ausbildung:	Lehre
Dauer:	3 Jahre
Formale Voraussetzungen:	Meist Realschulabschluß, z. T. auch Fachhochschulreife
Fachliche Qualifikationen:	Körperliche und geistige Belastbarkeit (Streß), Kontaktfreudigkeit, Teamfähigkeit, gute Umgangsformen, Organisationstalent, Sprachgewandtheit
Ausbildungsvergütung:	Im 1. Ausbildungsjahr: 575-860 DM, im 2. Jahr: 775-990 DM, im 3. Jahr: 925-1.070 DM
Berufsperspektiven:	Beruf mit sehr guten Zukunftsaussichten und steigenden Beschäftigungszahlen. Günstige Aufstiegsmöglichkeiten in internationalen Hotelketten
Verdienstmöglichkeiten:	Anfangsgehalt ca. 1.800-2.600 DM
Sitzende, stehende Tätigkeit:	Sowohl als auch
Aufstiegsmöglichkeiten:	Hotelmeister/in, Hotelbetriebswirt/in, staatl. gepr. Betriebswirt/in, staatl. gepr. Gastronom/in
Vor- und Nachteile:	Oft ungünstige Arbeitszeiten, Möglichkeiten zur Weiterbildung im Ausland
Selbständige Berufsmöglichkeiten:	Übernahme eines Hotels
Zusätzliche wichtige Informationen:	Hohe Abbruchquote während der Ausbildung, vergleichsweise niedriges Anfangsgehalt, dafür aber vielfältige Arbeitsmöglichkeiten im In- und Ausland
Literatur oder Ansprechpartner:	Blätter zur Berufskunde: 1-XII A 201 und Regina Müller, Boombranche Tourismus. Einstieg, Praxis, Chancen, Frankfurt 1996

Beruf:	**Industriekaufmann/ -frau**
Tätigkeiten:	Industriekaufmann/-frau ist einer der beliebtesten Ausbildungsberufe und bietet vielfältige Berufsmöglichkeiten in der Organisation und Verwaltung von Betrieben. Der Einsatz ist aber nicht, wie der Name suggeriert, auf Industriebetriebe begrenzt, sondern auch bei Handels- und Dienstleistungsbetrieben möglich. Der Industriekaufmann ist für den Verkauf von Industriegütern zuständig, die zur Produktion in anderen Bereichen benötigt werden. Diese Produktionsmittel müssen wiederum eingekauft, geordnet und verwaltet werden. Für die fertigen Produkte wird anschließend geworben, und sie werden verkauft. Der Industriekaufmann plant nicht nur, sondern setzt auch Kundenaufträge um. Er beherrscht Kostenabrechnung, Kalkulation, Finanzbuchhaltung, Rechnungs- und Mahnwesen, Vertrieb und Versand, Betriebsabrechnung. In großen Betrieben ist er meist auf ein Fachgebiet

Art der Ausbildung:	spezialisiert, in kleineren dagegen ist er täglich mit vielfältigen Aufgaben konfrontiert. Lehre
Dauer:	3 Jahre, für Abiturienten 2-2 1/2 Jahre
Abschluß:	Kaufmannsgehilfenbrief
Formale Voraussetzungen:	Realschulabschluß, Fachhochschulreife oder Abitur
Fachliche Qualifikationen:	Organisationstalent, Sprachgewandtheit (Beherrschung der deutschen Sprache), gutes analytisches Denken, gründliches Arbeiten, Teamfähigkeit, Kommunikationsfähigkeit
Ausbildungsvergütung:	Im 1. Lehrjahr: 750-1.020 DM, im 2. Jahr: 820-1.150 DM, im 3. Jahr: 900-1.300 DM
Berufsperspektiven:	Beruf mit weiterhin konstanten Beschäftigungszahlen und recht guten Zukunftsaussichten, Weiterbildung ist wichtig
Verdienstmöglichkeiten:	Anfangsgehalt ca. 2.700-3.500 DM
Sitzende, stehende Tätigkeit:	Überwiegend sitzende Tätigkeit
Aufstiegsmöglichkeiten:	Innerbetrieblicher Aufstieg zur Abteilungsleitung. Weiterbildungsmöglichkeiten zum/zur Industriefachwirt/in, staatl. gepr. Betriebswirt/in, Handelsfachwirt/in, Bilanzbuchhalter/in, Dipl.-Betriebswirt/in (Fachhochschulstudium)
Selbständige Berufsmöglichkeiten:	Nur begrenzte Möglichkeiten
Zusätzliche wichtige Informationen:	In allen kaufmännischen Berufen spielt EDV eine wichtige Rolle. Auch Fremdsprachenkenntnisse (vor allem Englisch) sind eine gefragte Zusatzqualifikation. Die Ausbildung zum Industriekaufmann ist auch in Ausbildungen zum Betriebswirt (VWA, BA) integriert, für die sich allerdings fast nur Abiturienten bewerben können. Betriebe, die diese Ausbildung anbieten, werden in folgender Broschüre aufgeführt: Wolfgang Kramer, Abiturientenausbildung der Wirtschaft, Köln 1996
Literatur oder Ansprechpartner:	Blätter zur Berufskunde: 1-IX A 301
Beruf:	**Kaufmann / Kauffrau in der Grundstücks- und Wohnungswirtschaft**
Tätigkeiten:	Aufgaben in den Bereichen Bau, Modernisierung, Bewirtschaftung und Verwaltung von Immobilien, Erschließung und städtebaulicher Entwicklung
Art der Ausbildung:	Lehre
Dauer:	3 Jahre, für Abiturienten und nach Berufsgrundbildungsjahr 2 Jahre
Abschluß:	Kaufmannsgehilfenbrief
Formale Voraussetzungen:	Keine gesetzlich vorgeschriebene Schulbildung, hoher Anteil von Abiturienten und achhochschülern

Fachliche Qualifikationen:	Interesse an Immobilien und Finanzierungen, Seriosität, Kommunikationsfähigkeit
Ausbildungsvergütung:	Angelehnt an den Manteltarifvertrag des Arbeitgeberverbandes der Wohnungswirtschaft
Berufsperspektiven:	Mittel- und längerfristig steigende Informations- und Beratungsanforderungen i. d. Immobilienwirtschaft, langfristig gute Chancen
Verdienstmöglichkeiten:	Teile des Gehaltes häufig leistungsabhängig, in der Selbständigkeit erfolgsabhängig
Sitzende, stehende Tätigkeit:	Büroarbeit mit Außenterminen
Aufstiegsmöglichkeiten:	Über wirtschaftswissenschaftliche Studiengänge mit immobilienwirtschaftlichen Schwerpunkten, oder über die Deutsche Immobilien Akademie, Bertholdstr. 54, 79098 Freiburg
Selbständige Berufsmöglichkeiten:	Als Immobilienmakler/in, Hausverwalter/in, Sachverständige/r
Literatur oder Ansprechpartner:	Blätter zur Berufskunde: 1-IX A 105 und die Landesverbände des Rings Deutscher Makler

Beruf:	**Kosmetiker/in**
Tätigkeiten:	Kosmetikerinnen (der Beruf wird fast ausschließlich von Frauen ausgeübt) arbeiten im Bereich der Schönheitspflege. Sie beraten, behandeln und verkaufen in Parfümerien und Fitneßzentren, auf Schönheitsfarmen, in Kureinrichtungen und in Kosmetikfachgeschäften. Ihre Aufgabe besteht im Bestimmen und Beeinflussen der Hautfunktionen ihrer Kunden. Hautstörungen werden nach Möglichkeit durch Teil- oder auch Ganzkörperbehandlungen beseitigt. Solche Behandlungen können z. B. Tiefenreinigung, Gesichtsdampfbäder, Packungen und Masken, kosmetische Massagen, das Entfernen von Körperhaaren und die Handpflege beinhalten. Natürlich sind Kosmetikerinnen auch für die sogenannte dekorative Kosmetik zuständig, z. B. das Auftragen eines vorteilhaften Make-ups und die Beratung für die Anwendung von Kosmetikartikeln zu Hause.
Art der Ausbildung:	Keine einheitliche Ausbildung. Die Ausbildung erfolgt an (zumeist privaten) Kosmetikfachschulen.
Dauer:	Je nach Bundesland: Staatliche Abschlußprüfung nach 1-2 Jahren. In Nordrhein-Westfalen: 3 Jahre an höheren Berufsfachschulen (Fachhochschulreife kann zusätzlich erworben werden).
Abschluß:	Staatlich geprüfte/r Kosmetiker/in
Formale Voraussetzungen:	Mind. Hauptschulabschluß, ansonsten Mittlere Reife

Fachliche Qualifikationen:	Gepflegtes Auftreten, höfliche Umgangsformen, gut ausgebildetes Stilempfinden, keine Allergien und Hautkrankheiten
Ausbildungsvergütung:	Keine. Es fallen Gebühren von einigen hundert DM für den Besuch der (privaten) Schulen an.
Berufsperspektiven:	Der Trend zu Pflege und Schönheit dürfte auch in Zukunft anhalten.
Verdienstmöglichkeiten:	Berufsanfänger ca. 2500 DM, Berufserfahrene ca. 3.500 DM
Sitzende, stehende Tätigkeit:	Überwiegend stehende Tätigkeit
Aufstiegsmöglichkeiten:	Nein
Selbständige Berufsmöglichkeiten:	Eigenes Kosmetikstudio wird von vielen Kosmetikerinnen angestrebt.
Literatur oder Ansprechpartner:	Blätter zur Berufskunde: 2-II A 14

Reiseverkehrskaufmann/-frau s. S. 138

Beruf:	**Restaurantfachmann/ -frau**
Tätigkeiten:	Restaurantfachleute treffen vor dem Eintreffen der Gäste die Vorbereitungen für eine schnelle und reibungslose Bedienung (Gläser werden poliert, Tische gedeckt, Bestecke in der richtigen Reihenfolge aufgelegt, Blumen geordnet, Servietten gefaltet, etc.). Sie beraten den Gast dann bei der Wahl der Speisen und müssen hierfür die Speisekarte selber gut kennen. Wenn sich der Gast entschieden hat, geben sie die Bestellung an die Küche weiter. Das Auftragen und Vorlegen der Speisen, das Nachschenken der Getränke und das Abräumen erfolgen nach festgelegten Grundregeln. Abschließend folgt die Abrechnung mit dem Gast. Restaurantfachleute werden aber auch bei Sonderveranstaltungen und Festlichkeiten tätig.
Art der Ausbildung:	Lehre
Dauer:	3 Jahre
Formale Voraussetzungen:	Realschulabschluß
Fachliche Qualifikationen:	Schnelle Auffassungsgabe, physische und psychische Belastbarkeit, Einfühlungsvermögen, gepflegtes Äußeres, Hygienebewußtsein, Teamgeist, rechnerische Fähigkeiten
Ausbildungsvergütung:	Im 1. Lehrjahr: 623-868 DM, im 2. Jahr: 744-1.004 DM, im 3. Jahr: 893-1.115 DM
Berufsperspektiven:	Durch den Aufschwung des Gastgewerbes durch wachsende Freizeit und erhöhte Einkommen sind die Berufsaussichten für Restaurantfachleute gut.
Sitzende, stehende Tätigkeit:	Überwiegend stehende Tätigkeit
Aufstiegsmöglichkeiten:	Restaurantmeister/in, Barmeister/in, gepr. Hotelmeister/in

Selbständige Berufsmöglichkeiten:	Als Inhaber/in eines Restaurants
Literatur oder Ansprechpartner:	Regina Müller, Boombranche Tourismus. Einstieg, Praxis, Chancen, Frankfurt/Main 1996 und Blätter zur Berufskunde: 1-VIII A 301

Beruf:	**Verkäufer / Verkäuferin**
Tätigkeiten:	Verkauf, Anbieten von Waren, Beratung und Bedienung von Kunden, Verpacken, Kassieren, Auszeichnen und Ordnen von Waren
Art der Ausbildung:	Lehre
Dauer:	2 Jahre
Abschluß:	Gehilfenprüfung
Formale Voraussetzungen:	Hauptschulabschluß oder vergleichbarer Schulabschluß
Fachliche Qualifikationen:	Kontaktfreudigkeit, Geduld, körperliche Belastbarkeit, sprachliche Ausdrucksfähigkeit
Ausbildungsvergütung:	Im 1. Ausbildungsjahr rd. 1.000 DM
Berufsperspektiven:	Leicht steigende Beschäftigungszahlen, gut qualifizierte Verkäufer/innen haben in der Dienstleistungsgesellschaft immer Konjunktur.
Verdienstmöglichkeiten:	Einstiegsgehalt 2.300 DM
Sitzende, stehende Tätigkeit:	Stehende Tätigkeit
Aufstiegsmöglichkeiten:	Aufstieg zum/r Erstverkäufer/in, Abteilungsleiter/in oder Marktleiter/in möglich, Weiterbildungsmöglichkeiten zum Handelsfachwirt/in, Handelsassistent/in, staatl. gepr. Betriebswirt/in, Dipl.- Betriebswirt/in (mit Fachhochschulreife)
Zusätzliche wichtige Informationen:	Verkäufer/innen haben meistens keine geregelten Arbeitszeiten, häufig Arbeit am Samstag.
Literatur oder Ansprechpartner:	Blätter zur Berufskunde: 1-VIII A101 b

Versicherungskaufmann/-frau s. S. 141

Werbekaufmann/-frau s. S. 143

[6] Verwaltung und Organisation

Bankkaufmann/-frau s. S. 129

Beruf:	**Datenverarbeitungskaufmann/-frau**
Tätigkeiten:	Der DV-Kaufmann ist Mittler zwischen Anwendung und Verkauf elektronischer Produkte. Er führt innerhalb von verschiedenen Fachgebieten Analysen und Ausarbeitungen von Arbeitsabläufen und deren Programmierungen aus, ist aber auch in der Vermarktung und im Verkauf tätig.

Art der Ausbildung:	Lehre
Dauer:	3 Jahre
Abschluß:	Abschlußprüfung vor der IHK zum/r Datenverarbeitungskaufmann/-frau
Formale Voraussetzungen:	Realschule, Fachhochschulreife oder Abitur
Fachliche Qualifikationen:	Mathematische Begabung, technisches Verständnis, gute EDV-Kenntnisse, Selbständigkeit im Finden von Problemlösungen, gute Englischkenntnisse (besser noch weitere Fremdsprachen), Konzentrationsfähigkeit.
Ausbildungsvergütung:	Im ersten Ausbildungsjahr 700-1.000, im 3. Jahr 900-1.300 DM
Berufsperspektiven:	Im EDV-Bereich zeichnet sich verstärkt ein Trend zur Höherqualifikation ab, da auch der Umfang der Anwendung und die steigenden Kenntnisse der Anwender zunehmen. Die EDV-Branche wird auch weiterhin expandieren und bietet so gute Zukunftsperspektiven.
Verdienstmöglichkeiten:	Anfangsgehalt ca. 2.500-3.500 DM, je nach Spezialisierung und Zusatzqualifikationen bis 6.000 DM
Sitzende, stehende Tätigkeit:	Überwiegend sitzende Tätigkeit
Aufstiegsmöglichkeiten:	Im Betrieb Aufstieg zum Abteilungsleiter oder Verkaufsleiter, vielfältige Weiterbildungsmöglichkeiten
Selbständige Berufsmöglichkeiten:	Eigene Softwarefirma
Literatur oder Ansprechpartner:	Blätter zur Berufskunde: 1-IX A 303

Hotelfachmann/-frau s. S. 131

Industriekaufmann/-frau s. S. 132

Kaufmann/-frau in der Grundstücks- u. Wohnungswirtschaft s. S. 133

Beruf:	**Marktforschungkaufmann / -frau**
Tätigkeiten:	Abwicklung von Marktforschungstätigkeiten in Verbindung mit bürotechnischen und kaufmännischen Fertigkeiten
Art der Ausbildung:	Lehre
Dauer:	3 Jahre / 2 Jahre mit Abitur als Schulabschluß
Abschluß:	Gehilfenbrief als Markt- und Meinungsforschungskaufmann/-frau
Formale Voraussetzungen:	Mittlere Reife/Abitur
Fachliche Qualifikationen:	Neigung, von Natur aus neugierig zu sein – Interesse, nach Neuem zu suchen und zu forschen – Bereitschaft, sorgfältig, verantwortungsbewußt, systematisch und zuverlässig zu arbeiten
Ausbildungsvergütung:	Ja. ca. 1.500 DM

Berufsperspektiven:	Vielseitige Einsatzmöglichkeiten in einem stark wachsenden Markt
Verdienstmöglichkeiten:	Überdurchschnittlich, Berufsanfänger ab 3.500 DM brutto
Sitzende, stehende Tätigkeit:	Überwiegend sitzende Tätigkeit
Aufstiegsmöglichkeiten:	Einjährige Fortbildung zum Marktforschungsassistenten
Vor- und Nachteile:	Ein moderner Beruf, der in der breiten Öffentlichkeit weniger bekannt ist, in der Fachöffentlichkeit aber hoch geschätzt wird.
Selbständige Berufsmöglichkeiten:	Marktforschungsberater
Zusätzliche wichtige Informationen:	Wegen der fehlenden staatlichen Anerkennung noch wenig gefragt, aber zukunftssicher
Literatur oder Ansprechpartner:	Berufsverband deutscher Markt- und Sozialforscher e.V. (BVIM), Offenbach, Tel.: 0 69 / 8 00 15 52. Arbeitskreis deutscher Markt- und Sozialforschungsinstitute e.V. (ADM), Frankfurt Tel.: 0 69 / 97 84 31 36

Pharmazeutisch-kaufmännische/r Angestellte/r s. S. 168

Beruf:	**Reiseverkehrskaufmann/ -frau**
Tätigkeiten:	Zwei Fachrichtungen: »Reisevermittlung und Reiseveranstaltung«, »Kur- und Fremdenverkehr«. Reiseverkehrskaufleute arbeiten in Reisebüros, in Kurverwaltungen, Fremdenverkehrsämtern und bei Reiseveranstaltern. Dort organisieren sie z. B. Pauschalreisen, indem sie Sonderzüge, bestimmte Linienflüge oder Busreisen zusammenstellen. Dazu gehört das Anmieten von Bussen genauso wie das Buchen von Hotelleistungen oder Ferienhäusern. Sie beraten aber auch Individualreisende mit ungewöhnlichen Urlaubswünschen. Dazu sind dann besonders gute Kenntnisse über landestypische Sitten etc. notwendig. Alltägliche Arbeitsmittel des Reiseverkehrskaufmanns sind Kursbücher und Flugpläne.
Art der Ausbildung:	Lehre
Dauer:	3 Jahre
Abschluß:	Kaufmannsgehilfenbrief
Formale Voraussetzungen:	Mind. Realschulabschluß, häufig jedoch Fachhochschulreife oder Abitur
Fachliche Qualifikationen:	Kontaktfreudigkeit, Fremdsprachen, höfliche Umgangsformen, Organisationstalent, Belastbarkeit in Streßsituationen, Interesse an fremden Kulturen

Ausbildungsvergütung:	Im 1. Jahr: 735-810 DM, im 2. Jahr: 890-990 DM, im 3. Jahr: 1.090-1.215 DM
Berufsperspektiven:	Trendberuf für Mädchen mit Hochschulreife. Gute Zukunftsaussichten mit steigenden Beschäftigungszahlen
Verdienstmöglichkeiten:	Anfangsgehalt ca. 2.500-2.700 DM
Sitzende, stehende Tätigkeit:	Sitzberuf (Büro)
Aufstiegsmöglichkeiten:	Nur gering innerhalb von Reisebüros, weil dort meist nur wenige Personen beschäftigt sind. Vielfältige Weiterbildungsmöglichkeiten zum Verkehrsfachwirt/in, Fremdenverkehrsfachwirt/in, staatl. gepr. Betriebswirt/in Touristik und Verkehr
Vor- und Nachteile:	Möglichkeit zur Arbeit im Ausland und damit zum Kennenlernen anderer Länder. Ständiger Publikumsverkehr
Selbständige Berufsmöglichkeiten:	Ja, als Besitzer/in eines Reisebüros
Literatur oder Ansprechpartner:	Blätter zur Berufskunde: 1-VIII A 201, Regina Müller, Boombranche Tourismus. Einstieg, Praxis, Chancen, Frankfurt 1996

Beruf:	**Sekretär/in**
Tätigkeiten:	Erledigung aller anfallenden Sekretariatsarbeiten
Art der Ausbildung:	Ausbildung an öffentlichen berufsbildenden Schulen (z. B. in Hessen); Ausbildung an privaten Bildungseinrichtungen (z.B. Mitgliedsschulen des Bundesverbandes Sekretariat und Büromanagement e.V.); Fortbildung nach kaufmännischer Lehre
Dauer:	18 bis 24 Monate
Abschluß:	Abschlußzeugnis zur Sekretärin/zum Sekretär, Fremdsprachensekretärin/-sekretär, Europa-Sekretärin/-Sekretär
Formale Voraussetzungen:	Mittlere Reife oder Abitur
Fachliche Qualifikationen:	Interesse für EDV, Organisationstalent, gesundes Selbstbewußtsein, Seriosität, sicheres Auftreten, gute Umgangsformen, Kommunikationsfähigkeit
Ausbildungsvergütung:	Keine
Berufsperspektiven:	Gute Berufsaussichten in allen Bereichen von Wirtschaft und Verwaltung
Verdienstmöglichkeiten:	Überdurchschnittlich, abhängig von der Branche, Berufsanfänger 3.500 bis 4.200 DM brutto
Sitzende, stehende Tätigkeit:	Überwiegend sitzende Tätigkeit
Aufstiegsmöglichkeiten:	Gute Möglichkeit der Weiterqualifizierung über Bundesverband Sekretariat und Büromanagement zur/m Direktionsassistent/in bSb oder Betriebswirt/in bSb
Vor- und Nachteile:	Interessanter Beruf mit vielen Entfaltungs- und Ver-

Selbständige Berufsmöglichkeiten:	dienstmöglichkeiten; der Beruf genießt leider kein hohes Ansehen in der Öffentlichkeit. Sind gegeben: z.B. als Büroservice-Unternehmen
Zusätzliche wichtige Informationen:	Sehr gute Berufsaussichten für Abiturienten nach einer Ausbildung zur Europa-Sekretärin ESA
Literatur oder Ansprechpartner:	Blätter zur Berufskunde 2-IX A 22 und 0-8900 (Berufe mit Fremdsprachen); Bundesverband Sekretariat und Büromanagement e.V., Friedrichstr. 47, 68199 Mannheim, Tel.: 06 21 / 8 41 48 20, Fax: 06 21 / 8 41 48 21

Beruf:	**Statistiker/in**
Tätigkeiten:	Statistiker sind für die Bewältigung großer Zahlenmengen oder für allgemeine Berechnungen und Prognosen zuständig. Mögliche Arbeitgeber sind Banken, Versicherungen, Meinungsforschungsinstitute, Entwicklungsabteilungen großer Betriebe und Behörden (statistische Landes- und Bundesämter). Für Statistiker ist die moderne EDV unverzichtbar. Computersimulationen und Wahrscheinlichkeitsmodelle ersetzen heute Versuchs- und Experimentreihen.
Art der Ausbildung:	Hochschulstudium Statistik (nur in Dortmund und München möglich), Hochschulstudium Mathematik oder Informatik mit Schwerpunkt Statistik (an vielen Universitäten)
Dauer:	5-6 Jahre
Abschluß:	Diplom-Statistiker/in, Diplom-Mathematiker/in, Diplom-Informatiker/in
Formale Voraussetzungen:	Hochschulreife
Fachliche Qualifikationen:	Sehr gute mathematische Begabung, analytisches und abstraktes Denkvermögen, gründliches Arbeiten, Interesse an Zahlen, technisches Verständnis
Ausbildungsvergütung:	Keine, ggf. BAföG
Berufsperspektiven:	Sehr kleine Berufsgruppe. Chancen des einzelnen hängen davon ab, wie qualifiziert die Ausbildung war, welche Zusatzqualifikationen und EDV-Kenntnisse erworben wurden und ob man sich mit Themen beschäftigt hat, die für den späteren Arbeitgeber von Interesse sind (z. B. Wirtschaftswissenschaften).
Verdienstmöglichkeiten:	Akademisches Mittelfeld. Starteinkommen ca. 5.000-5.600 DM brutto im Monat
Sitzende, stehende Tätigkeit:	Bürotätigkeit, vorwiegend am Computer
Aufstiegsmöglichkeiten:	Je nach Tätigkeit, z. B. Leiter eines Referates oder einer Abteilung für Statistik innerhalb einer Behörde oder eines Unternehmens.

Vor- und Nachteile:	Tägliche Arbeit am Computermonitor (Augenbeeinträchtigungen)
Selbständige Berufsmöglichkeiten:	Eigenes Statistikbüro
Literatur oder Ansprechpartner:	Blätter zur Berufskunde: 3-IX A 02

Beruf:	**Steuerfachangestellte/r**
Tätigkeiten:	Steuerfachangestellte arbeiten in der Praxis von Steuerberatern, Steuerbevollmächtigten, Wirtschaftsprüfern oder Buchprüfern. Sie erledigen die laufenden Vorgänge der Buchführung, des Jahresabschlusses oder des Steuerwesens. Aber auch allgemeine Büroarbeiten wie z. B. Postein- und -ausgang, Schreiben der Korrespondenz, gehören zu ihrem Arbeitsfeld. Wie in vielen anderen kaufmännischen Berufen ist auch hier die moderne elektronische Datenverarbeitung unverzichtbar.
Art der Ausbildung:	Lehre
Dauer:	3 Jahre
Abschluß:	Kaufmannsgehilfenbrief
Formale Voraussetzungen:	Mind. Realschulabschluß
Fachliche Qualifikationen:	Teamfähigkeit, Verschwiegenheit, seriöses Auftreten, gründliche Arbeitsweise, Interesse an Büroarbeit
Ausbildungsvergütung:	Vergleichbar den Tarifen in vergleichbaren Berufen wie z. B. Bankkaufmann, Groß- und Einzelhandelskaufmann
Berufsperspektiven:	In etwa konstant
Verdienstmöglichkeiten:	Anfangsgehalt ca. 3.000 DM, Berufserfahrene etwa 4.000 DM
Sitzende, stehende Tätigkeit:	Sitzberuf im Büro
Aufstiegsmöglichkeiten:	Steuerfachassistent/in, Steuerfachwirt/in.
Selbständige Berufsmöglichkeiten:	Nein. Die Tätigkeit als Steuerberater ist erst nach vielen Berufsjahren und einer zusätzlichen Steuerberatungsprüfung möglich.
Literatur oder Ansprechpartner:	Blätter zur Berufskunde: 1-X A 203

Beruf:	**Versicherungskaufmann /-frau**
Tätigkeiten:	Innendienst: Organisation, Abwicklung von Versicherungsfällen, Schadensregulierung, Ausstellung von Versicherungsdokumenten, Außendienst: Betreuung von Kunden, Abschluß von Versicherungen, zunehmend auch Vermögens- und Anlageberatung
Art der Ausbildung:	Lehre
Dauer:	Je nach Schulabschluß 2 1/2 bis 3 Jahre
Abschluß:	Prüfung bei der Industrie- und Handelskammer

Formale Voraussetzungen:	Hauptschulabschluß, mittlere Reife oder Hochschulreife
Fachliche Qualifikationen:	Kontaktfreude, Einfühlungsvermögen, Organisationstalent, Freude am selbständigen Handeln
Ausbildungsvergütung:	Ja, 600-1250 DM
Verdienstmöglichkeiten:	Einstiegsgehalt 2.800-3.500 DM, Berufserfahrene 5.000-7.500 DM
Sitzende, stehende Tätigkeit:	Überwiegend sitzende Tätigkeit
Aufstiegsmöglichkeiten:	Bereichsleiter/in, Abteilungsleiter/in, Versicherungsdirektor/in
Selbständige Berufsmöglichkeiten:	Möglichkeit als selbständiger Versicherungskaufmann, es existieren noch keine zwingenden gesetzlichen Zugangsvoraussetzungen.
Zusätzliche wichtige Informationen:	Wer nicht im Innendienst tätig ist, muß verkaufen können.
Literatur oder Ansprechpartner:	Blätter zur Berufskunde 1-IX A 103 Versicherungskaufmann/-kauffrau

Beruf:	**Verwaltungsangestellte/r**
Tätigkeiten:	Verwaltungsangestellte arbeiten in der Verwaltung von Behörden des Bundes, der Länder, in der Kommunalverwaltung, ferner bei Interessengruppen, bei Industrie- und Handelskammern, in der Kirchenverwaltung etc. Sie sind für allgemeine Büro- und Verwaltungsangelegenheiten zuständig, z. B. Aktenführen, Auskünfte erteilen, Bescheide anfertigen, Vorgänge bearbeiten. Elektronische Datenverarbeitungsanlagen sind in diesem Beruf heutzutage nahezu unverzichtbar.
Art der Ausbildung:	Lehre
Dauer:	3 Jahre
Abschluß:	Im öffentlichen Dienst staatliche Prüfung
Formale Voraussetzungen:	Realschulabschluß oder Abitur
Fachliche Qualifikationen:	Organisationstalent, gründliches Arbeiten, sprachliche Sicherheit, logisches Denken, EDV-Kenntnisse
Ausbildungsvergütung:	Im 1. Lehrjahr: 888-1.057 DM, im 2. Jahr: 958-1.141 DM, im 3. Jahr: 1.022-1.217 DM
Berufsperspektiven:	Trendberuf für Frauen mit weiterführendem Schulabschluß. Es sind in etwa gleichbleibende Beschäftigungszahlen zu erwarten.
Verdienstmöglichkeiten:	Anfangsgehalt ca. 2.500-2.800 DM, Berufserfahrene ca. 4.000-5.000 DM
Sitzende, stehende Tätigkeit:	Sitzberuf im Büro
Aufstiegsmöglichkeiten:	Staatl. gepr. Betriebswirt/in, Dipl.-Betriebswirt/in etc.
Selbständige Berufsmöglichkeiten:	Nein
Literatur oder Ansprechpartner:	Blätter zur Berufskunde: 1-X A 105

Beruf:	**Werbekaufmann/ -frau**
Tätigkeiten:	Der Werbekaufmann ist für die Bekanntmachung von Waren oder Dienstleistungen in der Öffentlichkeit zuständig. Seine Mittel sind Plakate, Anzeigen, Werbeschriften, Rundfunk, Fernsehen oder auch Kino. Zusammen mit dem Kunden legt er im Team mit anderen Fachleuten (Grafiker, Texter, Werbepsychologen etc.) Strategien für Werbekampagnen fest. Wenn die angestrebte Zielgruppe (Jugendliche, Hausfrauen etc.) ermittelt worden ist, wird die erarbeitete Werbekonzeption umgesetzt. Werbekaufleute übernehmen in solchen Teams die anfallenden kaufmännischen Aufgaben, z. B. Budgetplanungen, monatliche Abrechnungen, Zahlungsverkehr mit Kunden und Lieferanten.
Art der Ausbildung:	Lehre
Dauer:	3 Jahre
Abschluß:	Kaufmannsgehilfenbrief
Formale Voraussetzungen:	Mittlere Reife, Fachhochschulreife oder Abitur
Fachliche Qualifikationen:	Sprachgewandtheit, gestalterisches Interesse, Teamorientierung, Kontaktfreudigkeit, Flexibilität, Durchsetzungsvermögen, Belastbarkeit in Streßsituationen
Ausbildungsvergütung:	im 1. Lehrjahr: 925-1.040 DM, im 2. Jahr: 1.030-1.142 DM, im 3. Jahr: 1.100-1.244 DM
Berufsperspektiven:	Die Werbebranche ist starken Veränderungen und immer wieder neuen Trends unterworfen. Gleichzeitig ist die Werbung ein expandierender Arbeitsmarkt. Deshalb sind die Berufsperspektiven: insgesamt recht günstig.
Verdienstmöglichkeiten:	Anfangsgehalt ca. 2.400-3.000 DM
Sitzende, stehende Tätigkeit:	Eher Sitzberuf im Büro
Aufstiegsmöglichkeiten:	Innerhalb der Unternehmen zum Werbeleiter, Abteilungsleiter etc., Weiterbildungsmöglichkeiten durch Studium BWL an Fachhochschulen und Universitäten
Vor- und Nachteile:	Überstunden. Keine geregelte Arbeitszeit. Bei guter Auftragslage fallen Überstunden oder Arbeit am Wochenende an.
Selbständige Berufsmöglichkeiten:	Ja, als Leiter einer Werbeagentur
Literatur oder Ansprechpartner:	Blätter zur Berufskunde: 1-IX A 401

Wirtschaftsprüfer s. S. 146

[7] Unternehmensleitung, -beratung und -prüfung

Beruf:	**Controller/in**
Tätigkeiten:	Entwicklung und Einsatz von Controlling-Systemen zur Planung, Steuerung und Kontrolle des betrieblichen Lernprozesses, Mitwirkung bei der Unternehmensplanung, laufende Kontrolle der Planungsziele und Überprüfung der wichtigsten Prozeß- und Steuerungsgrößen, Aufbau des Berichtswesens, ständige Berichterstattung und Koordination des Informationsmanagements, Entwicklung von Problemlösungen und Einleiten vorausschauender Maßnahmen zur Vermeidung von Fehlentwicklungen, laufende Beratung der Unternehmensleitung, Vermittlung der wirtschaftlichen und sozialen Bedeutung des Controlling an die Mitarbeiter des Unternehmens
Art der Ausbildung:	Weiterbildung
Abschluß:	Weiterbildungsprüfung vor der Industrie- und Handelskammer
Vorbildung:	Kaufmännische oder verwaltende Ausbildung und mindestens dreijährige Berufspraxis mit inhaltlichem Bezug zu den o. g. Aufgaben eines Controllers
Fachliche Qualifikationen:	Fähigkeit zur Mitarbeiterführung, Verkäuferqualitäten, Kenntnis der betriebswirtschaftlichen Techniken, Fähigkeit zur methodisch-konzeptionellen Vorgehensweise, Beherrschung der englischen Sprache
Ausbildungsvergütung:	Keine
Berufsperspektiven:	Bedarf derzeit recht hoch, eine Steigerung des Bedarfs wird prognostiziert.
Verdienstmöglichkeiten:	Zwischen 40.000 und 180.000 DM jährlich
Literatur oder Ansprechpartner:	Bundesverband der Bilanzbuchhalter und Controller e.V., Konrad-Adenauer-Haus, Friedrich-Ebert-Allee 73-75, 53113 Bonn

Patentanwalt/-anwältin s. S. 206

Beruf:	**Steuerberater/in**
Tätigkeiten:	Unterstützung von Steuerbürgern und Firmen bei Steuererklärungen und Jahresabschlüssen, Prüfung von Steuerbescheiden, Hilfe bei der Steuergestaltung, Tätigkeiten als Treuhänder/in und Gutachter/in
Art der Ausbildung:	Studium (Universität oder Fachhochschule) der Wirtschaftswissenschaften oder Rechtswissenschaft o.ä., anschließende dreijährige (Uni) bzw.

	vierjährige (FH) praktische Tätigkeit (Vollzeit) auf dem Gebiet der von den Bundes- oder Landesfinanzbehörden verwalteten Steuern, anschließend Steuerberaterprüfung Nichtakademischer Weg: Abschlußprüfung im steuer- und wirtschaftsberatenden oder einem anderen kaufmännischen Ausbildungsberuf oder eine andere gleichwertige Vorbildung, z.B. Finanzbuchhalter, dreijährige Ausbildung als Finanzanwärter, anschließende zehnjährige praktische Tätigkeit (Vollzeit) auf dem Gebiet der von den Bundes- oder Landesfinanzbehörden verwalteten Steuern, anschließend Steuerberaterprüfung
Dauer:	Studium an Universitäten: 5-6 Jahre, an Fachhochschulen 3 $^{1}/_{2}$ bis 4 Jahre
Abschluß:	Diplom (Studium BWL, VWL an Universitäten), Diplom (FH) für Betriebswirtschaft oder Wirtschaft an Fachhochschulen, Staatsexamen (Studium Rechtswissenschaft an Universitäten)
Formale Voraussetzungen:	Realschulabschluß, Ausbildung, Allgemeine Hochschulreife bzw. Fachhochschulreife für das Studium
Fachliche Qualifikationen:	Kreativität, Durchsetzungswille, vorzügliches Zahlenverständnis, kaufmännisches Denken, sicheres Auftreten, Bereitschaft zum Umgang mit modernen EDV-Einrichtungen
Ausbildungsvergütung:	Lehre: ja, 600-900 DM, Studium: keine, ggf. BAföG
Berufsperspektiven:	Durch steigenden Bedarf gut
Verdienstmöglichkeiten:	6.000-10.000 DM brutto, bei großem Kundenstamm auch mehr
Sitzende, stehende Tätigkeit:	Bürotätigkeit
Vor- und Nachteile:	Hohe durchschnittliche Arbeitszeit (51,8 h/Wo.)
Selbständige Berufsmöglichkeiten:	Gute Chancen eines selbständigen Steuerbüros
Literatur oder Ansprechpartner:	Deutscher Steuerberaterverband e.V. Bertha-von-Suttner-Platz 6, 53111 Bonn (geben Broschüre »Steuerberater im Aufwärtstrend« heraus)
Beruf:	**Unternehmensberater/in**
Tätigkeiten:	»Beratung und beratende Mithilfe bei der Umsetzung von Problemlösungen in Angelegenheiten des Auf- und Ausbaus, der Führung und der Abwicklung von Unternehmen und Unternehmensteilen« (BDU-Broschüre)
Art der Ausbildung:	Über 90% Akademikeranteil, Studienfachrichtung variiert (Betriebs-/Finanzwirtschaft über Technik/Maschinenbau bis zu Psychologie und Soziologie)

Dauer:	5-6 Jahre (Uni), 3½ – 4 Jahre (FH)
Abschluß:	Je nach Studiengang Diplom (FH), Diplom, Magister Artium oder Staatsexamen (Rechtswissenschaft)
Formale Voraussetzungen:	Für ein Studium Hochschulreife oder Fachhochschulreife
Fachliche Qualifikationen:	Sehr gute Fachkenntnisse, Lernbereitschaft, Problemlösungsfähigkeiten, Teamgeist, extreme Einsatzbereitschaft, logisch-analytisches Denkvermögen, hohe Kommunikationsfähigkeit, Verhandlungsgeschick, Kreativität, Mobilität und fließende englische Sprachkenntnisse
Ausbildungsvergütung:	Für ein Studium: Keine, ggf. BAföG
Berufsperspektiven:	Nach wie vor gut, MBA-Studium oder Promotion von Vorteil
Verdienstmöglichkeiten:	Sehr unterschiedlich
Sitzende, stehende Tätigkeit:	Sitzende Tätigkeit
Aufstiegsmöglichkeiten:	Vom Fach- oder Junior-Berater zum Projektleiter oder Senior-Consultant sowie »Partner«
Vor- und Nachteile:	– völlig ungeregelter Berufsstand; – sehr hohe Anforderungen; – überdurchschnittliche Gehälter.
Selbständige Berufsmöglichkeiten:	Eigene Unternehmensberatung
Zusätzliche wichtige Informationen:	Zum Beruf des Unternehmensberater führen viele Wege: Kaufmännische Lehre mit anschließender Berufspraxis oder Studium an Fachhochschulen oder Universitäten, bevorzugte Fächer BWL, VWL, Jura (nur Universität), Ingenieurwissenschaft, Wirtschaftsingenieurwesen
Literatur oder Ansprechpartner:	Bundesverband Deutscher Unternehmensberater BDU e.V., Friedrich-Wilhelm-Str. 2, 53113 Bonn

Beruf:	**Wirtschaftsprüfer/in**
Tätigkeiten:	Der Beruf des Wirtschaftsprüfers ist mit dem des Steuerberaters eng verbunden. Im Gegensatz zu Steuerberatern, die sich hauptsächlich mit Steuer- und Vermögensfragen befassen, gestaltet der Wirtschaftsprüfer betriebswirtschaftliche Entscheidungen und steuerliche Fragen von Unternehmen. Er prüft die Bilanzen und erstellt abschließende Jahresbilanzen. Für diese Arbeit werden Wirtschaftsprüfer vereidigt und öffentlich bestellt. Darüber hinaus erstellen sie Gutachten und beraten ihre Kunden bei wichtigen unternehmerischen Entscheidungen. Sie arbeiten entweder selbständig oder mit anderen in einer Wirtschaftsprüfungsgesellschaft.
Art der Ausbildung:	1. Studium der Betriebswirtschaftslehre, Volkswirt-

	schaftslehre oder Rechtswissenschaft (Dauer 5-6 Jahre), anschließend mind. fünfjährige praktische Tätigkeit, anschließend Examen vor einer staatlichen Prüfungskommission, danach Aufnahme in die zuständige Wirtschaftskammer. 2. Ausbildung zum Steuerberater, zweijährige Berufspraxis.
Dauer:	verschieden, s. o.
Abschluß:	Staatl. gepr. Wirtschaftsprüfer
Formale Voraussetzungen:	Hoch- bzw. Fachhochschulreife
Fachliche Qualifikationen:	Gründliches Arbeiten, Kommunikationsfähigkeit, Überzeugungskraft, Diskretion, Belastbarkeit
Berufsperspektiven:	Gute Berufsaussichten, da der Wirtschaftsprüfer in seinem Arbeitsumfeld praktisch ohne Konkurrenz ist. Wirtschaftsprüfer ist einer der sichersten akademischen Berufe der Zukunft.
Verdienstmöglichkeiten:	Sehr gute Verdienstmöglichkeiten nach festgelegter Gebührenordnung. Das Jahreseinkommen eines etablierten Wirtschaftsprüfers liegt zwischen 150.000 und 250.000 DM.
Sitzende, stehende Tätigkeit:	Überwiegend sitzende (Schreibtisch-)Tätigkeit
Aufstiegsmöglichkeiten:	Keine üblichen Karrieremuster, da es sich meist um Freiberufler handelt. Aber es ist sicher ein Unterschied, in einem kleinen, mittelständischen oder weltweit tätigen Unternehmen die Bilanzen zu prüfen.
Vor- und Nachteile:	Sehr lange Ausbildungszeit, dafür gute Verdienstmöglichkeiten, ausgezeichnete Zukunftsperspektiven und eine verantwortungsvolle Tätigkeit.
Selbständige Berufsmöglichkeiten:	Leitung einer eigenen Firma
Literatur oder Ansprechpartner:	Blätter zur Berufskunde: 3-IX B 01

[8] Naturwissenschaften

Agrarwissenschaftler/in s. S. 186

Beruf:	**Biologisch-technische/r Assistent/in**
Tätigkeiten:	Durchführung von Versuchen an Pflanzen, Zellkulturen, Mikroorganismen, Tieren; Arbeit in der Grundlagenforschung (Bereiche v. a. Biochemie, Mikrobiologie, Botanik, Zoologie, Ökologie, Medizin); Arbeitgeber sind Universitäten und Forschungsinstitute, die Pharmaindustrie, staatliche Untersuchungsämter, ärztliche Labors.
Art der Ausbildung:	Ausbildung an staatlichen und privaten (staatlich anerkannten) Berufsfachschulen

Dauer:	Je nach Vorbildung 2–3 Jahre
Formale Voraussetzungen:	Realschulabschluß oder vergleichbarer Abschluß
Fachliche Qualifikationen:	Naturwissenschaftliche Begabung, sehr gründliche Arbeitsweise, Teamfähigkeit, manuelle Geschicklichkeit
Ausbildungsvergütung:	Keine, an privaten Schulen muß zudem Schulgeld gezahlt werden.
Zusätzliche wichtige Informationen:	In Bayern und Sachsen heißt dieser Beruf Technische/r Assistent/in für chemische und biologische Laboratorien.
Literatur oder Ansprechpartner:	Blätter zur Berufskunde: 2-IE 10 oder 2-IE 11 (Technischer Assistent/in für chemische und biologische Laboratorien)

Beruf:	**Apotheker/in, Pharmakologe/Pharmakologin**
Tätigkeiten:	Information und Beratung des Patienten/Kunden bzw. des Arztes bei der Auswahl und richtigen Anwendung von Arzneimitteln, z. T. auch deren Herstellung. Pharmakologen sind in der Pharmaindustrie tätig, wo sie in den Bereichen Forschung, Produktion und Qualitätskontrolle, aber auch im Außendienst (Vorführung neuer Produkte in Praxen, Apotheken und Krankenhausapotheken eingesetzt werden. Weitere Beschäftigungsmöglichkeiten eröffnen sich in Arzneimitteluntersuchungsämtern, bei Gesundheitsbehörden und im Hochschulbereich.
Art der Ausbildung:	Studium an Universitäten
Dauer:	4-5 Jahre
Abschluß:	Staatsexamen
Formale Voraussetzungen:	Allgemeine Hochschulreife
Fachliche Qualifikationen:	Begabung in naturwissenschaftlichen Fächern wie Chemie, Biologie, kommunikative Fähigkeiten, Kontaktfreude, Flexibilität in der Ausdrucksweise und Einfühlungsvermögen in die Situation kranker Menschen
Ausbildungsvergütung:	Keine, ggf. BAföG
Berufsperspektiven:	Was die Apotheken in den neuen Bundesländern anbelangt, wird bald eine Sättigung des Marktes erreicht sein. Die Gesundheitsreform hat insgesamt zu großen Umsatzrückgängen in den Apotheken geführt, bisher galt die Arbeitsmarktsituation für Apotheker als relativ gut.
Verdienstmöglichkeiten:	Angestellte Apotheker verdienen bei Berufsbeginn 4.500–5.000 DM brutto. Das Einkommen des Inhabers einer Apotheke richtet sich nach den Gewinnen

	der Apotheke und kann, wenn diese sich in zentraler Lage und in der Nähe von vielen Arztpraxen befindet, bei über 150.000 DM im Jahr liegen. In der pharmazeutischen Industrie verdienen Apotheker das gleiche Gehalt wie andere Naturwissenschaftler in vergleichbaren Positionen.
Sitzende, stehende Tätigkeit:	Überwiegend stehende Tätigkeit
Aufstiegsmöglichkeiten:	Im Angestelltenbereich: Apothekenleiter/in, Leiter/in der Krankenhausapotheke, auch Eröffnung einer eigenen Apotheke möglich
Vor- und Nachteile:	Möglichkeit der Teilzeitarbeit
Selbständige Berufsmöglichkeiten:	Apotheker sind jeweils rund zur Hälfte angestellt und Inhaber einer Apotheke.
Zusätzliche wichtige Informationen:	Die Ausbildung eröffnet auch berufliche Möglichkeiten in der Forschung (Pharmaindustrie, Universitäten).
Literatur oder Ansprechpartner	Blätter zur Berufskunde 3-I D 04 Apotheker/in und 3-I D 05 Pharmakologe/in, Toxikologe/in und Dieter Herrmann, Angela Verse-Herrmann, Wachstumsmarkt Gesundheit & Pflege. Berufe, Ausbildungsmöglichkeiten, Perspektiven, Frankfurt 1997
Beruf:	**Biologe / Biologin**
Tätigkeiten:	In Hochschulen, Forschungseinrichtungen, Schulen, der biotechnischen Industrie, Naturschutzverwaltungen, Freien Berufen (Gutachterbüros, Planungsbüros ...)
Art der Ausbildung:	Studium der Biologie, Schwerpunktbildung nach dem Grundstudium
Dauer:	Ca. 10 Semester
Abschluß:	Diplom-Biologe/Biologin
Formale Voraussetzungen:	Allgemeine Hochschulreife
Fachliche Qualifikationen:	Schwerpunkte im molekularbiologischen oder ökologischen Bereichen
Ausbildungsvergütung:	In der Regel keine, evtl. BAföG oder Stipendien
Berufsperspektiven:	Ohne Zusatzqualifikationen mäßig
Verdienstmöglichkeiten:	Einstiegsgehalt BAT II a bzw. A13
Sitzende, stehende Tätigkeit:	Beides möglich
Aufstiegsmöglichkeiten:	Offen
Vor- und Nachteile:	Als Generalist oder als Spezialist sind Nischen zu besetzen.
Selbständige Berufsmöglichkeiten:	Sind in breitem Spektrum beschränkt vorhanden.
Zusätzliche wichtige Informationen:	Gute mathematisch-physikalisch-chemische Grundlagen, EDV und Einblick in Betriebswirtschaft sind in allen Biologie-Berufsfeldern von Vorteil.
Literatur oder Ansprechpartner:	Biologen heute, Mitteilungen des Verbandes Deut-

scher Biologen, Studienführer Biologie, Berufseinstiegsanalyse, erhältlich bei: Verband Deutscher Biologen e.V., Zentrale Geschäftsstelle, Corneliusstr. 6, 80469 München

Beruf:	**Chemielaborant/in**
Tätigkeiten:	Chemielaboranten führen Analysen und chemische Untersuchungen durch. Dafür müssen sie sowohl mit einfachen mechanischen Geräten (z. B. Waagen) als auch mit komplizierten technischen Apparaten umgehen können. Sie kennen sich mit den verschiedensten Chemikalien aus und führen über ihre Versuche präzise Untersuchungsprotokolle. Chemielaboranten arbeiten in verschiedenen Bereichen in der Industrie, aus diesem Grund erfolgt im 2. Lehrjahr eine Spezialisierung in den Fachrichtungen Chemie, Kohle, Metall und Silikat.
Art der Ausbildung:	Lehre
Dauer:	3,5 Jahre, für Abiturienten Möglichkeit der Verkürzung
Abschluß:	Abschluß vor der Industrie- und Handelskammer
Formale Voraussetzungen:	Realschulabschluß, Fachhochschulreife oder Abitur
Fachliche Qualifikationen:	Interesse an chemischen Experimenten, sehr gründliche Arbeitsweise, naturwissenschaftliche Begabung, Teamfähigkeit
Ausbildungsvergütung:	1. Lehrjahr: 757-1.015 DM, im 2. Jahr: 820-1.143 DM, im 3. Jahr: 904-1.269 DM, im 4. Jahr: 998-1.388 DM
Berufsperspektiven:	Trendberuf bei Frauen, jedoch sind eher sinkende Beschäftigungszahlen zu erwarten. Wichtig ist Weiterqualifizierung.
Verdienstmöglichkeiten:	Anfangsgehalt ca. 2.700-3.600 DM.
Sitzende, stehende Tätigkeit:	Stehberuf (Labor)
Aufstiegsmöglichkeiten:	Industriemeister/in Chemie, Techniker/in Chemietechnik, Studium der Chemie
Vor- und Nachteile:	Vergleichsweise hohes Starteinkommen
Selbständige Berufsmöglichkeiten:	Nur sehr bedingt vorhanden, z. B. durch Gründung eines chemischen Untersuchungslabors
Zusätzliche wichtige Informationen:	Gefahr von Atemwegserkrankungen und Verätzungen durch Chemikalien
Literatur oder Ansprechpartner:	Blätter zu Berufskunde: 1-VI B 204
Beruf:	**Diplom-Chemiker/in**
Tätigkeiten:	Vorwiegend im Labor von Chemie- und Pharmaunternehmen und in Chemischen Untersuchungsämtern

Art der Ausbildung:	Studium
Dauer:	Regelstudienzeit: 10 Semester, Durchschnittsstudienzeit: 11,6 Semester
Abschluß:	Diplom-Chemiker/in
Formale Voraussetzungen:	Allgemeine Hochschulreife (Gesamthochschulen: auch fachgebundene Hochschulreife)
Fachliche Qualifikationen:	Gute mathematisch-naturwissenschaftliche Begabung, analytisches Denken, technisches Geschick, Bereitschaft zur Teamarbeit, Gründlichkeit
Ausbildungsvergütung:	Keine, ggf. BAföG
Berufsperspektiven:	Nicht mehr so gut wie vor einigen Jahren, aber immer noch passabel
Verdienstmöglichkeiten:	Berufsanfänger 5.000 DM brutto, nach einigen Jahren 7.000-9.000 DM
Sitzende, stehende Tätigkeit:	Überwiegend stehende Tätigkeit
Aufstiegsmöglichkeiten:	Sehr viele Möglichkeiten – zum Arbeitsgruppenleiter, Leiter einer Forschungsabteilung bis hin zur Betriebsleitung
Selbständige Berufsmöglichkeiten:	Umweltberater/in, Inhaber/in bzw. Mitgesellschafter/in von Handelslaboratorien, Patentanwalt/-anwältin, Sachverständiger/in, Gutachter/in und Analytiker/in
Zusätzliche wichtige Informationen:	Ein großer Teil der Chemiker wechselt erst nach der Promotion in die Chemische Industrie.
Literatur oder Ansprechpartner:	»Studienführer Chemie« (VCH Verlagsgesellschaft, Weinheim, 34 DM) und »Chemiker arbeiten an der Zukunft. Informationen zum Chemiestudium«, erhältlich bei der Gesellschaft Deutscher Chemiker, Postfach 900440, 60444 Frankfurt/Main
Beruf:	**Chemisch-Technische/r Assistent/in**
Tätigkeiten:	Assistenten arbeiten weitestgehend nach der Anleitung von Chemikern, Ingenieuren und Physikern. Für diese übernehmen sie Routineaufgaben, deren Schwierigkeitsgrade jedoch eigene Anforderungen an die Assistenten stellen. In Großlabors entnimmt der Assistent z. B. Stichproben zur Analyse von Zwischenprodukten, er erstellt exakte Verlaufs- und Ergebnisprotokolle und erfaßt Meßdaten. Außer in der chemischen Industrie findet er auch bei staatlichen Untersuchungsämtern, in der Stein- und Erdenindustrie, in der metallverarbeitenden Industrie und in wissenschaftlichen Instituten einen Aufgabenbereich.
Art der Ausbildung:	Lehre
Dauer:	2 Jahre

Abschluß:	Abschluß zum staatl. gepr. Chemisch-technischen Assistenten
Formale Voraussetzungen:	Realschulabschluß
Fachliche Qualifikationen:	Mathematisch-naturwissenschaftliches Interesse, keine Allergien, technisches Verständnis, Geschicklichkeit, Fähigkeit zur Präzisionsarbeit
Berufsperspektiven:	Geringe Aufstiegschancen
Aufstiegsmöglichkeiten:	Weiterbildung zum Techniker/in, anschließend ist der Sprung zum Laborleiter möglich.
Literatur oder Ansprechpartner:	Blätter zur Berufskunde: 2-I D 10

Beruf:	**Diplom-Geologe / Diplom-Geologin**
Tätigkeiten:	Anwendung des wissenschaftlichen Faches »Geologie« in Forschung und Praxis. In der Industrie (Rohstoffe), der Hochschule (Lehre), geologischen Ämtern und in Ingenieurbüros
Art der Ausbildung:	Studium an Universitäten oder Technischen Hochschulen
Dauer:	Regelstudienzeit: 10 Semester, tatsächliche Studienzeit bis zu 14 Semestern
Abschluß:	Diplom-Geologe, Diplom-Geologin
Formale Voraussetzungen:	Abitur
Fachliche Qualifikationen:	Naturwissenschaftliches Denken, fächerübergreifende Ausrichtung zu anderen Naturwissenschaften und den Ingenieurfächern
Ausbildungsvergütung:	Nein, ggf. BAföG
Berufsperspektiven:	Im Forschungsbereich und im öffentlichen Dienst schlecht, im Consulting mäßig, harte Konkurrenz in der Rohstoffindustrie im Ausland
Verdienstmöglichkeiten:	Im öffentlichen Dienst: BAT II, sonst außer Tarif: Einstiegsgehälter bei ca. 4.500 DM brutto
Sitzende, stehende Tätigkeit:	50% am Schreibtisch, 50% draußen im Gelände / an der Baustelle
Aufstiegsmöglichkeiten:	Bei erfolgreichem Berufseinstieg sind gute Aufstiegschancen gegeben.
Vor- und Nachteile:	Hohe Abhängigkeit von Geldern der öffentlichen Hand; die wirkliche Tätigkeit eines Geologen ist in der Öffentlichkeit kaum bekannt.
Selbständige Berufsmöglichkeiten:	Nach entsprechender Berufserfahrung ist eine selbständige Existenz eine gute Alternative, zum Beispiel in der Umweltberatung oder als Inhaber/in eines Ingenieurbüros.
Zusätzliche wichtige Informationen:	Zusatzqualifikationen sind je nach Spezialisierung unbedingt erforderlich (Sprachen, Recht, etc.).
Literatur oder Ansprechpartner:	Blätter zur Berufskunde 3-IC 02 Dipl.-Geologe, Dipl.-Geologin Infos des Berufsverbandes Deutscher Geologen,

Geophysiker und Mineralogen e.V.,
Oxfordstr. 20-22, 53111 Bonn,
Tel.: 02 28 / 69 66 01, Fax: 02 28 / 69 66 03

Beruf:	**Geowissenschaftler/in**
Tätigkeiten:	Unter diesem Berufsbegriff sind mehrere Berufe zusammengefaßt: <u>Geologen</u> (+ Ingenieurgeologen) beschäftigen sich mit der Entwicklung und dem Aufbau der festen Erdkruste und sind dann z. B. bei der Erdöl- und Erdgasgewinnung, bei der Durchführung von Bohrungen, Bodenuntersuchungen etc. beschäftigt. <u>Mineralogen</u> (Gesteinskundler) befassen sich mit Kristallen, Halb- und Edelsteinen, aber auch mit einzelnen Rohstoffen wie etwa Erdöl. <u>Paläontologen</u> sind für das Erdalter und für das frühe Leben auf der Erde zuständig. <u>Geophysiker</u> erforschen die Physik der Erde und ihres Magnetfeldes, aber auch mit Einwirkungen aus dem Weltall. <u>Geographen</u> haben kein fest eingegrenztes Berufsbild. Sie sind sowohl im Schuldienst, in Verlagen, in der Kartenherstellung, im Fremdenverkehr, als auch im Umweltschutz tätig.
Art der Ausbildung:	Studium der Geologie an Universitäten mit einer Spezialisierung in Geophysik, Paläontologie oder Mineralogie oder Studium der Geographie. Es gibt auch Studiengänge wie Mathematik, Chemie, Ingenieurwissenschaft, Ökologie mit geologischen Schwerpunkten.
Dauer:	5-6 Jahre
Abschluß:	Diplom, anschließend evtl. Promotion
Formale Voraussetzungen:	Hochschulreife
Fachliche Qualifikationen:	Naturwissenschaftliche Begabung, körperliche Belastbarkeit, Teamgeist, Fremdsprachen, Mobilität und Kommunikationsfähigkeit
Ausbildungsvergütung:	Nein, evtl. wird BAföG gezahlt
Berufsperspektiven:	Durchschnittlich. Aufgrund der breiten Einsatzmöglichkeiten jedoch gute Chancen in international tätigen Unternehmen. Die Chancen, in den öffentlichen Dienst einzusteigen, sind durch die derzeitigen Sparmaßnahmen geringer als in der Industrie.
Verdienstmöglichkeiten:	Verdienstmöglichkeiten zwischen 4.000-5.000 DM im Monat. Im öffentlichen Dienst sind die Gehälter fest geregelt, in der Industrie dagegen frei verhandelbar (zwischen 90.000 und bis etwa 150.000 DM im Jahr).
Sitzende, stehende Tätigkeit:	Je nach Spezialisierung.
Aufstiegsmöglichkeiten:	Aufstiegsmöglichkeiten in der Industrie, z. B. Pro-

Selbständige Berufsmöglichkeiten:	jekt- und Abteilungsleiter, und in der Baustellenleitung Etwa als Gutachter in Umweltfragen für Firmen oder staatliche Behörden
Literatur oder Ansprechpartner:	Blätter zur Berufskunde: 3-I C 02 (Geologe), 3-I C 04 (Geoökologe), 3-I B 02 (Geophysiker), 3-I C 03 (Geograph); Günter Heinritz, Reinhard Wiessner, Studienführer Geographie, Braunschweig 1994
Beruf:	**Haushalts- und Ernährungswissenschaftler/in**
Tätigkeiten:	Ernährungswissenschaftler/innen sind in der natürlichen und ökonomischen Forschung einer ausgewogenen menschlichen Ernährung tätig. Sie sind meist im Angestelltenverhältnis in der Ernährungsindustrie (Produktentwicklung), an Hochschulen oder in der Haushaltsgeräteindustrie beschäftigt. Haushaltswissenschaftler/innen befas-sen sich eher mit den technischen und organisatori-schen Fragen, die bei der Führung von Großküchen und Mensen in Heimen und Krankenhäusern anfallen. Häufig leiten sie solche Großeinrichtun-gen. Haushalts- und Ernährungswissenschaftler haben auch die Möglichkeit, als Lehrer (z. B. an Berufsschulen oder Fachschulen) zu arbeiten. Hierfür ist aber ein Lehramtsstudium üblich.
Art der Ausbildung:	Studium der Haushalts- und Ernährungswissenschaften (auch Ökotrophologie) an ca. 15 Universitäten und Fachhochschulen. An Fachhochschulen nennt sich dieser Studiengang auch oft Haushalts- und Ernährungstechnik.
Dauer:	Universitätsstudium 5-6 Jahre, Fachhochschule 3,5-4 Jahre
Abschluß:	Diplom, für den Schuldienst Staatsexamen
Formale Voraussetzungen:	Fachhochschulreife, Abitur
Fachliche Qualifikationen:	Organisatorisches Geschick, Interesse an Forschung, naturwissenschaftliche, wirtschafts- und sozialwissenschaftliche Begabung
Ausbildungsvergütung:	Nein, ggf. BAföG
Berufsperspektiven:	Noch relativ junge Berufsgruppe. Akademischer Trendberuf für Frauen. Berufsaussichten recht gut, da immer mehr Menschen durch Großküchen versorgt werden.
Verdienstmöglichkeiten:	Im öffentlichen Dienst und in Unternehmen: Starteinkommen ca. 4.000-5.000 DM monatlich, Aufstiegspositionen ca. 6.000-8.000 DM monatlich, Spitzenpositionen (eher selten) ca. 9.000-10.000

Sitzende, stehende Tätigkeit:	DM, die Bezahlung im Schuldienst ist extra geregelt. Sowohl sitzende als auch stehende Tätigkeit
Aufstiegsmöglichkeiten:	Leiter einer Großkantine, einer Forschungsabteilung oder z. B. des Studentenwerkes an einer Hochschule
Selbständige Berufsmöglichkeiten:	Eher nein
Literatur oder Ansprechpartner:	Blätter zur Berufskunde: 3-V A 01 (Haushaltswissenschaft), 3-V A 02 (Ernährungswissenschaft), 3-V A 03 (Ernährungsökonomie), 2-V A 50 (FH-Ausbildungen)
Beruf:	**Mathematiker/in**
Tätigkeiten:	Diplom-Mathematiker/innen sind überwiegend im Angestelltenverhältnis bei Unternehmen tätig, wo es um die Bewältigung von Zahlen, ihre Strukturierung oder um Entscheidungen geht, für die Pläne und Risikoabschätzungen notwendig sind. Der größte Arbeitsmarkt für Mathematiker ist die Versicherungswirtschaft, in der sie entweder in eigenen mathematischen Abteilungen oder in der Datenverarbeitung tätig sind.
Art der Ausbildung:	Studium an Universitäten und Fachhochschulen
Dauer:	3½–4 Jahre (FH), 5–6 Jahre (Uni)
Abschluß:	Dipl.-Mathematiker/in
Formale Voraussetzungen:	Hochschulreife
Fachliche Qualifikationen:	Sehr hohe Befähigung zum abstrakten Denken, Genauigkeit und die Fähigkeit zur Präzisionsarbeit, auch gutes technisches Verständnis
Ausbildungsvergütung:	Nein – ggf. wird BAföG gewährt
Berufsperspektiven:	Es gibt keine Berufsfelder ausschließlich für Mathematiker. Sie konkurrieren in allen Bereichen mit Informatikern, Wirtschaftswissenschaftlern und Ingenieuren. Forschungsabteilungen von großen Industriebetrieben und die Versicherungsbranche bieten jedoch auch weiterhin recht gute Einstiegsmöglichkeiten für Mathematiker.
Verdienstmöglichkeiten:	Starteinkommen derzeit bei ca. 5.000 DM im Monat, nach 10-15 Jahren Berufserfahrung bei ca. 90.000-120.000 DM im Jahr.
Sitzende, stehende Tätigkeit:	Überwiegend sitzende Tätigkeit
Aufstiegsmöglichkeiten:	Wie üblich in der Industrie und der Versicherungswirtschaft zum Abteilungsleiter oder bis in die Betriebsführung
Selbständige Berufsmöglichkeiten:	Eher nein, nach vielen Jahren Berufserfahrung evtl. Einrichtung eines technischen Gutachterbüros
Literatur oder Ansprechpartner:	Blätter zur Berufskunde: 3-I A 05, 3-I A 32 (FH); W. Schwarz/R. Tschiersch, Studienführer Mathematik, Bad Honnef 1994

Beruf:	**Diplom-Meteorologe / Diplom-Meteorologin**
Tätigkeiten:	Zeichnen von Wetterkarten, Konstruktion von Vorhersagekarten an Workstations, Erstellung von Wettervorhersagen, Diagnose des atmosphärischen Zustandes, Interpretation von Modellergebnissen der Numerischen Meteorologie, Verifikation, Beratung gutachterlicher Tätigkeit, Entwicklung von Vorhersage-Modellen, Agrarmeteorologische und Medizinmeteorologische Beratung und Forschung, Entwicklung von Meßgeräten
Art der Ausbildung:	Studium an einer Universität oder Technischen Hochschule
Dauer:	4–7 Jahre
Abschluß:	Diplom, Promotion (Naturwissenschaft)
Formale Voraussetzungen:	Abitur
Fachliche Qualifikationen:	Beherrschung der englischen Sprache, vertiefte Kenntnisse in Mathematik und naturwissenschaftlichen Fächern
Ausbildungsvergütung:	Nein, evtl. BAföG
Berufsperspektiven:	Ungünstig, da z.Z. noch ein Überhang von Meteorologen vorhanden
Verdienstmöglichkeiten:	Anfangsgehalt ca. 5.000 DM brutto
Sitzende, stehende Tätigkeit:	Überwiegend sitzende Tätigkeit
Aufstiegsmöglichkeiten:	Einstellung im höheren Dienst, deshalb nur noch wenige Aufstiegsmöglichkeiten
Vor- und Nachteile:	Ein Teil der Bediensteten ist im Wechselschichtdienst eingesetzt.
Selbständige Berufsmöglichkeiten:	Verschiedene private Anbieter von wetterdienstlichen Leistungen existieren bereits in Deutschland.
Zusätzliche wichtige Informationen:	Im Deutschen Wetterdienst gibt es in den nächsten 10 Jahren so gut wie keine Einstellungsmöglichkeiten.
Literatur oder Ansprechpartner:	Weitere Informationen: Verband Deutscher Meteorologen e.V., Dr. H. W. Christ, Willemerstr. 7, 63067 Offenbach Blätter zur Berufskunde 3-I B 03 Meteorologe/in
Beruf:	**Physiker/in**
Tätigkeiten:	Physiker arbeiten entweder im Schuldienst (Lehrer) oder in der Forschung. Dort sind sie dann in den entsprechenden Abteilungen der Industrie und in staatlichen Forschungseinrichtungen tätig, wo verbesserte oder neue technische Anwendungen umgesetzt werden. Physiker forschen, prüfen, überwachen und bedienen hochkomplizierte physikalische und technische Geräte. Auch in diesem Bereich ist die elektronische Datenverarbeitung unverzichtbar.

Art der Ausbildung:	Studium, normalerweise an Universitäten. Einige Fachhochschulen bieten Physik mit bestimmten Ausrichtungen – wie etwa Bauphysik – an.
Dauer:	5-6 Jahre Studium bis zum Diplom, anschließend meist 2-4 weitere Jahre bis zur Promotion
Abschluß:	Diplom
Formale Voraussetzungen:	Hoch- oder Fachhochschulreife
Fachliche Qualifikationen:	Sehr gute mathematisch-naturwissenschaftliche Begabung, Teamorientierung, Ausdauer, gute Beobachtungsgabe, technisches Geschick, Interesse an Forschung und technologischer Entwicklung
Ausbildungsvergütung:	Nein, ggf. BAföG
Berufsperspektiven:	Durch die wirtschaftliche Rezession sind die Arbeitsplätze für Physiker zurückgegangen. Möglichkeiten, seine Chancen bei der schlechten Arbeitsmarktlage zu verbessern, sind mehrjährige Auslandsaufenthalte (Forschungsinstitute) oder Weiterqualifizierung an der Universität. Mittelfristig dürfte der Bedarf wieder steigen.
Verdienstmöglichkeiten:	Im oberen Drittel, Berufsanfänger erhalten etwa 5.000 DM brutto im Monat
Sitzende, stehende Tätigkeit:	Unterschiedlich
Aufstiegsmöglichkeiten:	Leiter eines Forschungsprojekts, einer Forschungsabteilung oder Aufstieg ins Management
Selbständige Berufsmöglichkeiten:	Im Bereich Gutachter- und technisches Prüfungswesen
Literatur oder Ansprechpartner:	Blätter zur Berufskunde: 3-I B 01

[9] Medizin, Gesundheit, Pflege

Beruf:	**Altenpfleger/in**
Tätigkeiten:	Pflegerische Versorgung schwer kranker und sterbender alter Menschen, Mitwirkung bei der Prävention und Rehabilitation bei drohender körperlicher, sozialer, geistiger und psychischer Beeinträchtigung, Ausführung ärztlicher Verordnungen, Einführung von pflegenden Familienangehörigen in Pflegetechniken und den Gebrauch von Hilfsmitteln, Begleitung Sterbender, Pflegeplanung im multiprofessionellen Team
Art der Ausbildung:	Ausbildung an Fachschulen
Dauer:	2 bis 3 Jahre
Formale Voraussetzungen:	Hauptschulabschluß oder Mittlere Reife
Fachliche Qualifikationen:	Physische Gesundheit und Belastbarkeit, psychische Stabilität, Sensibilität für die Bedürfnisse anderer, Flexibilität, intaktes soziales Verständnis, Einsatzfreude, Toleranz, Bereitschaft im Team zu arbeiten,

Ausbildungsvergütung:	Bereitschaft zum Lernen während des ganzen Berufslebens, moralische Integrität Ausbildungsvergütung nicht in allen Bundesländern, bei privaten Ausbildungseinrichtungen fallen Schulgebühren an.
Berufsperspektiven:	Gut – entsprechend der demographischen Entwicklung, speziell Fachkräfte werden zunehmend gebraucht.
Verdienstmöglichkeiten:	Durchschnittliches Monatsnettoeinkommen im Angestelltenverhältnis 2.500 DM, bei selbständiger Tätigkeit, etwa bei Inhabern von ambulanten Pflegediensten, auch höher
Sitzende, stehende Tätigkeit:	Stehende Tätigkeit, häufiges Bücken und das Zurücklegen weiter Strecken gehören zu den täglichen Anforderungen.
Aufstiegsmöglichkeiten:	Weiterbildung in der Gerontopsychiatrie und der geriatrischen Rehabilitation, Wohngruppenleitung, Pflegeleitung, Heimleitung, Lehrkraft für Altenpflege an Fachschulen
Vor- und Nachteile:	Nacht- und Schichtdienst, die derzeitige Personalsituation bedingt Überstunden.
Selbständige Berufsmöglichkeiten:	Ja, als Inhaber/in eines ambulanten Pflegedienstes
Zusätzliche wichtige Informationen:	Studiengänge im Bereich Altenhilfe befinden sich im Aufbau und sollen für die Aufgaben der Leitung, der Ausbildung und der Forschung qualifizieren.
Literatur oder Ansprechpartner:	Blätter zur Berufskunde 2-IV A 13 und Dieter Herrmann, Angela Verse-Herrmann, Wachstumsmarkt Gesundheit & Pflege. Berufe, Ausbildungsmöglichkeiten, Perspektiven, Frankfurt 1997

Apotheker/in s. S. 148

Beruf:	**Arzt, Ärztin**
Tätigkeiten:	Ärzte arbeiten nicht nur in allgemeinmedizinischen oder fachärztlichen Praxen oder in Krankenhäusern, sondern sind auch in Forschungsabteilungen der chemisch-pharmazeutischen Industrie, im Hochschulbereich und in der Entwicklungshilfe tätig. Sie setzen ihr erworbenes Wissen zum Wohle der Gesundheit ihrer Patienten ein oder forschen selber, um dieses in Zukunft noch zu verbessern.
Art der Ausbildung:	Medizinstudium (Humanmedizin)
Dauer:	2-2,5 Jahre bis zum Physikum (ärztliche Vorprüfung), anschließend folgt das klinische Studium mit dem Abschluß des 2. Staatsexamens, dann der ärztliche Vorbereitungsdienst (Arzt im Praktikum). Insgesamt: ca. 7-8 Jahre bis zur Approbation (Zulassung als Arzt/Ärztin).

Abschluß:	Staatsexamen
Formale Voraussetzungen:	Abitur (hartes NC-Fach bei der ZVS)
Fachliche Qualifikationen:	Naturwissenschaftlich-mathematische Begabung, manuelle Geschicklichkeit, körperliche und geistige Belastbarkeit, soziales Engagement, Verantwortungsbewußtsein
Ausbildungsvergütung:	Keine, ggf. BAföG
Berufsperspektiven:	Schlechtere Berufsperspektiven: (Niederlassungssperre, wenig Assistenzarztstellen an Krankenhäusern) für junge Ärzte. Allerdings eröffnen sich neue Tätigkeitsfelder wie z. B. in der Medizininformatik, in der pharmazeutischen Industrie, in der Umweltmedizin und im Klinikmanagement.
Verdienstmöglichkeiten:	Assistenzärzte im Krankenhaus: ca. 40.000-60.000 DM jährlich, Oberärzte: ca. 100.000 DM, Chefärzte: ab 150.000 (nach oben offen), Allgemeinmediziner mit eigener Praxis: ca. 100.000-150.000 DM im Jahr, Fachärzte: ca. 150.000-200.000 DM
Sitzende, stehende Tätigkeit:	Sowohl als auch
Aufstiegsmöglichkeiten:	Als Allgemeinmediziner/Facharzt: selbständig mit eigener Praxis. In Krankenhäusern: vom Assistenzarzt über den Oberarzt und Leitenden Oberarzt bis hin zum Chefarzt. In Industrie und Forschung: Leiter von Projekten, Abteilungen und ganzen Forschungseinrichtungen
Selbständige Berufsmöglichkeiten:	Wenn man über die Approbation (s.o.) verfügt, besteht die Möglichkeit, sich als selbständige/r Arzt/Ärztin mit einer eigenen Praxis niederzulassen (derzeit allerdings fast überall Niederlassungssperre).
Literatur oder Ansprechpartner:	Blätter zur Berufskunde: 3-II A 01 Arzt/Ärztin.

Beruf:	**Arzthelfer/in**
Tätigkeiten:	Arzthelfer/innen organisieren den täglichen Sprechstundenablauf in einer ärztlichen Praxis.. Sie nehmen z. B. die Personalien der Patienten auf, vergeben Termine und betreuen die Patienten vor und nach der Behandlung. Während der Behandlung assistieren sie dem Arzt. Gelegentliche Laboruntersuchungen gehören genauso zur ihrem Aufgabenbereich wie Büroarbeiten (Patientenkartei, Formulare ausfüllen, Abrechnung mit den Versicherungen). Die Vielfältigkeit ihres Aufgabenbereiches hängt in den meisten Fällen von der Größe der Praxis ab.
Art der Ausbildung:	Lehre
Dauer:	3 Jahre
Formale Voraussetzungen:	Mind. Hauptschulabschluß oder Realschulabschluß.

Fachliche Qualifikationen:	Belastbarkeit, Geduld, freundliches Auftreten, Organisationstalent, Kontaktfreudigkeit und soziales Engagement
Ausbildungsvergütung:	Im 1. Lehrjahr: 600-800 DM, im 2. Jahr: 800-900 DM, im 3. Jahr: 900-1.000 DM
Berufsperspektiven:	Trendberuf für Mädchen mit Realschulabschluß. Es sind auch weiterhin gleichbleibende Beschäftigungszahlen zu erwarten.
Verdienstmöglichkeiten:	Starteinkommen ca. 2.300 DM
Sitzende, stehende Tätigkeit:	Sowohl als auch
Aufstiegsmöglichkeiten:	MTA, Krankengymnast/in, Logopäde/Logopädin, Pharma-Referent/in, Orthoptist/-in
Selbständige Berufsmöglichkeiten:	Nein
Literatur oder Ansprechpartner:	Blätter zur Berufskunde: 1-X A 301 und Dieter Herrmann, Angela Verse-Herrmann, Wachstumsmarkt Gesundheit & Pflege. Berufe, Ausbildungsmöglichkeiten, Perspektiven, Frankfurt 1997

Beruf:	**Cytologieassistent/in**
Tätigkeiten:	Sie untersuchen Zellen auf krankhafte Veränderungen hin, schwerpunktmäßig sind dies Krebsvorsorgeuntersuchungen im Bereich der Frauenheilkunde, aber auch Zellveränderungen in der Schilddrüse oder der Bauchhöhle werden von ihnen ermittelt.
Art der Ausbildung:	Ausbildung an Fachschulen (über Datenbank Kurs des Arbeitsamtes zu ermitteln)
Dauer:	Zwei Jahre
Formale Voraussetzungen:	Vollendung des 17. Lebensjahres, Mittlere Reife. Eine abgeschlossene Ausbildung in einem Heilberuf wird empfohlen, z. T. auch vorausgesetzt.
Fachliche Qualifikationen:	Hohes Verantwortungsgefühl, Ruhe, Ausgeglichenheit, gute visuelle Auffassungsgabe, Entscheidungsbereitschaft, Interesse für naturwissenschaftliche Fächer
Ausbildungsvergütung:	Nein, es muß zudem ein Schulgeld gezahlt werden.
Berufsperspektiven:	Gut, da es wegen der Schließung mehrerer Schulen an Fachkräften mangelt.
Verdienstmöglichkeiten:	Einstiegsgehalt im öffentlichen Dienst bei rund 3.000 DM brutto, in Arztpraxen auch höhere Gehälter möglich
Sitzende, stehende Tätigkeit:	Eher sitzende Tätigkeit (vor dem Mikroskop)
Aufstiegsmöglichkeiten:	Kaum vorhanden
Selbständige Berufsmöglichkeiten:	Keine
Zusätzliche wichtige Informationen:	Die Schulen für Cytologieassistenten in Nordrhein-Westfalen und Niedersachen sind Ende '95 geschlossen worden, es gibt noch drei Schulen in Baden-Württemberg, allerdings ohne staatliche

	Anerkennung, und eine Schule in München. Die Ausbildung soll verstärkt in den MTA-Schulen erfolgen.
	In den neuen Bundesländern gab es den Beruf nicht. Es gab dort die MTA, die sich nach ihrer Ausbildung in Zytologie weiterbildeten.
Literatur oder Ansprechpartner:	Dieter Herrmann, Angela Verse-Herrmann, Wachstumsmarkt Gesundheit & Pflege. Berufe, Ausbildungsmöglichkeiten, Perspektiven, Frankfurt 1997 und Datenbank Kurs bei den Arbeitsämtern

Gymnastiklehrer/in s. S. 173

Beruf:	**Hebamme**
Tätigkeiten:	Die Ausbildung soll dazu befähigen, Frauen während der Schwangerschaft, der Geburt und dem Wochenbett zu begleiten, Schwangerschaftsvorsorge durchzuführen, normale Geburten zu leiten, Komplikationen frühzeitig zu erkennen und adäquat zu behandeln, Neugeborene zu versorgen, den Wochenbettverlauf zu überwachen und alle Tätigkeiten und Befunde zu dokumentieren.
Art der Ausbildung:	Ausbildung an einer Hebammenschule
Dauer:	3 Jahre, Verkürzung für ausgebildete Krankenschwestern bzw. Kinderkrankenschwestern auf 2 Jahre
Formale Voraussetzungen:	Vollendung des siebzehnten Lebensjahres, gesundheitliche Eignung zur Berufsausbildung, Realschulabschluß
Ausbildungsvergütung:	1. Jahr 1.232,86 DM, 2. Jahr 1.333,50 DM, 3. Jahr 1495,62 DM brutto
Berufsperspektiven:	Im Zuge der Gesundheitsreform wird sich auch bei der Geburtshilfe und dem klinischen Wochenbett einiges ändern. Die Frauen werden mit ihren Kindern früher entlassen und brauchen danach eine kompetente Fachkraft an ihrer Seite, viele Stellen besonders bei kleineren Krankenhäusern wurden abgeschafft oder durch eine Beleghebamme ersetzt.
Aufstiegsmöglichkeiten:	Nein, allenfalls Tätigkeit als Lehrhebamme
Selbständige Berufsmöglichkeiten:	Gute Möglichkeit der Freiberuflichkeit als Alternative zur Angestelltentätigkeit
Literatur oder Ansprechpartner:	Eine Informationsschrift (mit einem Verzeichnis aller ausbildenden Schulen) kann angefordert werden beim Bund Deutscher Hebammen e.V., Steinhäuser Str. 22, 76135 Karlsruhe, Tel. 07 21 / 98 18 90, Fax: 07 21 / 9 81 89 20.

Kosmetiker/in s. S. 134

Beruf:	Krankenschwester/-pfleger
Tätigkeiten:	Pflege von Kranken, Unterstützung der Ärzte mit dem übrigen medizinischen Personal
Art der Ausbildung:	Ausbildung an Fachschulen, die Krankenhäusern angeschlossen sind
Dauer:	3 Jahre
Formale Voraussetzungen:	Vollendung des 17. Lebensjahres, Realschulabschluß, Hauptschulabschluß mit abgeschlossener zweijähriger Berufsausbildung oder mit zweijährigem Besuch einer Pflegevorschule
Fachliche Qualifikationen:	Körperliche und psychische Belastbarkeit, soziales Engagement, Verantwortungsbewußtsein, Zuverlässigkeit, Teamfähigkeit, Kontaktfähigkeit, organisatorisches Geschick
Ausbildungsvergütung:	Ja, 700-1.200 DM
Berufsperspektiven:	Weiterhin günstig
Verdienstmöglichkeiten:	Durchschnittliches Monatsnettoeinkommen für Berufsanfänger bei 2.200 DM
Sitzende, stehende Tätigkeit:	Stehende Tätigkeit, hohe Anforderungen an die Physis
Aufstiegsmöglichkeiten:	Leitung einer Abteilung, Weiterbildung zur Fachkrankenschwester, Studium eines Pflege-Studienganges wie Pflegemanagement, -leitung, -pädagogik für Lehr- und Leitungsaufgaben
Selbständige Berufsmöglichkeiten:	Ja, als Inhaber/in eines ambulanten Pflegedienstes
Zusätzliche wichtige Informationen:	Nach der Ausbildung müssen kontinuierlich und konsequent Fort- und Weiterbildungsmaßnahmen genutzt werden, um den individuellen Wissensstand den neuen Erkenntnissen aus Pflegeforschung und -praxis anzupassen.
Literatur oder Ansprechpartner:	Blätter zur Berufskunde 2-II A 20 Krankenschwester/ Krankenpfleger, Dieter Herrmann, Angela Verse-Herrmann, Wachstumsmarkt Gesundheit & Pflege. Berufe, Ausbildungsmöglichkeiten, Perspektiven, Frankfurt 1997

Lehrer/in für Pflegeberufe s. S. 179

Logopäde/Logopädin s. S. 180

Beruf:	Masseur/in und Medizinische/r Bademeister/in
Tätigkeiten:	Masseure und Medizinische Bademeister führen Teil-, Halb- und Vollmassagen durch – sowohl mit den Händen (durch Reiben, Kneten oder Streichen)

als auch mit speziellen Massagegeräten. Zusätzlich legen sie Heilpackungen auf, verabreichen verschiedene Inhalationen und bereiten heilende Bäder (z. B. Moorbäder, Unterwassermassagen) vor. Außerdem beherrschen sie Zusatzbehandlungen wie die Bewegungstherapie und Kälte- und Wärmebehandlungen. Ihre Einsatzgebiete finden Masseure und Medizinische Bademeister in Krankenhäusern, Kurkliniken, Bade-, Fitneß- oder Saunaeinrichtungen und in Rehabilitationszentren oder in der eigenen Praxis.

Art der Ausbildung:	Ausbildung an Berufsfachschulen
Dauer:	2,5 Jahre (einschließlich eines halbjährigen Praktikum)
Formale Voraussetzungen:	Mindestens Hauptschulabschluß, Mindestalter von 16 Jahren und Nachweis der körperlichen Eignung (ärztliches Attest)
Fachliche Qualifikationen:	Körperliche Belastbarkeit, Kontaktfreude, Einfühlungsvermögen
Ausbildungsvergütung:	Keine, für das Praktikum wird eine monatliche Vergütung von ca. 1.800-1.900 DM gezahlt. Die Ausbildung an staatlichen Schulen ist kostenfrei. Bei privaten fallen Schulgebühren von mehreren tausend DM an.
Berufsperspektiven:	Werden im wesentlichen von den künftigen Sparmaßnahmen im Gesundheitswesen bestimmt und sind noch nicht absehbar.
Verdienstmöglichkeiten:	Berufsanfänger: etwa 3.000 bis 4.000 DM monatlich brutto, berufserfahrene Fachkräfte verdienen etwa 4.500 bis 5.000 DM. Bei eigener Praxis kann ein Einkommen von 4.000 bis 9.000 DM erzielt werden, je nach persönlicher Leistung und Zahl der Patienten.
Sitzende, stehende Tätigkeit:	Stehberuf
Aufstiegsmöglichkeiten:	Nur begrenzt. Viele Auszubildende sehen die Ausbildung als Sprungbrett für den Beruf des Physiotherapeuten an.
Selbständige Berufsmöglichkeiten:	Eigene Praxis möglich
Literatur oder Ansprechpartner:	Blätter zur Berufskunde: 2-II A 12, Dieter Herrmann, Angela Verse-Herrmann, Wachstumsmarkt Gesundheit & Pflege. Berufe, Ausbildungsmöglichkeiten, Perspektiven, Frankfurt 1997

Beruf:	**Medizinische/r Dokumentar/in**
Tätigkeiten:	Erfassung, Sammlung, Ordnung, Verschlüsselung, Speicherung und Auswertung von Daten, die in Einrichtungen des Gesundheitswesens und in der

	medizinischen Forschung gewonnen werden; Dokumentation medizinischer Literatur; Planung und statistische Auswertung medizinischer Studien; Lösung spezieller medizinischer Aufgaben unter Einsatz der Datenverarbeitung
Art der Ausbildung:	Ausbildung an staatlichen oder privaten (staatlich anerkannten) Schulen oder Studium an den Fachhochschulen Ulm und Hannover (Biowissenschaftlicher Dokumentar)
Dauer:	Ausbildung: 3 Jahre, Studium: 3½ bis 4 Jahre
Formale Voraussetzungen:	Realschulabschluß mit abgeschlossener mindestens zweijähriger Berufsausbildung im Bereich der medizinischen Dokumentation (etwa zum medizinischen Dokumentationsassistenten) oder mit einer anderen zweijährigen verwandten Tätigkeit, fachgebundene oder allgemeine Hochschulreife
Fachliche Qualifikationen:	Teamfähigkeit, Genauigkeit und Zuverlässigkeit, Abstraktionsfähigkeit, Kreativität, Flexibilität, Organisationsgeschick, Durchsetzungsvermögen, Fähigkeit zum selbständigen Arbeiten
Berufsperspektiven:	Gute Zukunftsperspektiven, allerdings abhängig von der Weiterentwicklung des Bekanntheitsgrads des Berufes und den Auswirkungen der Gesundheitsreform
Sitzende, stehende Tätigkeit:	Überwiegend sitzende Tätigkeit
Selbständige Berufsmöglichkeiten:	Nur bedingt
Literatur oder Ansprechpartner:	Weitere Informationen bei der Vorsitzenden des Deutschen Verbandes Medizinischer Dokumentare, Barbara Walter-Jung, Haselbühl 52, 89075 Ulm und Dieter Herrmann, Angela Verse-Herrmann, Wachstumsmarkt Gesundheit & Pflege. Berufe, Ausbildungsmöglichkeiten, Perspektiven, Eichborn 1997

Beruf:	**Medizinisch-Technische/r Assistent/in für Funktionsdiagnostik (MTAF)**
Tätigkeiten:	Unter ärztlicher Leitung selbständige Untersuchungen im Bereich der Herz- und Gefäßdiagnostik, der Diagnostik des Atmungssystems (Lungenfunktionsdiagnostik), der Diagnostik des zentralen und peripheren Nervensystems sowie des Muskelsystems und in der Sinnesdiagnostik, Assistenz bei ärztlichen Untersuchungen
Art der Ausbildung:	Ausbildung an 5 staatlichen oder staatlich anerkannten Schulen
Dauer:	3 Jahre
Abschluß:	Staatliche Abschlußprüfung
Formale Voraussetzungen:	Mindestens Mittlere Reife

Fachliche Qualifikationen:	Technisches Verständnis, chemische und physikalische Kenntnisse Voraussetzung, manuelle Geschicklichkeit, physische und psychische Belastbarkeit
Berufsperspektiven:	Gut
Verdienstmöglichkeiten:	BAT VII bis max. BAT IV b
Sitzende, stehende Tätigkeit:	Überwiegend stehende Tätigkeit
Aufstiegsmöglichkeiten:	Weiterbildung nach bestandener Abschlußprüfung und mind. zweijähriger Berufstätigkeit zum »Fachassistenten für Funktionsdiagnostik«, zur MTA-Lehrkraft oder zum Leitenden MTA
Selbständige Berufsmöglichkeiten:	Nein, es handelt sich fast ausschließlich um eine Tätigkeit im Angestelltenverhältnis.
Zusätzliche wichtige Informationen:	Der Beruf wurde als einer der wenigen aus der früheren DDR 1994 auch in den alten Bundesländern eingeführt.
Literatur oder Ansprechpartner:	Weitere Informationen beim Deutschen Verband Technischer Assistenten in der Medizin e.V., Spaldingstr. 110 B, 22097 Hamburg, Tel.: 0 4 0 /23 14 36 und Dieter Herrmann und Angela Verse-Herrmann, Wachstumsmarkt Gesundheit & Pflege. Berufe, Ausbildungsmöglichkeiten, Perspektiven, Frankfurt 1997

Beruf:	**Medizinisch-Technische/r Laboratoriumsassistent/in (MTAL)**
Tätigkeiten:	Arbeit in den Fachgebieten Histologie, Hämatologie, Klinische Chemie oder Mikrobiologie
Art der Ausbildung:	Ausbildung an staatlichen oder privaten (staatlich anerkannten) Schulen
Dauer:	3 Jahre
Abschluß:	Staatliche Abschlußprüfung
Formale Voraussetzungen:	Mindestens Mittlere Reife
Fachliche Qualifikationen:	Technisches Verständnis, chemische und physikalische Kenntnisse Voraussetzung, manuelle Geschicklichkeit, physische und psychische Belastbarkeit
Berufsperspektiven:	Durch Automatisierung und Rationalisierung diverser Großlabors gehen viele Arbeitsplätze für MTAL verloren.
Verdienstmöglichkeiten:	BAT VII bis max. BAT IV b
Aufstiegsmöglichkeiten:	Weiterbildung nach bestandener Abschlußprüfung und mind. zweijähriger Berufstätigkeit zum »Fachassistenten für das Laboratorium«, zur MTA-Lehrkraft oder zum Leitenden MTA
Selbständige Berufsmöglichkeiten:	Nein, überwiegend Tätigkeit im Angestelltenverhältnis
Literatur oder Ansprechpartner:	Weitere Informationen: Deutscher Verband Techni-

scher Assistenten in der Medizin e.V., Spaldingstr. 110 B, 22097 Hamburg, Tel.: 0 40 / 23 14 36 und Dieter Herrmann, Angela Verse-Herrmann, Wachstumsmarkt Gesundheit & Pflege. Berufe, Ausbildungsmöglichkeiten, Perspektiven, Frankfurt 1997

Beruf:	Medizinisch-Technische/r Radiologieassistent/in (MTAR)
Tätigkeiten:	Arbeit auf den Gebieten der Röntgendiagnostik, der Strahlentherapie, der Nuklearmedizin sowie des Strahlenschutzes und der Dosimetrie
Art der Ausbildung:	Ausbildung an staatlichen oder privaten (staatlich anerkannten) Schulen
Dauer:	3 Jahre
Abschluß:	Staatliche Abschlußprüfung
Formale Voraussetzungen:	Mindestens Mittlere Reife
Fachliche Qualifikationen:	Technisches Verständnis, chemische und physikalische Kenntnisse Voraussetzung, manuelle Geschicklichkeit, physische und psychische Belastbarkeit
Berufsperspektiven:	Gut
Verdienstmöglichkeiten:	BAT VII bis max. BAT IV b, z. T. übertarifliche Gehälter in Praxen niedergelassener Ärzte
Aufstiegsmöglichkeiten:	Weiterbildung nach bestandener Abschlußprüfung und mind. zweijähriger Berufstätigkeit zum »Fachassistenten für Radiologie«, zur MTA-Lehrkraft oder zum Leitenden MTA
Selbständige Berufsmöglichkeiten:	Nein, es handelt sich um eine Tätigkeit im Angestelltenverhältnis.
Literatur oder Ansprechpartner:	Weitere Informationen beim Deutschen Verband Technischer Assistenten in der Medizin e.V., Spaldingstr. 110 B, 22097 Hamburg, Tel.: 0 40 / 23 14 36 und Dieter Herrmann, Angela Verse-Herrmann, Wachstumsmarkt Gesundheit & Pflege. Berufe, Ausbildungsmöglichkeiten, Perspektiven, Frankfurt 1997
Beruf:	Motopäde / Motopädin
Tätigkeiten:	Die motopädagogischen Aufgaben zielen auf die Entwicklungsförderung von Kindern und Jugendlichen, die in ihren Wahrnehmungs- und Bewegungsleistungen und – als Folge davon – in ihrem sozial-emotionalen Verhalten altersbezogene Entwicklungsrückstände aufweisen oder aus anderen Gründen einer speziellen Förderung bedürfen. Die mototherapeutische Behandlung zielt darauf ab, Störungen in der Wahrnehmung und/oder

Art der Ausbildung:	Bewegung und deren Auswirkungen auf das Verhalten bei Kindern, Jugendlichen und Erwachsenen zu heilen oder zu mildern. Erstausbildung oder berufsbegleitende Weiterbildung
Dauer:	Drei Jahre bei Erstausbildung bzw. ein oder zwei Jahre bei Weiterbildung
Abschluß:	Staatlich geprüfter Motopäde/Motopädin
Formale Voraussetzungen:	Realschulabschluß, Vollendung des 17. Lebensjahres; bei Weiterbildung: Abschluß als staatl. geprüfte/r Gymnastiklehrer/in und eine mindestens einjährige einschlägige Berufspraxis oder einen Hochschulabschluß als Sportlehrer/in und eine mindestens einjährige einschlägige Berufspraxis oder eine abgeschlossene sozialpädagogische, heilerziehungspflegerische oder heilpädagogische Berufsausbildung und eine sportliche, rhythmische oder tänzerische Qualifikation und eine mindestens einjährige einschlägige Berufspraxis
Fachliche Qualifikationen:	Hohes Maß an Verantwortungsbewußtsein
Ausbildungsvergütung:	Keine
Berufsperspektiven:	Die Berufsperspektiven: sind durch steigenden Bekanntheitsgrad als gut zu bezeichnen.
Verdienstmöglichkeiten:	In der Regel erfolgt eine Einstufung nach BAT V mit einer Höhergruppierung nach mehrjähriger Tätigkeit.
Sitzende, stehende Tätigkeit:	Sowohl als auch
Selbständige Berufsmöglichkeiten:	Ja, als Inhaber/in einer Praxis
Zusätzliche wichtige Informationen:	Es handelt sich um einen noch jungen Beruf, der angestellte und selbständige Berufsmöglichkeiten eröffnet.
Literatur oder Ansprechpartner:	Deutscher Berufsverband der MotopädInnen / MototherapeutInnen, Geschäftsstelle: Goethestraße 66, 44147 Dortmund und Dieter Herrmann, Angela Verse-Herrmann, Wachstumsmarkt Gesundheit & Pflege. Berufe, Ausbildungsmöglichkeiten, Perspektiven, Frankfurt 1997
Beruf:	**Orthoptist/in**
Tätigkeiten:	Aufgabe von Orthoptisten ist es, vor allem bei der Vorsorge, bei der Untersuchung und bei der Behandlung von Störungen des Einzelauges und von Störungen im Zusammenwirken beider Augen, hervorgerufen durch Schielerkrankungen, Sehschwäche und Augenzittern, mitzuwirken. Ein weiterer Tätigkeitsbereich ist die Arbeit mit Sehbehinderten aller Altersgruppen in der Rehabilitation visueller Störungen.

Art der Ausbildung:	Ausbildung an staatlich anerkannten Lehranstalten oder Berufsfachschulen
Dauer:	3 Jahre
Abschluß:	Staatliche Prüfung
Formale Voraussetzungen:	Mindestens Realschulabschluß, gesundheitliche Eignung
Fachliche Qualifikationen:	Erforderlich sind Geduld und hohes Einfühlungsvermögen.
Ausbildungsvergütung:	Ca. 600-1.200 DM
Berufsperspektiven:	Bei der derzeitigen Ausbildungskapazität sind ausreichend Stellen vorhanden; es werden Voll- und Teilzeitstellen angeboten. Flexibilität in der Ortswahl wird vorausgesetzt.
Sitzende, stehende Tätigkeit:	Überwiegend sitzende Tätigkeit
Aufstiegsmöglichkeiten:	Bieten sich in der Lehrtätigkeit sowie in Wissenschaft und Forschung.
Selbständige Berufsmöglichkeiten:	Künftig durchaus Möglichkeiten
Zusätzliche wichtige Informationen:	Da die Zahl der Bewerber um einen Ausbildungsplatz die Ausbildungskapazität übersteigt, werden an den Schulen interne Auswahlverfahren durchgeführt.
Literatur oder Ansprechpartner	Weitere Informationen sind erhältlich beim Berufsverband der Orthoptistinnen Deutschlands e. V., Josephsplatz 20, 90403 Nürnberg, Tel. 09 11 / 2 20 01, Fax: 09 11 / 2 05 96 12.

Beruf:	**Pharmazeutisch-kaufmännische/r Angestellte/r**
Tätigkeiten:	Das Tätigkeitsfeld der Pharmazeutisch-kaufmännischen Angestellten liegt in öffentlichen Apotheken und im pharmazeutischen Großhandel und der Industrie. Zu den täglichen Aufgaben in einer Apotheke gehört z. B. die Aufnahme und Aktualisierung des Warenbestandes (Computerkenntnisse), die Abrechnung mit Lieferanten und Krankenkassen und natürlich die Beratung des einzelnen Kunden. Dafür ist ein Spezialwissen über die verschiedenen Arzneimittel und deren Wirkung nötig. Der Verkauf von verschreibungspflichtigen Medikamenten ist jedoch nicht ihre Aufgabe. Freiverkäufliche Arzneimittel und bestimmte Kosmetika können dagegen von ihnen verkauft werden.
Art der Ausbildung:	Lehre
Dauer:	3 Jahre
Abschluß:	Gehilfenprüfung
Formale Voraussetzungen:	Mindestens Hauptschulabschluß, eher Realschulabschluß

Fachliche Qualifikationen:	Naturwissenschaftliches Interesse (Chemie, Biologie), Genauigkeit, Verantwortungsbewußtsein, freundliches Auftreten, Kontaktfreudigkeit
Ausbildungsvergütung:	Im 1. Lehrjahr: 700-900 DM, im 2. Jahr: 800-1.000 DM, im 3. Jahr: 860-1.080 DM
Berufsperspektiven:	Trendberuf für Jugendliche mit mind. Hauptschulabschluß. Konstante Beschäftigungszahlen
Verdienstmöglichkeiten:	Starteinkommen ca. 2.300 DM
Sitzende, stehende Tätigkeit:	Überwiegend Stehberuf
Aufstiegsmöglichkeiten:	Gepr. Pharma-Referent/in, Techniker/in Chemie, Handelsfachwirt/in, staatl. gepr. Betriebswirt/in
Zusätzliche wichtige Informationen:	Sehr hohe Abbruchquote während der Ausbildung
Literatur oder Ansprechpartner:	Blätter zur Berufskunde: 1-X A 303

Beruf:	**Physiotherapeut/in**
Tätigkeiten:	Sie behandeln Störungen des Bewegungssystems und des Bewegungverhaltens, etwa im orthopädischen Bereich Erkrankungen der Bandscheibe und der Wirbelsäule sowie Haltungsfehler oder im Bereich der Kinderheilkunde Koordinationsstörungen durch Hirnschädigungen bei der Geburt, Patienten mit rheumatischen Erkrankungen, verletzte Sportler, werdende Mütter und Mütter nach der Geburt u.a. Physiotherapeuten üben ihre Tätigkeit in Krankenhäusern, Altenheimen, Behinderteneinrichtungen, im Kurbereich, in Arztpraxen und in eigener Praxis aus.
Art der Ausbildung:	Ausbildung an staatlichen und privaten Schulen
Dauer:	3 Jahre
Formale Voraussetzungen:	Mittlerer Bildungsabschluß, Fachhochschulreife oder Abitur, Mindestalter: 18 Jahre, Nachweis der körperlichen Eignung, Voraussetzung: ein mind. dreimonatiges Pflegepraktikum in Krankenhäusern, Altenheimen oder Behinderteneinrichtungen
Fachliche Qualifikationen:	Fähigkeit zur Kommunikation (Kooperationsfähigkeit, konstruktive Gesprächsführung, Konfliktbewältigung, Verhandlungsfähigkeit); charakterliche Grundeigenschaften wie Ausdauer, Aktivität, Initiative, Lernbereitschaft, Offenheit, Glaubwürdigkeit, Fähigkeit zur Entwicklung von Konzepten, Treffen von Entscheidungen, Führungs- und Rollenkompetenz
Ausbildungsvergütung:	Für die Ausbildung an privaten Schulen können Gebühren bis zu 30.000 DM entstehen. Die staatlichen Schulen erheben keine Schulgebühren.

Berufsperspektiven:	Die künftigen Entwicklungen sind derzeit nicht abzusehen und hängen von den künftigen Sparmaßnahmen im Gesundheitsbereich ab. Tätigkeiten in eigener Praxis bieten grundsätzlich die besten beruflichen Perspektiven, da die Beschäftigung im Angestelltenverhältnis in Krankenhäusern eher rückläufig sein wird und die Tendenz, Patienten schneller zu entlassen und die weitere Behandlung ambulant in Praxen vorzunehmen, noch zunehmen wird.
Verdienstmöglichkeiten:	Üblich sind Monatseinkommen zwischen 3.200 und knapp 5.000 DM brutto, bei eigener Praxis auch höher.
Selbständige Berufsmöglichkeiten:	Ja, mit der Eröffnung einer eigenen Physiotherapeuten-Praxis
Literatur oder Ansprechpartner:	Blätter zur Berufskunde 2-II A 24 Physiotherapeut/in, Dieter Herrmann, Angela Verse-Herrmann, Wachstumsmarkt Gesundheit & Pflege. Berufe, Ausbildungsmöglichkeiten, Perspektiven, Frankfurt 1997.

Veterinärmedizinisch-technische/r Assistent/in s. S. 193

Beruf:	**Zahnarzt/-ärztin**
Tätigkeiten:	Zahnärzte sorgen für die Gesundheit unserer Zähne, indem sie Löcher in faule Zähne bohren und diese dann wieder korrekt füllen. Sie machen aber auch Wurzelbehandlungen, setzen Kronen oder Brücken ein, wenn Zähne fehlen, ziehen irreparable Zähne oder überkronen sie. Zahnärzte arbeiten selbständig oder angestellt in Zahnarztpraxen, aber auch bei Gesundheitsämtern oder in der zahnmedizinischen Forschung.
Art der Ausbildung:	Studium der Zahnmedizin: vorklinisches Studium bis zum Physikum/Zwischenprüfung, Hauptstudium bis zur Staatsprüfung, anschließend Möglichkeit zum Dr. med. dent. zu promovieren
Dauer:	5-6 Jahre
Abschluß:	Staatsexamen
Formale Voraussetzungen:	Abitur, NC-Fach (Bewerbung bei der ZVS)
Fachliche Qualifikationen:	Naturwissenschaftlich-mathematische Begabung, manuelle Geschicklichkeit, Einfühlungsvermögen, Verantwortungsbewußtsein
Ausbildungsvergütung:	Keine, ggf. BAföG
Berufsperspektiven:	Die Aussichten sind vor allem für Berufsanfänger inzwischen schlechter geworden (hohe Kosten für die technische Einrichtung einer eigenen Praxis).

Verdienstmöglichkeiten:	Starteinkommen von angestellten Zahnärzten ca. 4.500 DM im Monat, nach einigen Jahren 6.000-8.000 DM, selbständige Zahnärzte: ca. 100.00-150.00 DM brutto jährlich
Sitzende, stehende Tätigkeit:	Sowohl als auch
Aufstiegsmöglichkeiten:	Nach der Approbation (Zulassung als Zahnarzt nach dem Staatsexamen) mögliche Weiterbildung zum Fachzahnarzt (z. B. Kieferorthopäde)
Selbständige Berufsmöglichkeiten:	Wer über die Approbation verfügt, kann sich mit einer eigenen Praxis niederlassen.
Literatur oder Ansprechpartner:	Blätter zu Berufskunde: 3-II A 02

Beruf:	**Zahnarzthelfer/in**
Tätigkeiten:	Genau wie die Arzthelfer/innen assistieren sie den Zahnärzten in der Praxis, indem sie die Instrumente reinigen, Füllungen vorbereiten und bei Röntgenaufnahmen helfen. Schreibarbeiten wie das Aufnehmen von Personalien, die Vergabe von Terminen und die Führung der Patientenkartei, gehören ebenfalls zu ihren Pflichten.
Art der Ausbildung:	Lehre
Dauer:	3 Jahre
Abschluß:	Gehilfenprüfung
Formale Voraussetzungen:	Mind. Hauptschulabschluß oder besser Realschulabschluß
Fachliche Qualifikationen:	S. unter Arzthelfer/in
Ausbildungsvergütung:	S. unter Arzthelfer/in
Berufsperspektiven:	Trendberuf bei Schülerinnen mit Realschulabschluß. Auch weiterhin ist mit konstanten Beschäftigungszahlen zu rechnen.
Verdienstmöglichkeiten:	Starteinkommen ca. 2.300 DM
Sitzende, stehende Tätigkeit:	Sowohl als auch
Selbständige Berufsmöglichkeiten:	Keine
Literatur oder Ansprechpartner:	Blätter zur Berufskunde: 1-X A 302 und Dieter Herrmann, Angela Verse-Herrmann, Wachstumsmarkt Gesundheit & Pflege. Berufe, Ausbildungsmöglichkeiten, Perspektiven, Frankfurt 1997

[10] Soziale Berufe, Lehre und Erziehung

Beruf:	**Arbeits- und Berufsberater/in**
Tätigkeiten:	Arbeits- und Berufsberater/innen arbeiten in Arbeitsämtern als Beamte oder Angestellte. Ihre Hauptaufgabe liegt in der schriftlichen und mündlichen Beratung von Jugendlichen, die vor ihrem Schulabschluß stehen und Näheres über Ausbildun-

	gen und Berufe wissen möchten. Aber auch Berufstätige, die sich umorientieren wollen oder eine zusätzliche berufliche Qualifizierung anstreben, finden Unterstützung. An den Hochschulen gibt es Studienberater, die den Studienbewerbern und Studierenden mit Informationen zur Studienwahl (Fächer, Dauer, Abschlüsse) und zu studienrelevanten Themen (etwa Studienfinanzierung) zur Seite stehen.
Art der Ausbildung:	Abgeschlossenes Hochschulstudium (keine Bevorzugung von Absolventen bestimmter Fächer), anschließend 2 Jahre interne Ausbildung durch die Bundesanstalt für Arbeit. Für Studienberater an Hochschulen wird keine formalisierte Ausbildung vorausgesetzt.
Dauer:	4-6 Jahre
Abschluß:	Je nach Studienfach
Formale Voraussetzungen:	Abitur
Fachliche Qualifikationen:	Sprachgewandtheit, Kontaktfreudigkeit, soziales Engagement, ein offenes Ohr für die Nöte anderer
Ausbildungsvergütung:	Keine, ggf. BAföG
Berufsperspektiven:	Stellen sind eher rückläufig. In Zukunft Konkurrenz durch private Berufsberater
Verdienstmöglichkeiten:	Nach Beamtentarif oder Angestelltentarif. Starteinkommen nach A 12 oder 13/BAT II oder III (4.000-5.000 DM mtl.)
Sitzende, stehende Tätigkeit:	Sitzberuf
Aufstiegsmöglichkeiten:	Allgemein gibt es in diesem Arbeitsbereich keine großen Karrieresprünge (nach einigen Jahren vielleicht Bereichsleiter/Abteilungsleiter).
Vor- und Nachteile:	Sicherheit des öffentlichen Dienstes
Selbständige Berufsmöglichkeiten:	Durch die Aufhebung des Vermittlungs- und Beratungsmonopols der Bundesanstalt für Arbeit Mitte 1994 besteht die Möglichkeit sich mit einem Arbeitsvermittlungs- oder Berufsberatungsunternehmen selbständig zu machen.
Literatur oder Ansprechpartner:	Die Broschüre »Arbeitsberater/in, Berufsberater/in« ist in jedem Arbeitsamt erhältlich.

Arzt/Ärztin s. S. 158

Entwicklungshelfer/in s. S. 187

Beruf:	**Erzieher/in**
Tätigkeiten:	Erzieher/innen haben es fast immer mit Gruppen zu tun, z. B. im Kindergarten, im Hort oder Heim. Ihre Arbeit im Kindergarten beschränkt sich nicht nur

auf die Betreuung der Kinder, sondern beinhaltet auch die Schulvorbereitung. Sie fördern das soziale Verhalten und die Entwicklung des einzelnen Kindes. In einem Heim ist dagegen noch mehr psychologisches Einfühlungsvermögen gefragt, da die Erzieher hier oft Familienersatz für die Kinder darstellen. Als wichtige Bezugspersonen tragen Erzieher große Verantwortung. Zusätzlich zu diesen sozialpädagogischen Aufgaben müssen Erzieher sich auch mit den täglich anfallenden organisatorischen und verwaltungstechnischen Aufgaben befassen.

Art der Ausbildung:	Studium an einer Fachakademie für Sozialpädagogik
Dauer:	3 Jahre (2 Jahre Studium, 1 Jahr Berufspraktikum)
Abschluß:	Staatl. anerk. Erzieher/in
Formale Voraussetzungen:	Je nach Bundesland verschieden. Meist jedoch Realschulabschluß und 1-2 Jahre praktische Tätigkeit in einer sozialpädagogischen Einrichtung; bei Fachhochschulreife entfällt der Nachweis einer praktischen Tätigkeit.
Fachliche Qualifikationen:	Nervliche/psychische Belastbarkeit, Geduld, Interesse am Umgang mit Kindern, Kontaktfreudigkeit, Spontaneität/Reaktionsvermögen, soziales Empfinden, Verantwortungsbewußtsein
Ausbildungsvergütung:	Nein, ggf. BAföG
Verdienstmöglichkeiten:	Ca. 3.000-3.500 DM brutto im Monat, Berufserfahrene ca. 4.500 DM
Sitzende, stehende Tätigkeit:	Sowohl als auch
Aufstiegsmöglichkeiten:	Leiter/in eines Kindergartens
Selbständige Berufsmöglichkeiten:	Nein
Zusätzliche wichtige Informationen:	»Erzieher am Arbeitsplatz« stellt eine baden-württembergische Besonderheit dar. Für diesen Berufszweig muß allerdings eine bereits abgeschlossene Berufsausbildung vorliegen. Er befaßt sich bei seiner Arbeit hauptsächlich mit Behinderten und Kranken.
Literatur oder Ansprechpartner:	Blätter zur Berufskunde: 2-IV A 20 und 2-IV A 21 (Erzieher am Arbeitsplatz)

Beruf:	**Gymnastiklehrer/in**
Tätigkeiten:	Gymnastiklehrer arbeiten in Einrichtungen der Rehabilitation (etwa Sanatorien und Reha-Zentren), in sozialpädagogischen Einrichtungen (Einrichtungen für Behinderte, Kindertagesstätten) und Sportstätten (Fitneßstudios, Vereinsanlagen). Mit ihren Übungen wirken sie sowohl im therapeutischen

Art der Ausbildung:	Bereich, hier vor allem bei der Behandlung von Haltungsschäden und Koordinationsstörungen, als auch im Bereich der Gesundheitsvorsorge mit. Ausbildung an Berufsfachschulen
Dauer:	Drei Jahre
Abschluß:	Staatlich geprüfte/r Gymnastiklehrer/in
Formale Voraussetzungen:	Mittlere Reife oder gleichwertiger Bildungsabschluß, gesundheitliche Eignung
Fachliche Qualifikationen:	Offene und aufgeschlossene Persönlichkeit, Flexibilität, Bereitschaft, sich auf andere Menschen einzulassen, Spaß am Unterrichten, Vorkenntnisse an Rhythmischen Bewegungen und Sport, Musikalität, Kenntnisse in Methodik/Didaktik, Trainingswissenschaften, Pädagogische Psychologie, Humanbiologie, Pathologie
Berufsperspektiven:	Positive Entwicklung, da ein wachsendes Interesse an Gesundheit, Bewegung und Körperorientiertheit herrscht. Freiberuflich gut bis sehr gut
Verdienstmöglichkeiten:	Angestellte verdienen ab BAT V, freiberuflich Tätige, je nach Qualifikation und Einsatz, auch mehr
Sitzende, stehende Tätigkeit:	Sehr bewegungsintensive Tätigkeit
Aufstiegsmöglichkeiten:	Im Angestelltenbereich eher selten, Leitung von entsprechenden Klinik- oder Sanatorienabteilungen
Selbständige Berufsmöglichkeiten:	Ja, etwa durch Eröffnung eines Gymnastik- oder Fitneßstudios
Literatur oder Ansprechpartner:	Blätter zur Berufskunde: 2-III A 20

Beruf:	Hochschullehrer/in
Tätigkeiten:	Dieser Beruf ist besser bekannt als Professor/in. Im Gegensatz zu anderen Lehrer/innen sind Professoren nur für ein Fach zuständig. Sie unterrichten Studierende an Universitäten, Fachhochschulen oder Berufsakademien. An Universitäten umfaßt die Lehre ca. 8 Wochenstunden, an Fachhochschulen/Kunst- und Musikhochschulen dagegen schon 16. Hinzu kommt noch die Betreuung von Studierenden während des Studiums, des Examens und bei der Doktorarbeit. Neben diesen Tätigkeiten forschen Professoren zu Themen ihres Fachgebietes und veröffentlichen ihre Ergebnisse. Allgemeine Verwaltungsaufgaben ergänzen ein umfangreiches und vielfältiges Arbeitsfeld.
Art der Ausbildung:	Studium (4-6 Jahre), Promotion (2-5 Jahre), Assistentenstelle bei einem Professor (3-4 Jahre), Habilitation
Dauer:	Es gibt keine längere Berufsausbildung.

Formale Voraussetzungen:	Hoch- bzw. Fachhochschulreife, erfolgreich abgeschlossenes Studium, Promotion, Assistentenstelle/mehrjährige Berufserfahrung, Habilitation
Fachliche Qualifikationen:	Fundiertes Fachwissen, Kommunikationsfähigkeit, pädagogisches Geschick, Organisationstalent, Begabung zur Wissensvermittlung
Berufsperspektiven:	Günstig, da in den nächsten 10-15 Jahren über die Hälfte der derzeitigen Professoren altersbedingt ausscheiden werden. Wer heute bereit ist, die lange Ausbildungszeit durchzuhalten, kann mit guten Chancen rechnen.
Verdienstmöglichkeiten:	Ca. 6.500 DM bis ca. 10.000 DM monatlich brutto, zusätzlich mögliche Einnahmen durch Gutachten, Bücherhonorare und Vorträge
Sitzende, stehende Tätigkeit:	Außer bei Vorlesungen sitzende Tätigkeit
Aufstiegsmöglichkeiten:	Möglichkeiten zum Aufstieg innerhalb der Besoldung (vom C 2-Professor zum C 4-Professor)
Vor- und Nachteile:	Sehr lange Ausbildungszeit
Selbständige Berufsmöglichkeiten:	Nein, Hochschullehrer/innen sind Beamte oder Angestellte des Staates.
Zusätzliche wichtige Informationen:	Sehr gefragter Beruf, der mit hohem gesellschaftlichen Ansehen, persönlichen Freiheiten (man bestimmt seine Arbeitszeiten selbst und kann auch zu Hause arbeiten) und den Annehmlichkeiten des öffentlichen Dienstes (Beamtenstatus, Pension) verbunden ist.
Beruf:	**Lehrer/in an allgemeinbildenden Schulen**
Tätigkeiten:	Lehrer/innen unterrichten – entweder als Angestellte oder (meistens) als Beamte – an Schulen und Internaten. Außer Vorbereitung, Unterricht, Prüfung und Benotung, nehmen sie Aufgaben innerhalb des Kollegiums oder der Verwaltung der Schule war und kümmern sich um besondere Belange ihrer Schüler. Grund- und Hauptschullehrer/innen unterrichten Schüler/innen bis zu ihrem Wechsel auf eine weiterführende Schule oder bis zum Hauptschulabschluß. Realschullehrer/innen unterrichten an Real- oder Gesamtschulen Schüler/innen der Jahrgangsstufen 5-10. Gymnasiallehrer/innen sind an allen Schulen tätig, die zum Abitur führen.
Art der Ausbildung:	Studium für Lehramt an Grundschulen oder Grund- u. Hauptschulen, Studium für das Lehramt an Realschulen oder Gymnasien. In manchen Bundesländern wird nicht für bestimmte Schultypen, sondern für Schulstufen ausgebildet. Hier heißt es dann

	Lehramt für die Primarstufe (Klasse 1-4), für die Sekundarstufe I (Klasse 5-10) oder II (Klassen 11-13).
Dauer:	Je nach Lehramt 4-6 Jahre, anschließend etwa zweijähriges Referendariat
Abschluß:	Staatsexamen
Formale Voraussetzungen:	Hochschulreife. Bei Fächern wie Kunst, Musik und Sport muß oft eine Eignungsprüfung bestanden werden.
Fachliche Qualifikationen:	Fundiertes Fachwissen, Geduld, Idealismus, Interesse an der Ausbildung von jungen Menschen, psychologisches Einfühlungsvermögen, soziales Engagement, pädagogisches Geschick
Ausbildungsvergütung:	Keine, ggf. BAföG, im Referendariat ca. 1.600 DM
Berufsperspektiven:	Die Lage auf dem Arbeitsmarkt für Lehrer hat sich gegenüber den 80er Jahren, als so gut wie keine Lehrer eingestellt wurden, verbessert. In den westlichen Bundesländern wurden aufgrund steigender Schülerzahlen und einer Pensionierungswelle, die aber erst ab der Jahrtausendwende richtig rollt, vermehrt Lehrer eingestellt. In den neuen Bundesländern gibt es derzeit und in den nächsten Jahren aufgrund des Geburtenrückgangs nach der Wiedervereinigung so gut wie keine Einstellungen. Wer sich hier für ein Lehramtsstudium interessiert, sollte sein Studium so anlegen, daß jederzeit in ein westliches Bundesland gewechselt werden kann. Interessenten für den Lehrerberuf sollten sich genau darüber informieren, wie die Prognosen in den einzelnen Bundesländern für das jeweilige Lehramt und für die jeweiligen Fächer aussehen und ihr Studium – vorausgesetzt Eignung und Interesse sind vorhanden – so ausrichten, daß sie in mehreren Bundesländern Einstellungschancen haben.
Verdienstmöglichkeiten:	Beamtenbesoldung (richtet sich nach dem Lebensalter, dem Familienstand und der Ausbildung). Das Starteinkommen für einen ca. 30-jährigen, unverheirateten Berufseinsteiger beläuft sich etwa auf 4.500-5.000 DM monatlich brutto.
Sitzende, stehende Tätigkeit:	Sowohl als auch
Aufstiegsmöglichkeiten:	Nur wenige Möglichkeiten, allenfalls zum/r Prorektor/in oder Rektor/-in der Schule oder Wechsel/Aufstieg in die Schulverwaltung
Selbständige Berufsmöglichkeiten:	Keine, allenfalls durch Gründung eines privaten Nachhilfebüros
Literatur oder Ansprechpartner:	Angela Verse-Herrmann, Dieter Herrmann, Geheimtip Lehramt, Frankfurt 1996 (u.a. mit allen Hoch-

schulen und ihrem Fächerspektrum, die für das Lehramt ausbilden, Einstellungsprognosen für die einzelnen Bundesländer, Arbeitsmöglichkeiten im Ausland)

Beruf:	**Lehrer/in an berufsbildenden Schulen**
Tätigkeiten:	Sie unterrichten Auszubildende in allgemeinbildenden Fächern und in Theorie und Praxis ihres späteren Berufes. Sie werden an unterschiedlichen Schulen eingesetzt, z. B. an Berufsschulen, Berufsfachschulen, Fachoberschulen bis hin zu beruflichen Gymnasien. Bei den beruflichen Fachrichtungen kann zwischen der kaufmännischen oder der gewerblich-technischen, in einigen Bundesländern auch noch zusätzlich zwischen der landwirtschaftlichen und der hauswirtschaftlich-pflegerischen gewählt werden.
Art der Ausbildung:	Studium an Universitäten oder Pädagogischen Hochschulen für das Lehramt an berufsbildenden Schulen oder Studium zum Diplom-Handelslehrer/in (nur in einigen Bundesländern möglich)
Dauer:	5-6 Jahre, anschließend etwa zweijähriges Referendariat
Abschluß:	Staatsexamen oder Diplom (muß als Staatsexamen anerkannt werden)
Formale Voraussetzungen:	Abitur und Ableistung eines mehrmonatigen Praktikums (Dauer je nach Hochschule verschieden)
Fachliche Qualifikationen:	Pädagogisches Interesse, Einfühlungsvermögen, Durchsetzungsfähigkeit, technisches und wirtschaftliches Verständnis
Ausbildungsvergütung:	Nein, ggf. BAföG, während des Referendariats ca. 1.600 DM
Berufsperspektiven:	Im Schuldienst werden Lehrern für berufliche Schulen derzeit und in den nächsten Jahre recht gute berufliche Chancen eingeräumt, abzuwarten bleibt aber, wie die Diskussion um den zweiten Berufsschultag und die leeren Staatskassen sich auf das Einstellungsverhalten der Kultusbehörden auswirkt. Studienbewerber sollten sich vor Studienbeginn genau informieren, in welchen Bundesländern Lehrer welcher Fachrichtungen zukünftig gebraucht werden, und ihr Studium auch so anlegen, daß sich ihnen mit ihrer Fächerkombination in mehreren Bundesländern eine Einstellungschance eröffnet.
Verdienstmöglichkeiten:	Im Schuldienst A 13, Aufstieg bis A 15/16 möglich, in der unternehmerischen Wirtschaft auch darüber
Sitzende, stehende Tätigkeit:	Sowohl als auch

Aufstiegsmöglichkeiten:	Im Schuldienst gering, allenfalls zum/r Leiter/in der Schule, in der unternehmerischen Wirtschaft Abteilungsleitung
Zusätzliche wichtige Informationen:	Lehrern für das Lehramt an berufsbildenden Schulen eröffnen sich durchaus Arbeitsmöglichkeiten in der unternehmerischen Wirtschaft, etwa im Bereich innerbetriebliche Aus- und Weiterbildung.
Literatur oder Ansprechpartner:	Dieter Herrmann, Angela Verse-Herrmann, Geheimtip Lehramt, Frankfurt 1996; Blätter zur Berufskunde: 3-III D 02 Lehrer/Lehrerin an beruflichen Schulen und 3-III D 01 Diplom-Handelslehrer/Diplom-Handelslehrerin

Beruf:	**Lehrer/in an Sonderschulen**
Tätigkeiten:	Sonderschullehrer unterrichten Schüler, die an anderen Schulen aufgrund körperlicher oder/und geistiger Behinderungen nur schwer ausgebildet werden können. Im Studium erfolgt eine Schwerpunktbildung. Mögliche sonderpädagogische Fachrichtungen sind: Blindenpädagogik, Sehbehindertenpädagogik, Gehörlosenpädagogik, Schwerhörigenpädagogik, Sprachbehindertenpädagogik, Körperbehindertenpädagogik, Geistigbehindertenpädagogik, Lernbehindertenpädagogik und Verhaltensgestörtenpädagogik.
Art der Ausbildung:	Studium an Universitäten und Pädagogischen Hochschulen. Entweder Studium Lehramt Sonderpädagogik oder Studium für das Lehramt an Grund- und/oder Hauptschulen und anschließend sonderpädagogisches Aufbau- oder Zusatzstudium.
Dauer:	4-5 Jahre
Abschluß:	Staatsexamen, anschließend Referendariat (Dauer: 18 Monate oder 2 Jahre), das mit dem 2. Staatsexamen abschließt.
Formale Voraussetzungen:	Abitur
Fachliche Qualifikationen:	Überdurchschnittliches pädagogisches Interesse, Durchsetzungsfähigkeit, starke psychische Belastbarkeit, Einfühlungsvermögen.
Ausbildungsvergütung:	Keine, ggf. BAföG, während des Referendariats ca. DM 1.600 DM.
Berufsperspektiven:	Im Lehramtsbereich werden für Sonderschullehrer die günstigsten Prognosen gestellt. Stark steigende Schülerzahlen und eine Pensionierungswelle (ab der Jahrtausendwende) in den alten Bundesländern garantieren aber nicht einen sicheren Arbeitsplatz. Vor Studienbeginn sollte man sich genau informie-

ren, in welchem Bundesländern welche Fachrichtungen zukünftig besonders benötigt werden. Das Studium sollte so ausgerichtet werden, daß man in mehreren Bundesländern Chancen auf eine Übernahme in den Schuldienst hat. So sollte man vor allem darauf achten, daß die gewählte Kombination von Fachrichtungen in möglichst vielen Bundesländern vorgesehen ist.

Verdienstmöglichkeiten:	Einstiegsgehalt A 12, anschließend A 13
Sitzende, stehende Tätigkeit:	Sowohl als auch
Aufstiegsmöglichkeiten:	Nur gering, zum/r Leiter/in der Schule
Zusätzliche wichtige Informationen:	Sonderschullehrer haben von allen Lehrern am ehesten die Möglichkeit außerhalb des Schuldienstes zu arbeiten, etwa in Einrichtungen für Behinderte oder der Rehabilitation.
Literatur oder Ansprechpartner:	Dieter Herrmann, Angela Verse-Herrmann, Geheimtip Lehramt, Frankfurt 1996; Blätter zur Berufskunde: Sonderschullehrer/in 3-III A 02

Beruf:	**Lehrer/in für Pflegeberufe**
Tätigkeiten:	Unterricht und Weiterbildung von Pflegekräften an staatlichen Berufsschulen, Fachhochschulen oder Einrichtungen privater Weiterbildungsträger
Art der Ausbildung:	Lehre in Medizinalfachberuf (etwa Krankenschwester/-pfleger, Hebamme, Altenpfleger/in) und anschließend Studium
Dauer:	Lehre: 3 Jahre, Studium: 4-5 Jahre
Abschluß:	Diplom oder Staatsexamen
Formale Voraussetzungen:	Sach- und Fachkenntnis der Pflege / berufsqualifizierender Abschluß in der Pflege Studium an Universität / FH oder Weiterbildung
Fachliche Qualifikationen:	Fähigkeit, Entwicklungsmöglichkeiten im Menschen zu entdecken, Bereitschaft, sich mit den eigenen Möglichkeiten und Fähigkeiten einzubringen, Bildung als dialogisches Verhältnis zu verstehen (kommunikative/soziale Kompetenzen), Interesse am Unterrichten, pädagogisches Geschick
Ausbildungsvergütung:	Bei der Ausbildung: ja, Studium: nein, evtl. BAföG
Berufsperspektiven:	Grundsätzlich entwicklungsfähig
Sitzende, stehende Tätigkeit:	Sowohl als auch
Aufstiegsmöglichkeiten:	Ausbildungsleiter/in, Schulleiter/in
Selbständige Berufsmöglichkeiten:	Nur bedingt
Zusätzliche wichtige Informationen:	Studienmöglichkeiten an folgenden Hochschulen: Studiengang Pflegepädagogik an den Fachhochschulen Katholische FH Freiburg, Katholische FH Nordrhein-Westfalen, Abteilung Köln, Ev. Fachhochschule für Sozialwesen Ludwigshafen,

Literatur oder Ansprechpartner:	Katholische FH für Sozialarbeit, Sozialpädagogik und Praktische Theologie Mainz (Abschluß Diplom FH, alle berufsbegleitend angelegt), Studium der Medizinpädagogik an den Universitäten Halle-Wittenberg, HU Berlin (Abschluß Diplom), Studiengänge Gesundheit/Pflege für das Lehramt an beruflichen Schulen (Abschluß Staatsexamen) an den Universitäten Bremen, Hamburg, Osnabrück Blätter zur Berufskunde 2-III B 40 Lehrerinnen/Lehrer für Pflegeberufe; Dieter Herrmann, Angela Verse-Herrmann, Wachstumsmarkt Gesundheit & Pflege. Berufe, Ausbildungsmöglichkeiten, Perspektiven, Frankfurt 1997
Beruf:	**Logopäde/Logopädin**
Tätigkeiten:	Logopäden arbeiten eng mit dem behandelnden Arzt zusammen, wenn es um die Untersuchung, Behandlung und Beratung von hör-, stimm- und sprachgestörten Patienten geht. Meist handelt es sich hierbei um Kinder. Die häufigsten Störungen, mit denen sich ein Logopäde auseinandersetzt, sind Sprachstörungen aufgrund von Hörfehlern, Stimmstörungen aus organischen oder seelischen Gründen, Sprachstörungen als Unfallfolge oder bei Hirnschädigung, Mutismus (Schweigen), Sprachentwicklungsverzögerungen, Stottern, Stammeln und allgemeine Aussprachefehler. Neben gezielten Sprachübungen wendet der Logopäde auch rhythmisch-musikalische und spieltherapeutische Methoden an.
Art der Ausbildung:	Ausbildung an einer staatlichen oder privaten (staatlich anerkannten) Berufsfachschule, anschließend evtl. Studium der Lehr- und Forschungslogopädie an der TH Aachen
Dauer:	3 Jahre
Abschluß:	Examen vor einer staatlichen Behörde, Studium (nur möglich mit abgeschlossener Ausbildung an Berufsfachschule): Diplom
Formale Voraussetzungen:	Hauptschulabschluß und eine geeignete Berufsausbildung von mindestens zweijähriger Dauer (etwa Krankenschwester, Erzieher/in), ansonsten Mittlere Reife oder Hochschulreife, Vollendung des 18. Lebensjahres. Viele Ausbildungsstätten empfehlen ein mehrmonatiges Praktikum vor Ausbildungsbeginn oder verlangen es als Aufnahmevoraussetzung.
Fachliche Qualifikationen:	Pädagogisches, psychologisches und medizinsches

	Interesse, Kontaktfreudigkeit, Musikalität, genaue Beobachtungsgabe, Einfühlungsvermögen, gutes Hörvermögen, Belastbarkeit der eigenen Stimme, dialektneutrale Aussprache
Ausbildungsvergütung:	Bezahlung während des Praktikums. Für die Ausbildung an privaten Schulen muß ein Schulgeld entrichtet werden.
Berufsperspektiven:	Sehr großer Bedarf an Fachkräften, vor allem in den neuen Bundesländern. Allerdings hoffnungslos überfüllte Schulen (oft mehrjährige Wartezeiten).
Verdienstmöglichkeiten:	Logopäden, die im Angestelltenverhältnis arbeiten, verdienen rd. 4.000 DM brutto. Bei eigener Praxis liegt der Umsatz zu zwei Dritteln bei 50.000 bis 70.000 DM, bei rund 20 % bei bis zu 100.000 DM.
Sitzende, stehende Tätigkeit:	Überwiegend Sitzberuf
Aufstiegsmöglichkeiten:	Gering, im Angestelltenverhältnis vereinzelt Aufstieg zum Lehrlogopäden.
Selbständige Berufsmöglichkeiten:	Ein Drittel aller Logopäden arbeitet selbständig.
Zusätzliche wichtige Informationen:	Der Beruf ist für Frauen mit Familie besonders attraktiv, da sich Logopäden ihre Zeit frei einteilen können und nicht an bestimmte Räumlichkeiten gebunden sind.
Literatur oder Ansprechpartner:	Blätter zur Berufskunde: 2-II A 25 (Logopäde), 2-III B 37 (Atem-, Sprech- und Stimmlehrer); Dieter Herrmann, Angela Verse-Herrmann, Wachstumsmarkt Gesundheit & Pflege. Berufe, Ausbildungsmöglichkeiten, Perspektiven, Frankfurt 1997

Beruf:	**Psychiater/in**
Tätigkeiten:	Psychiater sind ausgebildete Fachärzte, die seelisch kranke Menschen in einer Abteilung des Krankenhauses oder in einer Psychiatrischen Klinik mit Hilfe von Medikamenten oder spezifischen Methoden behandeln. In leichteren Fällen von geistiger Störung werden sie von Psychologen oder Sozialpädagogen unterstützt, die sich vor allem der Gesprächstherapie bedienen.
Art der Ausbildung:	Medizinstudium mit Facharztausbildung
Dauer:	Vgl. unter Arzt/Ärztin
Abschluß:	Vgl. unter Arzt/Ärztin
Formale Voraussetzungen:	Vgl. unter Arzt/Ärztin
Fachliche Qualifikationen:	Neben den üblichen Voraussetzungen sehr hohe Frustrationsfähigkeit, weil viele psychische Krankheiten nicht wirklich heilbar sind.
Ausbildungsvergütung:	Nein, ggf. BAföG
Berufsperspektiven:	Vgl. unter Arzt/Ärztin

Verdienstmöglichkeiten:	Vgl. unter Arzt/Ärztin
Sitzende, stehende Tätigkeit:	Sowohl als auch
Aufstiegsmöglichkeiten:	Vgl. unter Arzt/Ärztin
Selbständige Berufsmöglichkeiten:	Eigene fachärztliche Praxis
Literatur oder Ansprechpartner:	Blätter zur Berufskunde Arzt/ Ärztin, 3-II A 01

Beruf:	**Diplom-Psychologe / Diplom-Psychologin**
Tätigkeiten:	Therapie, Beratung und Training; Psychologische Diagnostik und Begutachtung; Forschung
Art der Ausbildung:	Universitätsstudium
Dauer:	4,5 bis 7 Jahre
Abschluß:	Diplom
Formale Voraussetzungen:	Allgemeine Hochschulreife; NC bzw. Wartezeit
Fachliche Qualifikationen:	Interesse an der Arbeit mit Menschen, Kommunikationsfähigkeit, Sensibilität
Ausbildungsvergütung:	Keine, ggf. BAföG
Berufsperspektiven:	Im klinischen Bereich: unsicher, im wirtschaftlichen Bereich: etwas höher
Verdienstmöglichkeiten:	Berufseinsteiger: 4.000 bis 5.000 DM brutto, in der Wirtschaft etwas höher
Sitzende, stehende Tätigkeit:	I. d. R. sitzende Tätigkeit
Aufstiegsmöglichkeiten:	In Kliniken: kaum, in Unternehmen: Personalabteilung
Vor- und Nachteile:	Vorteile: abwechslungsreiche, interessante Tätigkeit, Nachteile: »Ruf« des Faches; Vorbehalte
Selbständige Berufsmöglichkeiten:	• in eigener (Psychotherapie-) Praxis (erst nach Zusatzausbildung) • als Personal- / Unternehmensberater/in
Zusätzliche wichtige Informationen:	Für das Studium: keine Mathematik-Aversion, Englisch-Kenntnisse evtl. auffrischen
Literatur oder Ansprechpartner:	Inge Lindner, Studienführer Psychologie; Berufsverband Deutscher Psychologen, Heilsbachstr. 22, 53123 Bonn

Beruf:	**Sozialarbeiter/in, Sozialpädagoge/ -pädagogin**
Tätigkeiten:	Sozialarbeiter/innen und Sozialpädagogen helfen bei sozialen Problemen innerhalb der Familie, bei Jugendlichen, in sozialen Randgruppen, bei behinderten, gefährdeten oder alten Menschen. Sie treten überall dort in Erscheinung, wo der einzelne Konflikte nicht mehr allein bewältigen kann. Sozialarbeiter/innen sind meist eher vor Ort tätig und helfen Personen, deren Konflikte bereits aufgetreten sind. Sie sind in den meisten Fällen bei staatlichen

	oder kirchlichen Einrichtungen angestellt. Sozialpädagogen arbeiten verstärkt im Bildungsbereich – etwa für Kinder, Jugendliche oder in der Erwachsenenbildung.
Art der Ausbildung:	Studium
Dauer:	Ca. 4 Jahre an Fachhochschulen, 5-6 Jahre an Universitäten, 3,5 Jahre an einigen Berufsakademien (praxisbezogenere Ausbildung)
Abschluß:	Meist Diplom
Formale Voraussetzungen:	Abitur oder Fachhochschulreife
Fachliche Qualifikationen:	Großes soziales Engagement, Idealismus, Durchsetzungsvermögen, Kommunikationsfähigkeit und Kontaktfreudigkeit, Geduld und Ausdauer, psychische Belastbarkeit
Ausbildungsvergütung:	Keine, ggf. BAföG
Berufsperspektiven:	Bedarf ist in einer modernen Industriegesellschaft immer mehr vorhanden. Da die kirchlichen und staatlichen Einrichtungen jedoch über immer weniger finanzielle Mittel für gut ausgebildete Arbeitskräfte verfügen, sind die Berufsaussichten nicht rosig.
Verdienstmöglichkeiten:	Bezahlung erfolgt nach festgelegten Tarifen des öffentlichen Dienstes. Starteinkommen für Berufseinsteiger ca. 3.500-4.000 DM, bei Berufserfahrenen ca. 5.000-6.000 DM (jeweils brutto im Monat)
Sitzende, stehende Tätigkeit:	Verschieden
Aufstiegsmöglichkeiten:	Kein Karriereberuf. Wer viel Geld verdienen und beruflich aufsteigen möchte, sollte rechtzeitig den Absprung in einen verwandten Beruf wagen.
Vor- und Nachteile:	Oft keine geregelte Arbeitszeit zwischen 8-18 Uhr, sondern auch nachts und am Wochenende. Dafür aber Sozialleistungen, ein sicherer Arbeitsplatz und ggf. Zuschläge.
Selbständige Berufsmöglichkeiten:	Keine
Literatur oder Ansprechpartner:	Blätter zur Berufskunde: 2-IV A 30
Beruf:	**Sportlehrer/in**
Tätigkeiten:	Sportlehrer bilden Schüler/innen, Sporttalente und Sportler/innen aus. Sie können sowohl an staatlichen Schulen wie auch in Sportvereinen (hier vor allem mit der Ausbildung zum Diplom-Sportlehrer) tätig sein. Zusätzlich finden sie auch in Sportverbänden, im Behindertensport, in Rehabilitationseinrichtungen, in der öffentlichen Sportverwaltung oder in der Sportindustrie Betätigungsfelder.
Art der Ausbildung:	Sportlehrer/in an öffentlichen Schulen: Studium von mind. 2 Lehramtsfächern und ein begleitendes

Dauer:	pädagogisches Zusatzstudium; Diplom-Sportlehrer/in: Studium an der Deutschen Sporthochschule Köln
	4-6 Jahre
Abschluß:	1. Sportlehrer/in an öffentlichen Schulen: Staatsexamen, 2 Jahre Referendariat mit Abschluß 2. Staatsexamen;
	2. Diplom-Sportlehrer/in
Formale Voraussetzungen:	Hochschulreife und körperliche Eignung. Das Studium für das Lehramt Sport und an der Deutschen Sporthochschule Köln setzt eine Aufnahmeprüfung in mehreren Sportarten (Individual- und Mannschaftssportarten) voraus.
Fachliche Qualifikationen:	Körperliche und geistige Belastbarkeit, Geduld, Kontaktfreudigkeit, pädagogische Begabung, Spaß am Umgang mit anderen Menschen
Ausbildungsvergütung:	Keine, ggf. BAföG
Berufsperspektiven:	Die Berufsaussichten für Lehrer/innen an öffentlichen Schulen verbessern sich in den westlichen Bundesländern zur Zeit. Entscheidend für einen guten Berufsstart ist sowohl das Examensergebnis wie auch die Wahl des zweiten Studienfachs. Diplom-Sportlehrer/innen haben ebenfalls gute Chancen, da der Breitensport heute eine wichtige Bedeutung in der Gesellschaft hat.
Verdienstmöglichkeiten:	Lehrer/innen an öffentlichen Schulen werden nach der Besoldung des öffentlichen Dienstes bezahlt (z. B. Berufsanfänger, unverheiratet, ca. 30 Jahre: 4.500-5.500 DM). Diplom-Sportlehrer/innen verdienen recht unterschiedlich. Hier spielt die Größe des Vereins und die jeweilige Liga eine entscheidende Rolle. Üblich sind Gehälter für Berufseinsteiger zwischen 3.500 und 5.000 DM.
Sitzende, stehende Tätigkeit:	Überwiegend körperlich beanspruchende Tätigkeit
Aufstiegsmöglichkeiten:	Sehr unterschiedlich (s. Verdienstmöglichkeiten). Je nach Leistungsbereitschaft und Fachwissen ist der Sprung zum Trainer/in in Bundesligavereinen (oder bekannten ausländischen Vereinen) möglich. Diplom-Sportlehrer/innen können auch als Funktionäre zu Sportverbänden wechseln, als Repräsentanten von Sportartikelherstellern oder als Leiter/innen von Sportschulen tätig werden. Sportlehrer/innen an Schulen haben nur wenige Aufstiegschancen, allenfalls in die Schulleitung.
Literatur oder Ansprechpartner:	Blätter zur Berufskunde: 3-III C 04; Dieter Herrmann, Angela Verse-Herrmann, Geheimtip Lehramt (u.a. alle Hochschulen mit ihrem Fächerspektrum, die für das Lehramt ausbilden, Ein-

stellungsprognosen für die einzelnen Bundesländer, Ratschläge für die Lehramts- und Fächerwahl), Frankfurt 1996

Beruf:	**Theologe/Theologin**
Tätigkeiten:	Theologen sind in der kirchlichen Gemeindearbeit, in der Erwachsenenbildung, in der Seelsorge, in der Kirchenverwaltung, im kirchlichen Verlagswesen, in Beratungsstellen, in karitativen Wohlfahrtseinrichtungen usw. tätig. Als Religionslehrer/innen an Schulen oder als Dozenten an Universitäten finden sie weitere Beschäftigungsfelder. Evangelische Pastoren und Pastorinnen unterstehen als Beamte oder Angestellte der jeweiligen Landeskirche, katholische Theologen dem jeweiligen Bistum. In der praktischen Arbeit ist zwischen den Konfessionen kein nennenswerter Unterschied zu erkennen. Katholische Theologen sind jedoch in ein festeres Amtskirchensystem eingebunden, während evangelische Theologen stärker in der Kirchengemeinde verankert sind.
Art der Ausbildung:	Studium der katholischen oder der evangelischen Theologie
Dauer:	Ca. 5-6 Jahre
Abschluß:	Priesterexamen (10%), Diplom (40%), Staatsprüfung für das Lehramt (50%)
Formale Voraussetzungen:	Hochschulreife
Fachliche Qualifikationen:	Glaube an Gott, Zugehörigkeit zur jeweiligen Kirche, soziales Engagement, Kommunikationsfähigkeit, Geduld und Verständnis für die Nöte anderer Menschen, Organisationsfähigkeit
Ausbildungsvergütung:	Keine, ggf. BAföG
Berufsperspektiven:	Für Priesteramtskandidaten der katholischen Theologie hervorragende Berufsaussichten, großer Mangel an Priesternachwuchs. Für evangelische Theologen sieht es nicht ganz so rosig aus. Von den evangelischen Theologen können z. Zt. etwa nur zwei Drittel in den Pfarrdienst übernommen werden. Wer nicht Priester werden will, sieht sich einer ungünstigeren Situation gegenüber, da beide Kirchen sinkende Einnahmen haben und derzeit eher sparen müssen.
Verdienstmöglichkeiten:	Gehälter der Theologen, die bei einer Kirche beschäftigt sind (ca. 80%), sind nach einem festen System geregelt. Berufsanfänger erhalten ca. 5.000-5.500 DM brutto monatlich.
Sitzende, stehende Tätigkeit:	Sowohl als auch
Aufstiegsmöglichkeiten:	Theologe/Priester ist für die meisten kein Beruf,

Vor- und Nachteile:	sondern eine Berufung. Trotzdem gibt es in der Kirche wie in jeder anderen Organisation Hierarchien und Zuständigkeiten und damit die Möglichkeit zum beruflichen Aufstieg. Für das Studium müssen Latein, Griechisch und Hebräisch nachgewiesen werden, was für viele schon zum Stolperstein wurde.
Literatur oder Ansprechpartner:	Blätter zur Berufskunde: 3-X D 01 (Ev. Theologie), 3-X D 02 (Kath. Theologie)

[11] Land- und Forstwirtschaft, Natur, Umwelt

Beruf:	Agrarwissenschaftler/in
Tätigkeiten:	Agrarwissenschaftler/innen beschäftigen sich mit der wirtschaftlichen Nutzung und Pflege des Bodens, einschließlich Wein-, Garten- und Forstwirtschaft, und der Tierhaltung. Weitere Tätigkeitsfelder finden sie in der Nahrungsmittelindustrie beim Verkauf von landwirtschaftlichen Produkten, in staatlichen Behörden und in landwirtschaftlichen Organisationen. Im Gegensatz zum eher praktisch orientierten Landwirt sind sie mehr beratend, verwaltend oder ausbildend tätig (z. B. an Berufsschulen, Fachhochschulen, Universitäten).
Art der Ausbildung:	Studium der Landwirtschaft, des Agraringenieurwesens, der Agrartechnik an Fachhochschulen und Universitäten
Dauer:	Fachhochschule: ca. 4 Jahre, Hochschule: ca. 6 Jahre
Abschluß:	Diplom, bei Lehramtsstudiengängen Staatsexamen und Referendariat
Formale Voraussetzungen:	Hoch- oder Fachhochschulreife
Fachliche Qualifikationen:	Gute mathematisch-naturwissenschaftliche Kenntnisse, technische und organisatorische Begabung, EDV-Kenntnisse, Interesse an der Natur
Ausbildungsvergütung:	Nein, ggf. wird BAföG gezahlt
Berufsperspektiven:	Arbeitsplätze im Umweltschutz und in der Kulturpflege des ländlichen Raumes sind im Kommen. Die Abnahme von Arbeitsstellen in der Landwirtschaft führt dagegen zu einer angespannten Lage auf dem Arbeitsmarkt. Fachhochschulabsolventen haben z. Zt. bessere Berufsaussichten.
Verdienstmöglichkeiten:	Starteinkommen ca. 3.500-4.000 DM brutto monatlich, nach einigen Jahren Berufserfahrung: 5.500-6.000 DM, in leitenden Positionen, z. B. in der Privatwirtschaft, bis zu 120.000 DM im Jahr
Sitzende, stehende Tätigkeit:	Schreibtischtätigkeit.

Aufstiegsmöglichkeiten:	Etwa leitende Tätigkeiten bei landwirtschaftlichen Verbänden und Interessengruppen, im Schuldienst, in der Industrie Aufstiegsmöglichkeiten bis ins Management.
Selbständige Berufsmöglichkeiten:	Agrarwissenschaftler sind normalerweise als Angestellte tätig, selbständig nur im Bereich Landschafts- und Umweltplanung.
Literatur oder Ansprechpartner:	Blätter zur Berufskunde: 3-IG 01 (Agraringenieur/in – Uni), 2-IG 30 (FH)

Biologe/Biologin s. S. 149

Beruf:	**Entwicklungshelfer/in**
Tätigkeiten:	Entwicklungshelfer/-innen arbeiten mind. 2 Jahre (ohne eigenwirtschaftlich tätig zu sein) über einen anerkannten Entwicklungsdienst in einem Entwicklungsland, um beim Fortschritt dieser Länder mitzuhelfen. Sie sind immer im Dienste einer guten Sache tätig und kommen meist aus technischen Berufen, der Landwirtschaft und Fischerei, der Wirtschaft, dem Gesundheitswesens oder dem sozialen Dienst. Personen, die für den Entwicklungsdienst gesucht werden, haben eine abgeschlossene Ausbildung, Berufserfahrung, und ein auf die Anforderungen des jeweiligen Ortes ausgerichtetes Fachwissen. Gefragt sind hier Ingenieure, Landwirte, Ärzte, Krankenschwestern, Handwerksmeister, Facharbeiter, Kaufleute. Entwicklungshilfe bedeutet harte Arbeit unter manchmal schwierigsten Bedingungen zum praktischen Nutzen der Menschen vor Ort.
Art der Ausbildung:	Spezielle Programme, die auf die Tätigkeit im Ausland gezielt vorbereiten
Abschluß:	Kein formaler Abschluß
Formale Voraussetzungen:	Abgeschlossene Berufsausbildung oder Studium, Berufserfahrung (also keine Tätigkeit für Berufsanfänger)
Fachliche Qualifikationen:	Fremdsprachen- und Fachkenntnisse, Anpassungsfähigkeit an fremde Kulturen und ein anderes Klima, Rücksichtnahme auf lokale politische und sozialgesellschaftliche Gegebenheiten, Durchsetzungsvermögen bei der Wissensvermittlung, Einfühlsamkeit, Geduld, Lernbereitschaft, Flexibilität, Ausdauer
Ausbildungsvergütung:	Je nach Ausbildung
Berufsperspektiven:	Bedarf ist in vielen Ländern vorhanden, wenn man über die entsprechenden fachlichen und persönlichen Voraussetzungen verfügt.

Verdienstmöglichkeiten:	Unterhaltsgeld für die Dauer des Aufenthaltes, Reisekosten werden übernommen, Wiedereingliederungshilfe nach Beendigung des Projektes
Sitzende, stehende Tätigkeit:	Verschieden, z. T. schwere körperliche Arbeit
Aufstiegsmöglichkeiten:	Keine, da es sich in der Regel nicht um Dauerjobs handelt
Vor- und Nachteile:	Unsicherheit bei der Rückkehr ins Heimatland (Arbeitsplatz, Wohnung)
Selbständige Berufsmöglichkeiten:	Keine
Zusätzliche wichtige Informationen:	Bei diesem Beruf ist sehr viel persönliches Engagement gefragt.
Literatur oder Ansprechpartner:	Blätter zur Berufskunde: 2-IV B 10; Deutsches Institut für Entwicklungspolitik, Hallerstr. 3, 10587 Berlin

Beruf:	**Florist/in**
Tätigkeiten:	Floristen arbeiten in Blumenfachgeschäften. Sie beraten die Kunden bei der Wahl von Schnittblumen oder auch von Topfpflanzen, Gestecken, Sträußen und Kränzen und geben auch Ratschläge für die Pflege. Natürlich stellen Floristen auch selber bestimmten Blumenschmuck her. Sie richten sich dabei meist nach den Wünschen der Kunden, können jedoch auch nach eigenen Ideen arbeiten. Dem jeweiligen Anlaß entsprechend wählen sie Blumen aus, stellen sie passend zusammen und verarbeiten sie dann weiter mit Bändern, Trockenblumen, Kerzen, Seidenblumen usw. bis hin zum fertigen Strauß/Gesteck.
Art der Ausbildung:	Lehre
Dauer:	3 Jahre
Abschluß:	Gehilfenprüfung
Formale Voraussetzungen:	Guter Hauptschulabschluß, Realschulabschluß
Fachliche Qualifikationen:	Interesse am Umgang mit natürlichen Werkstoffen, Kommunikations- und Gestaltungsfähigkeit, Kreativität, Flexibilität
Ausbildungsvergütung:	Rd. 600-900 DM
Berufsperspektiven:	Zukunftsaussichten ansprechend, da der Bedarf an kreativen Dekorationen auch weiterhin steigt.
Verdienstmöglichkeiten:	Rd. 2.000 bis 3.500/4.000 DM brutto (Meister/in)
Sitzende, stehende Tätigkeit:	In der Regel stehende Tätigkeit (Blumenbinden, Verkauf)
Aufstiegsmöglichkeiten:	1. Florist/in, staatlich-geprüfte/r Florist/in, Fort- und Weiterbildung bis Meister/in
Selbständige Berufsmöglichkeiten:	Gute Möglichkeiten, sich mit einem eigenen Laden

	und eigenen Geschäftsideen selbständig zu machen. Auch eine Referententätigkeit im Rahmen der Aus- und Weiterbildung ist möglich.
Literatur oder Ansprechpartner:	Blätter zur Berufskunde: 1-III E 601 und 2-I G 09 (staatl. gepr. Florist/in); Fachverband Deutscher Floristen e. V., Bundesverband, Theodor-Otte-Str. 17 a, 45897 Gelsenkirchen, Tel. 02 09 / 9 58 77-0, Fax: 02 09 / 9 58 77-70
Beruf:	**Forstwirt/in**
Tätigkeiten:	Ihre Aufgabe besteht in der Erhaltung, Pflege und Nutzung des Waldes, sie sind tätig in staatlichen und kommunalen Forstbehörden oder bei Privatbesitzern.
Art der Ausbildung:	Hochschulstudium an Universitäten (5-6 Jahre) und Fachhochschulen (3½ bis 4 Jahre)
Abschluß:	Diplom
Formale Voraussetzungen:	Fachhochschulreife, Abitur
Fachliche Qualifikationen:	Naturwissenschaftliche Begabung, Liebe zur Natur, aber auch kaufmännisches Interesse
Ausbildungsvergütung:	Nein, ggf. BAföG
Berufsperspektiven:	Über das Jahr 2000 hinaus schlecht, »4000 in Ausbildung befindlichen jungen Leuten stehen bis zum Jahr 2005 knapp 400 zu besetzende Stellen gegenüber« – so der Berufsverband.
Sitzende, stehende Tätigkeit:	Überwiegend stehende, zum Teil auch sitzende Arbeit (Verwaltungsaufgaben)
Vor- und Nachteile:	Interessante und abwechslungsreiche Tätigkeit, aber der Beruf ist zu einseitig auf den Staatsdienst zugeschnitten.
Literatur oder Ansprechpartner:	Blätter zur Berufskunde: 1-V A 201 Forstwirt/Forstwirtin, 2-I J 30 Dipl.-Ingenieur/Dipl.-Ingenieurin Forstwirtschaft, 3-I J 01 Dipl.-Forstwirt/Dipl.-Forstwirtin Forstwirtschaft, 2-I H 25 Forsttechniker/Forsttechnikerin
Beruf:	**Gärtner/in**
Tätigkeiten:	Gärtner können in verschiedenen Bereichen arbeiten – im Zierpflanzenbau, im Gemüsebau, in Baumschulen, im Garten- und Landschaftsbau, im Obstbau, in der Pflanzenzüchtung und in Friedhofsgärtnereien. Gärtner kennen die Pflanzen und ihre Eigenheiten in der Pflege, sie bewässern, topfen um, spritzen gegen Schädlinge, düngen und ernten. Sie müssen sich also auch mit den verschie-

denen Böden auskennen, um optimale Zuchtergebnisse zu erzielen. Sie beschäftigen sich mit modernen Verbesserungstechniken wie Verdunkelung, Belichtung, Spezialdünger, um unabhängig von den einzelnen Jahreszeiten dem Kunden eine große Auswahl an verfügbaren Pflanzen zu ermöglichen.

Art der Ausbildung:	Lehre
Dauer:	3 Jahre
Abschluß:	Gesellenprüfung
Formale Voraussetzungen:	Meist Hauptschulabschluß, seltener Realschulabschluß
Fachliche Qualifikationen:	Gute körperliche Kondition (Heben, Bücken usw.), Naturverbundenheit, gestalterische Begabung, Kreativität
Ausbildungsvergütung:	Im 1. Lehrjahr: ca. 700-800 DM, im 2. Jahr: ca. 870-1.050 DM, im 3. Jahr: ca. 1.000- 1.200 DM
Berufsperspektiven:	Trendberuf bei Jugendlichen mit Hauptschulabschluß. Es sind auch weiterhin gleichbleibende Beschäftigungszahlen zu erwarten.
Verdienstmöglichkeiten:	Starteinkommen ca. 3.000-3.400 DM
Sitzende, stehende Tätigkeit:	Stehberuf
Aufstiegsmöglichkeiten:	Gärtnermeister/-in, Techniker/in Gartenbau, Dipl.-Ing. Landespflege/Landschaftspflege (mit Fachhochschulreife oder Abitur), Wirtschafter/in Gartenbau
Selbständige Berufsmöglichkeiten:	Ja, eigenes Gartenbauunternehmen
Literatur oder Ansprechpartner:	Blätter zur Berufskunde: 1-V A 102

Geologe/Geologin s. S. 152

Geowissenschaftler/in s. S. 153

Beruf:	**Landwirt/in**
Tätigkeiten:	Aufgabe von Landwirten ist die Erzeugung von pflanzlichen und tierischen Produkten. Damit ist auch die Aufzucht und Pflege von Vieh (Schweine, Kühe, Hühner, Gänse usw.) verbunden. Im rein pflanzlichen Bereich sind Landwirte im Acker-, Obst-, Wein-, Hopfen-, Gemüse- oder Waldbau tätig. Entsprechend vielfältig sind die täglich anfallenden Arbeiten. Landwirte bedienen, überwachen und warten ihre Maschinen und Nutzfahrzeuge, bestellen das Land je nach Jahreszeit und lagern ihre Erzeugnisse nach der Ernte fachgerecht ein oder vermarkten sie direkt. Zu den ständigen Aufgaben gehören auch Arbeiten wie Buchführung, Kalkulation und Verkaufen.

Art der Ausbildung:	Lehre
Dauer:	3 Jahre
Abschluß:	Abschlußprüfung vor der Landwirtschaftskammer
Formale Voraussetzungen:	Haupt- oder Realschulabschluß, Berufsgrundbildungsjahr
Fachliche Qualifikationen:	Naturverbundenheit, gute körperliche Kondition und Belastbarkeit, Genauigkeit und Ordnungssinn
Ausbildungsvergütung:	Im 1. Lehrjahr: ca. 700-830 DM, im 2. Jahr: ca. 750-900 DM, im 3. Jahr: ca. 850-970 DM
Berufsperspektiven:	Die Landwirtschaft ist ein schrumpfender Wirtschaftsbereich. Es kommt vor allem auf die erzeugten Produkte an.
Verdienstmöglichkeiten:	Starteinkommen ca. 2.400-2.800 DM, bei selbständigen Landwirten abhängig von der Betriebsgröße und vom Umsatz
Sitzende, stehende Tätigkeit:	Beruf mit starker körperlicher Belastung
Aufstiegsmöglichkeiten:	Landwirtschaftsmeister/in, Dipl-Ing. Landwirtschaft, Fachagrarwirt/in, staatl. gepr. Wirtschafter/in
Vor- und Nachteile:	Keine geregelten Arbeitszeiten
Selbständige Berufsmöglichkeiten:	Eigener landwirtschaftlicher Betrieb
Literatur oder Ansprechpartner:	Blätter zur Berufskunde: 1-V A 101

Stadt- und Regionalplaner s. S. 121

Beruf:	**Tierarzt / Tierärztin**
Tätigkeiten:	Kurative Tätigkeit in der tierärztliche Praxis; Fleischhygiene; öffentlicher Dienst; Forschung, Lehre und Entwicklung; Lebensmittel-, Arzneimittel- und Futtermittelindustrie; amtliche Lebensmittelüberwachung
Art der Ausbildung:	Hochschulstudium
Dauer:	Mindestens 5 Jahre
Abschluß:	Staatsprüfung
Formale Voraussetzungen:	Allgemeine Hochschulreife
Fachliche Qualifikationen:	Neigung und Begabung zu naturwissenschaftlichen Fächern
Ausbildungsvergütung:	Keine, ggf. BAföG
Berufsperspektiven:	Ungünstig; Abnehmen der Arbeitsbereiche in der Betreuung landwirtschaftlicher Tiere; Stagnation bei Betreuung von Heimtieren; sinkende Zahl freier Arbeitsplätze durch überhöhte Zahlen von Studienabgängern
Verdienstmöglichkeiten:	Sehr unterschiedlich, Tendenz insgesamt sinkend.
Sitzende, stehende Tätigkeit:	Sowohl als auch
Aufstiegsmöglichkeiten:	Im öffentlichen Dienst, in Forschung, Lehre und Industrie

Vor- und Nachteile:	Vorteile: entsprechend der Motivation hohe berufliche Befriedigung Nachteile: unsichere Einkommens- und Arbeitsplatzerwartungen
Selbständige Berufsmöglichkeiten:	Ca. 50% aller berufstätigen Tierärztinnen und Tierärzte sind selbständig tätig.
Zusätzliche wichtige Informationen:	Der Zugang zum Studium der Veterinärmedizin ist begrenzt (Numerus clausus). Die Vergabe erfolgt durch die Zentralstelle für die Vergabe von Studienplätzen in Dortmund (ZVS) und ergibt sich aus Abiturnote, Wartezeit und für einen Teil der Bewerber durch ein Auswahlgespräch der tierärztlichen Bildungsstätten.
Literatur oder Ansprechpartner:	Blätter zur Berufskunde 3-II A 03 Tierarzt/Tierärztin

Beruf:	**Tierpfleger/in**
Tätigkeiten:	Tierpfleger/innen arbeiten in der Versuchstierzucht und -haltung, in zoologischen Gärten, in Forschungsinstituten, in Wildparks, in Tierheimen und Tierkliniken. Sie betreuen Tiere, die nicht mehr in freier Natur leben und menschlicher Pflege bedürfen. Sie versorgen sie z. T. mehrmals täglich mit Futter und Wasser, sorgen für Zucht und Aufziehen ihrer Schützlinge, assistieren bei tierärztlichen Behandlungen, bauen artgerechte Unterkünfte und reinigen sie dann auch. Bei ihrer Arbeit haben sie stets die gesetzlichen Bestimmungen, die zum Schutz der Tiere eingehalten werden müssen, vor Augen.
Art der Ausbildung:	Lehre
Dauer:	3 Jahre
Abschluß:	Prüfung vor einer staatlichen Behörde
Formale Voraussetzungen:	Hauptschulabschluß oder Mittlere Reife
Fachliche Qualifikationen:	Tierliebe, Verantwortungsbewußtsein, Sorgfalt, Geduld, organisatorische Begabung
Verdienstmöglichkeiten:	Anfänger ca. 3.000 DM brutto monatlich, Berufserfahrene ca. 4.000-5.000 DM
Sitzende, stehende Tätigkeit:	Stehberuf
Aufstiegsmöglichkeiten:	Nur begrenzt, etwa zum Leiter eines Tierheims
Vor- und Nachteile:	Häufig ungeregelte Arbeitszeiten, da sie sich auch am Wochenende um die ihnen anvertrauten Tiere kümmern müssen.
Literatur oder Ansprechpartner:	Blätter zur Berufskunde: 1-V B 104.

Beruf:	**Veterinärmedizinisch-Technische/r Assistent/in (MTAV)**
Tätigkeiten:	Arbeit in den Fachgebieten Histologie, Hämatologie, Klinische Chemie oder Mikrobiologie, außerdem Untersuchung von Lebensmitteln tierischer Herkunft
Art der Ausbildung:	Lehre
Dauer:	3 Jahre
Abschluß:	Staatliche Abschlußprüfung
Formale Voraussetzungen:	Mindestens mittlere Reife
Fachliche Qualifikationen:	Technisches Verständnis, chemische und physikalische Kenntnisse Voraussetzung, manuelle Geschicklichkeit, physische und psychische Belastbarkeit
Verdienstmöglichkeiten:	BAT VII bis max. BAT IV b
Sitzende, stehende Tätigkeit:	Mehr sitzende Tätigkeit
Aufstiegsmöglichkeiten:	Weiterbildung nach bestandener Abschlußprüfung und mind. zweijähriger Berufstätigkeit zum »Fachassistenten für Veterinärmedizin«, zur MTA-Lehrkraft oder zum Leitenden MTA
Selbständige Berufsmöglichkeiten:	Nein
Literatur oder Ansprechpartner:	Weitere Informationen beim Deutscher Verband Technischer Assistenten in der Medizin e.V., Spaldingstr. 110 B, 22097 Hamburg, Tel.: 0 40 / 23 14 36; Blätter zur Berufskunde 2-I F 11 Veterinärmedizinisch-technische/r Assistent/in

[12] Sprachen, Literatur, Medien, Dokumentation

Beruf:	**Archäologe/Archäologin**
Tätigkeiten:	Klassische Archäologen beschäftigen sich mit einem Zeitraum, der vom 2. Jh. v. Chr. bis zur Spätantike (6. Jh. n. Chr.) reicht. Im Mittelpunkt des Interesses stehen die Hauptstädte und Kulturzentren des griechischen und römischen Mutterlandes. Dem Archäologen obliegt die Sammlung, Erforschung und Interpretation aller kultureller Aspekte wie z. B. Tempel, Grabanlagen, Sarkophage, Bronzeskulpturen, Marmorplastiken, Keramik etc. Aber auch die Erforschung der Topographie antiker Städte bis hin zur Rekonstruktion von versunkenen Hafenanlagen gehören zu den Aufgaben eines Archäologen. Beschäftigungsmöglichkeiten finden sie an Hochschulen (Forschung, Lehre), in Museen und Sammlungen. Auch der Kunsthandel, der Tourismus und (seltener) Fachbuchverlage bieten weitere Arbeitsfelder.
Art der Ausbildung:	Studium der Klassischen Archäologie (als Haupt-

Dauer:	oder Nebenfach). Empfehlenswert sind inhaltlich ergänzende Nebenfächer wie Alte Geschichte, Klassische Philologie, Papyrologie, Kunstgeschichte, aber auch Fächer wie BWL oder Fremdsprachen. Regelstudienzeit von 10 Semestern bis zum Magister. Da in den meisten Fällen noch Sprachkenntnisse (Latinum, Graecum) nachgeholt werden müssen, verlängert sich das Studium um 2-4 Semester.
Abschluß:	Magister Artium, anschließend Promotion (Dr. phil.)
Formale Voraussetzungen:	Hochschulreife
Fachliche Qualifikationen:	Interesse an antiken Kulturen und deren Auswirkungen auf unsere heutige Zeit, Sprachbegabung, Ausdauer bei Routinearbeiten
Ausbildungsvergütung:	Keine, ggf. BAföG
Berufsperspektiven:	Die Chancen auf dem Arbeitsmarkt sind z. Zt. alles andere als gut. Selbst Hochqualifizierte sind derzeit arbeitslos. Studierende sollten frühzeitig Kontakte zu Museen (durch Praktika und Grabungen) knüpfen und Zusatzqualifikationen erwerben (spezielle Computerkenntnisse, BWL).
Sitzende, stehende Tätigkeit:	Schreibtischtätigkeit (Universität, Museum), Grabungstätigkeit (Museum)
Aufstiegsmöglichkeiten:	Universitäre Laufbahn: Assistent/in, Privatdozent/in, Professor/in. Die Aufstiegsmöglichkeiten in Museen sind vielfältig: Vom Volontär zum fest angestellten Archäologen/Grabungsleiter bis hin zum Vizedirektor oder Direktor eines Museums.
Selbständige Berufsmöglichkeiten:	Gering, allenfalls im Kunsthandel
Literatur oder Ansprechpartner:	Fächerinfos zum Fach Archäologie von den Hochschulen anfordern.
Beruf:	**Archivar/in, Dokumentar/in**
Tätigkeiten:	Archivare beschäftigen sich mit der Lagerung von verschiedenartigen Dokumenten, die für wichtig erachtet und der Nachwelt erhalten werden sollen. Das können sowohl alte Schriftwechsel, Zeitungen und Nachlässe von Personen, aber auch Filme und Tonaufnahmen sein. Interessierte, die hierüber arbeiten wollen, können sie in Archiver einsehen. Archivare entscheiden, was weggeworfen und was aufgehoben werden soll, katalogisieren und machen die Dokumente zur Benutzung zugänglich. Bei Archiven unterscheidet man Stadt-, Kreis-, Landesarchive, Staats- und Hauptstaatsarchive und das Bundesarchiv. Auf dem privaten Sektor gibt es Beschäftigungsmöglichkeiten bei vermögenden Privatpersonen, Unternehmen und Verbänden. Doku-

	mentare entwickeln Verfahren, um Dokumente zu beschaffen, zu erschließen, aufzubereiten, zu lagern und entsprechende technische Verfahren zur Nutzung der Informationen einzuführen. Die Einrichtung und Benutzung von Datenbanken mittels der modernen EDV spielen in beiden Berufen eine wichtige Rolle.
Art der Ausbildung:	Meist Geschichtsstudium, Zusatzausbildung an der Deutschen Archivschule in Marburg; Diplom-Dokumentare werden an mehreren Fachhochschulen ausgebildet.
Dauer:	4-6 Jahre bis zu Magister, anschließende Promotion (3-5 Jahre). Dokumentare: 3-4 Jahre bis zum Diplom (FH)
Abschluß:	Magister, Dr. phil., Diplom (FH)
Formale Voraussetzungen:	Hoch- oder Fachhochschulreife
Fachliche Qualifikationen:	Sehr gründliches und genaues Arbeiten, Ordnungssinn, gute Allgemeinbildung, historisches Interesse
Ausbildungsvergütung:	Keine, ggf. BAföG
Berufsperspektiven:	Die Stellen für Archivare sind begrenzt und werden in den nächsten Jahren nicht wesentlich aufgestockt. Die Berufsaussichten hängen von der Qualifikation des Bewerbers ab (breit gefächerte Nebenfächer, quellenorientierte Promotion, gute EDV-Kenntnisse). Dokumentare sind weitestgehend bei Unternehmen angestellt. Da in diesem Bereich in Zukunft noch mehr Informationen gesammelt, gebündelt und aufbereitet werden müssen, sind die Berufsaussichten für qualifizierte Dokumentare gut.
Verdienstmöglichkeiten:	Beim derzeitigen Durchschnittseintrittsalter von 32 Jahren liegt das Starteinkommen von Archivaren bei ca. 5.000 DM monatlich. Einstiegsgehälter für Dokumentare liegen durchschnittlich 500 -1.000 DM niedriger.
Sitzende, stehende Tätigkeit:	Schreibtischtätigkeit
Aufstiegsmöglichkeiten:	Vom Archivrat (für ein Sachgebiet zuständig) über den Oberarchivrat (mehrere Sachgebiete) zum Archivdirektor (seltener). Die letzte Stufe stellt die Position des Leitenden Archivdirektors dar.
Selbständige Berufsmöglichkeiten:	Keine
Literatur oder Ansprechpartner:	W. Gaus, Berufe im Archiv-, Bibliotheks-, Informations- und Dokumentationswesen. Ein Wegweiser zur Ausbildung, Berlin 1992, Blätter zur Berufskunde: 3-X A 01 Archivar (höherer Dienst) und 2-X C 30 (Diplom-Dokumentar/in)

Beruf:	**Bibliothekar/in (Diplom-Bibliothekar/in und Wissenschaftliche/r Bibliothekar/in)**
Tätigkeiten:	Die Aufgabe von Bibliothekaren besteht darin, neue Bücher nach bestimmten Überlegungen anzuschaffen, sie nach einem genau festgelegten Regelwerk zu katalogisieren, sie gegenüber den Bibliotheksbenutzern zu präsentieren und auszuleihen. Früher war der Karteikasten ein wichtiges Hilfsmittel der Bibliothekare, heute hat die moderne EDV diese Funktion übernommen. Über sie werden Verzeichnisse der im Handel erhältlichen Bücher zu Rate gezogen, die eigenen Bücherbestände erfaßt, Recherche betrieben und nicht zuletzt die Mahngebühren für nicht rechtzeitig zurückgegebene Bücher erhoben. Zu den Aufgaben der wissenschaftlichen Bibliothekare gehören vor allem die wissenschaftliche Erschließung des Bestandes und die Erteilung von Fachauskünften. Sie treffen ferner die maßgeblichen Entscheidungen für den Bestandsaufbau, übernehmen Leitungsaufgaben in der Bibliotheksorganisation und die Vertretung fachlicher Interessen.
Art der Ausbildung:	Studium an den Fachhochschulen für Bibliotheks- oder Dokumentationswesen in Köln, Stuttgart und Hamburg; Wissenschaftliche Bibliothekare: Studium eines beliebigen Faches an einer Universität und anschließend bibliothekarische Fachausbildung (Referendariat)
Dauer:	Fachhochschule: 3-4 Jahre, danach ca. 2-jähriger Vorbereitungsdienst in einer Bibliothek; Universität: verschieden, meist 4-6 Jahre zum Magister/Diplom (danach evtl. Promotion), anschließend Fachausbildung in der Bibliothek
Abschluß:	Diplom-Bibliothekar/in oder für den Dienst an wissenschaftlichen Bibliotheken Staatsexamen, Magister Artium, Diplom, Promotion
Formale Voraussetzungen:	Abitur (Universitätsstudium), ansonsten Fachhochschulreife
Fachliche Qualifikationen:	Liebe zum Buch, sehr gründliches und genaues Arbeiten, Interesse an Bürotätigkeit, EDV-Kenntnisse, wissenschaftliche Bibliothekare vor allem: Fähigkeit zur Führung und Anleitung von Mitarbeitern, Fähigkeit zur Kooperation und Kommunikation, Fähigkeit zur Einarbeitung in fremde Fachgebiete, breite fächerübergreifende Interessen, Fremdsprachenkenntnisse
Ausbildungsvergütung:	Nein, ggf. BAföG, während des Referendariats ca.1.600 DM monatlich

Berufsperspektiven:	Durch die zu erwartenden Umstrukturierungen in diesem Beruf (Umstellung auf elektronische Systeme, Online-Services) ist im Berufsbild des Bibliothekars mit Veränderungen zu rechnen.
Verdienstmöglichkeiten:	Im gehobenen Dienst Einstiegsgehälter zwischen 3.500-4.000 DM monatlich, im höheren Dienst (Universitätsstudium) 4.500-5.000 DM.
Sitzende, stehende Tätigkeit:	Überwiegend sitzende Tätigkeit
Aufstiegsmöglichkeiten:	Im gehobenen Dienst jeweils (Bibliotheks-)Oberinspektor, Hauptinspektor, Amtmann, Oberamtmann, Oberamtsrat, im höheren Dienst: (Bibliotheks-)Rat, Oberrat, Direktor, Leitender Direktor
Vor- und Nachteile:	Sicherheit des öffentlichen Dienstes, dafür keine große Karriere möglich
Selbständige Berufsmöglichkeiten:	Keine
Zusätzliche wichtige Informationen:	Fundierte EDV-Kenntnisse werden immer wichtiger. Das Referendariat an den größeren wissenschaftlichen Bibliotheken ist in fast allen Bundesländern möglich.
Literatur oder Ansprechpartner:	Blätter zur Berufskunde: 2-X B 030 (gehobener Dienst), 3-X B 01 (höherer Dienst), W. Gaus, Berufe im Archiv-, Bibliotheks-, Informations- und Dokumentationswesen. Ein Wegweiser zu Ausbildung, Berlin 1992

Buchhändlerin s. S. 130

Beruf:	**Denkmalpfleger/in**
Tätigkeiten:	Aufgabe von Denkmalpflegern ist es, historisch wertvolle Gebäude unter Denkmalschutz zu stellen und vor allem zu überprüfen, ob Gebäude, die bereits unter Denkmalschutz stehen, von ihren Besitzern nicht umgebaut, abgerissen oder unerlaubt verändert werden. Denkmalpfleger sind in der Regel bei einer staatlichen Denkmalpflegebehörde beschäftigt. Sie verfügen über ein Inventar aller denkmalgeschützten Objekte und beraten Besitzer im Falle von nötigen oder gewünschten Veränderungen. In diesem Falle bereiten sie dann Entscheidungen vor und arbeiten mit Bauingenieuren, Architekten, Handwerkern oder Städteplanern eng zusammen.
Art der Ausbildung:	Meistens Studium der Kunstgeschichte, der Architektur oder der Städteplanung
Dauer:	5-6 Jahre, Promotion 2-3 Jahre zusätzlich
Abschluß:	Diplom (Architektur, Städtebau) oder Magister Artium (Kunstgeschichte). Um die Akzeptanz

Formale Voraussetzungen:	gegenüber dem Kunden zu erhöhen, ist eine Promotion zu empfehlen. Abitur oder Fachhochschulreife (FH-Studium Architektur)
Fachliche Qualifikationen:	Historisches und kunsthistorisches Interesse, gute Allgemeinbildung, gründliches Arbeiten, Kommunikationsfähigkeit, ästhetisches Gefühl
Ausbildungsvergütung:	Keine, ggf. BAföG
Berufsperspektiven:	Angesichts der Lage im öffentlichen Dienst (Sparmaßnahmen in allen Bereichen) eher schlecht.
Verdienstmöglichkeiten:	Beamtenbesoldung. Einstieg mit A 12/A 13 oder BAT III/II. Je nach Alter und Familienstand sind dies 5.000-6.000 DM monatlich brutto.
Sitzende, stehende Tätigkeit:	Hauptsächlich Schreibtischtätigkeit (je nach Projekt auch Arbeit vor Ort)
Aufstiegsmöglichkeiten:	Eingeschränkte Möglichkeiten. Der erste Schritt ist die Leitung einer Abteilung innerhalb einer großen Denkmalpflegebehörde. Ein Endpunkt der Karriere kann die Leitung einer Behörde sein. Weitere Möglichkeiten sind Tätigkeiten in der Stadtverwaltung.
Selbständige Berufsmöglichkeiten:	Immobilien- oder Kunsthandel
Literatur oder Ansprechpartner:	Blätter zu Berufskunde : 3-XJ O 2 (Kunsthistoriker/in)

Beruf:	**Dolmetscher/in**
Tätigkeiten:	Dolmetscher/innen übersetzen das gesprochene Wort von einer Sprache in die andere. Sie werden überall dort gebraucht, wo Menschen nicht dieselbe Sprache sprechen und sich auch nicht über eine dritte (z. B. Englisch) verständigen können. Das kann sowohl bei wirtschaftlichen Verhandlungen, in der Politik (z. B. Gipfeltreffen), bei internationalen Veranstaltungen, bei Vernehmungen der Polizei von ausländischen Zeugen als auch bei Messen sein. Es gibt zwei Möglichkeiten zu dolmetschen: konsekutiv (jemand spricht ein paar Sätze, der Dolmetscher macht sich einige Notizen und übersetzt dann anschließend) und simultan (Dolmetscher sitzt in einer Kabine und übersetzt praktisch zeitgleich über Kopfhörer). Dolmetscher arbeiten entweder selbständig, für Dolmetscherbüros oder im Angestelltenverhältnis für Sprachendienste der Regierung oder der EU.
Art der Ausbildung:	Keine einheitliche Ausbildung: private Sprachschule, Studium von Dolmetscherstudiengängen an Universitäten und Fachhochschulen zusammen mit einem Sachfach (z. B. Wirtschaft, Politik, Kultur) oder Phi-

	lologiestudium, z. B. Anglistik, Romanistik, Japanologie
Dauer:	FH-Studium: 3-4 Jahre, Universitätsstudium 5-6 Jahre
Abschluß:	Spezielle Dolmetscherprüfung mit dem Schwerpunkt Wirtschaftssprache bei der Industrie- und Handelskammer; Diplom oder Magister bei Hochschulstudiengängen
Formale Voraussetzungen:	Hoch- oder Fachhochschulreife
Fachliche Qualifikationen:	Sprachbegabung, schnell denken und sprechen können, gute Allgemeinbildung, Sinn für gründliches Arbeiten, Interesse an dem Fachgebiet, in dem man später dolmetschen will
Ausbildungsvergütung:	Keine, ggf. BAföG
Berufsperspektiven:	Auch in Zukunft Bedarf an gutausgebildeten Fachdolmetschern, da die meisten Menschen eine Fremdsprache nur mit einem umgangssprachlichen Wortschatz sprechen.
Verdienstmöglichkeiten:	Sehr unterschiedlich und leistungsbedingt. In Dolmetscherbüros werden die Mitarbeiter meist auf Stunden- oder Tagesbasis (ca. 1.000-1.500 DM) bezahlt. Festangestellte Dolmetscher in den entsprechenden Büros verdienen ca. 6.000-8.000 DM im Monat (je nach Alter, Berufserfahrung und Fachwissen). Im europäischen Sprachendienst werden sehr hohe Gehälter gezahlt.
Sitzende, stehende Tätigkeit:	Sitzberuf
Aufstiegsmöglichkeiten:	Begrenzt, meist wird ein eigenes Büro oder eine feste Stelle bei einem Sprachendienst angestrebt.
Vor- und Nachteile:	Interessanter Beruf, in dem man viele Leute und Kulturen kennenlernt
Selbständige Berufsmöglichkeiten:	Eigenes Dolmetscherbüro oder eigene Sprachschule
Literatur oder Ansprechpartner:	Blätter zur Berufskunde: 3-X E 01
Beruf:	**Historiker/in**
Tätigkeiten:	Die Beschäftigung mit der Vergangenheit ist ihre Aufgabe, wobei das Fach Geschichte mit den verschiedensten Schwerpunkten, die chronologisch (etwa Zeitgeschichte), regional (etwa Osteuropäische Geschichte) oder systematisch (etwa Wirtschafts- und Sozialgeschichte) geordnet sind, studiert werden kann. Historiker sind in Archiven, Museen, Bibliotheken, Einrichtungen der politischen Bildung und der Erwachsenenbildung und im Schuldienst tätig.
Art der Ausbildung:	Studium an Universitäten
Dauer:	5-6 Jahre

Abschluß:	Magister Artium oder Staatsexamen. Für eine Tätigkeit im Museums-, Archiv- oder Bibliotheksdienst wird in der Regel eine Promotion vorausgesetzt.
Formale Voraussetzungen:	Abitur
Fachliche Qualifikationen:	Ausgeprägtes historisches Interesse, analytisches Denkvermögen, sprachliche Ausdrucksfähigkeit, interdisziplinäres Arbeiten, gute Fremdsprachenkenntnisse, je nach angestrebtem Tätigkeitsbereich auch pädagogisches Interesse
Ausbildungsvergütung:	Keine, ggf. BAföG
Berufsperspektiven:	Da es sich in erster Linie um Tätigkeiten im öffentlichen Dienst handelt, sind aufgrund der leeren Kassen die Berufsaussichten wenig günstig.
Verdienstmöglichkeiten:	Einstiegsgehalt im öffentlichen Dienst BAT II oder III
Sitzende, stehende Tätigkeit:	Überwiegend sitzende Tätigkeit
Aufstiegsmöglichkeiten:	In Museum, Archiv und Bibliothek: Leitung der Abteilung oder der Einrichtung, im Schuldienst Beförderung entsprechend der der anderen Lehrer in der gewählten Schulform.
Selbständige Berufsmöglichkeiten:	Kaum gegeben, etwa als Inhaber/in eines Antiquariats.
Literatur oder Ansprechpartner:	Blätter zur Berufskunde: Historiker/in 3-X J 01

Beruf:	**Journalist/in**
Tätigkeiten:	Sammlung, Auswertung und Prüfung von Informationen, Aufbereitung von Nachrichten, Übermittlung durch Wort, Bild und/oder Ton an die Öffentlichkeit; Tätigkeiten bei Zeitungen, Zeitschriften, bei Rundfunk und Fernsehen, in der Öffentlichkeitsarbeit, als freie Journalisten, in Agenturen oder bei Anzeigenblättern
Art der Ausbildung:	Keine geregelte Ausbildung, möglich ist ein Volontariat, die Ausbildung an einer Journalistenschule, das Studium Journalistik an einer Hochschule (auch als Nebenfach oder Schwerpunkt im Rahmen eines anderen Studiums), das Studium eines Sachfaches, etwa BWL oder Politikwissenschaft, und Sammeln von Berufserfahrungen neben dem Studium, ein Aufbaustudium oder eine Weiterbildung.
Dauer:	Unterschiedlich; Volontariat zwei Jahre, Ausbildung an einer Journalistenschule zwischen 18 und 24 Monaten, Studium 9-10 Semester, Aufbaustudium 4 Semester
Abschluß:	Beim Studium der Journalistik Diplom-Journalist/in, ansonsten bei Wahl eines Sachfaches je nach Studiengang Magister oder Diplom

Formale Voraussetzungen:	Allgemeine Hochschulreife
Fachliche Qualifikationen:	Fähigkeit, allgemeinverständlich schreiben zu können, gründliche Arbeitsweise (Recherche), eine gewisse Durchsetzungsfähigkeit
Ausbildungsvergütung:	Nein, evtl. BAföG
Berufsperspektiven:	Weiterhin günstig
Verdienstmöglichkeiten:	Zeitungs- und Zeitschriftenredakteure erhalten tariflichen Lohn (zwischen 4.600 und 8.700 DM).
Sitzende, stehende Tätigkeit:	Sitzende Tätigkeit
Aufstiegsmöglichkeiten:	Ressortleiter, Chefredakteur
Vor- und Nachteile:	Die relativ niedrige Arbeitslosenquote erklärt sich aus der Möglichkeit, als freier Journalist zu arbeiten. Freie Journalisten müssen sich darüber im klaren sein, daß die Honorarsätze bei Tageszeitungen meist ausgesprochen niedrig sind.
Selbständige Berufsmöglichkeiten:	Als freier Journalist
Zusätzliche wichtige Informationen:	Der Journalist muß eine hohe gesellschaftliche Verantwortlichkeit übernehmen können.
Literatur oder Ansprechpartner:	Eine Broschüre »Journalist/in werden?« kann angefordert werden beim Deutschen Journalisten-Verband e.V., Bennauerstr. 60, 53115 Bonn, Tel.: 02 28 / 22 29 71 80, Fax.: 02 28 / 21 49 17

Beruf:	**Lektor/in im Verlagswesen**
Tätigkeiten:	Lektoren arbeiten in unterschiedlichen Verlagen, z. B. literarische Verlage, Sachbuchverlage, wissenschaftliche Verlage, Fachverlage, Taschenbuchverlage. Sie haben die Aufgabe Manuskripte auf ihre Eignung für das Verlagsprogramm zu prüfen, die ausgewählten Manuskripte inhaltlich und sprachlich kritisch zu bearbeiten, den Kontakt zu den Autoren zu pflegen und neue Autoren zu gewinnen. Sie suchen nach für ihren Verlag interessanten Themen, stellen Bücher bei Messen vor, kümmern sich um die Werbung und übernehmen auch Verwaltungsaufgaben.
Art der Ausbildung:	Verschieden. Häufig Studium der Germanistik, Literaturwissenschaft oder verwandter Fächer. Für Abiturienten gibt es eine interessante zweijährige Ausbildung zum Verlagsbuchhändler.
Dauer:	Universitätsstudium 4-6 Jahre
Abschluß:	Magister oder Diplom
Formale Voraussetzungen:	Hochschulreife, meist ein abgeschlossenes Studium, bei wissenschaftlichen Fachverlagen oft Promotion, Praktika während des Studiums oder Volontariat in einem Verlag

Fachliche Qualifikationen:	Interesse am Lesen und an Büchern, gute Ideen, Kontaktfreudigkeit, teamorientiertes Arbeiten, Sprachgefühl, Verhandlungsgeschick, Fingerspitzengefühl, Ausdauer und großes Engagement
Ausbildungsvergütung:	Keine, ggf. BAföG
Berufsperspektiven:	Viele kleinere Verlage werden derzeit von größeren aufgekauft oder kämpfen wirtschaftlich ums Überleben. Aus diesem Grund wird vielerorts am Personal gespart. Wer jedoch genügend Ausdauer und Stehvermögen mitbringt, hat auch in diesem Bereich Arbeitschancen.
Verdienstmöglichkeiten:	Sehr unterschiedlich. Eine Reihe von Verlagen bezahlen ihre Mitarbeiter leistungsabhängig. Für Berufsanfänger sind Gehälter zwischen 2.500-3.500 DM monatlich üblich.
Sitzende, stehende Tätigkeit:	Schreibtischtätigkeit
Aufstiegsmöglichkeiten:	Nur wenig Aufstiegsmöglichkeiten, in großen Verlagen vielleicht zum Cheflektor, Abteilungsleiter oder Geschäftsführer
Vor- und Nachteile:	Nicht immer geregelte Arbeitszeiten, z. B. auch am Abend oder am Wochenende, wenn ein Buch in Druck gehen soll.
Selbständige Berufsmöglichkeiten:	Theoretisch besteht die Möglichkeit, sich als Verleger selbständig zu machen, was angesichts der großen Konkurrenz zwischen den Verlagen nicht einfach ist.
Literatur oder Ansprechpartner:	H.-H. Röhring, Wie ein Buch entsteht. Einführung in den modernen Buchverlag, Darmstadt 1992; Giles Clark, Karrierechancen im Verlag. Einsteigen und Weiterkommen, Friedrichsdorf 1996

Medizinische/r Dokumentar/in s. S. 163

Beruf:	**Publizist/in**
Tätigkeiten:	Publizisten befassen sich im Gegensatz zu Journalisten mit Informationen und Nachrichten, die über das Tagesgeschehen hinausreichen und von längerem öffentlichen Interesse sind. Sie verfassen entweder einzelne Artikel oder Bücher zu aktuellen (meist politischen oder gesellschaftlichen) Themen. Ihre Arbeit besteht darin, zu recherchieren, was andere bereits zu diesem Thema geschrieben haben, Personen direkt zu befragen und sich anschließend eine eigene Meinung zu bilden. Im Gegensatz zu knappen Überblicken, die Aufgabe des Journalisten sind, zeichnet sich eine gute publizistische Arbeit dadurch aus, daß sie eine Fülle von Informationen

	sprachlich verdichtet, sie anschaulich und spannend schildert und auch komplexe Sachverhalte allgemeinverständlich darstellt.
Art der Ausbildung:	Keine einheitliche Berufsausbildung, z. B. Ausbildung an einer Journalistenschule, Studium von Fächern wie Journalistik, Publizistik, Kommunikationswissenschaften, Medienkunde. Die überwiegende Mehrheit der Publizisten hat ein Sachfach wie Politikwissenschaft, Geschichte oder Wirtschaftswissenschaften studiert und sich erst einmal über nebenberufliches Schreiben einen Namen gemacht.
Dauer:	3-6 Jahre (je nach Ausbildung)
Formale Voraussetzungen:	Hoch- oder Fachhochschulreife
Fachliche Qualifikationen:	Sehr hohe sprachliche Begabung, gutes Allgemeinwissen, sehr viel Übung im Schreiben, Kontaktfreudigkeit, Sicherheit im Umgang mit anderen Menschen, Hang zur Präzisionsarbeit
Ausbildungsvergütung:	Beim Hochschulstudium ggf. BAföG
Berufsperspektiven:	Wer schreiben kann und über die entsprechende Persönlichkeit verfügt, wird auch in Zukunft gute Berufsaussichten haben.
Verdienstmöglichkeiten:	Das Einkommen hängt von verschiedenen Faktoren ab, etwa dem Bekanntheitsgrad und der Art des Mediums. Als Freiberufler erzielen Publizisten meist nicht die Einkünfte wie festangestellte Journalisten.
Sitzende, stehende Tätigkeit:	Schreibtischtätigkeit
Aufstiegsmöglichkeiten:	Erfolgreich ist, wessen Arbeiten viel gelesen und beachtet werden und sich außerdem noch gut verkaufen.
Vor- und Nachteile:	Freie Zeiteinteilung, da keine geregelten Arbeitszeiten. Dafür unsicheres Einkommen.
Selbständige Berufsmöglichkeiten:	Die meisten Publizisten sind Freiberufler.
Literatur oder Ansprechpartner:	Regina Müller, Journalismus. Einstieg, Praxis, Chancen. Frankfurt 1996
Beruf:	**Übersetzer/in**
Tätigkeiten:	Übersetzer/innen übersetzen geschriebene Texte von einer Sprache in die andere. Sie sind meist als Fachübersetzer tätig, da eine Sprache aus vielen einzelnen Fachsprachen besteht, z. B. Wirtschaft, Technik, Literatur. Je nach Fachgebiet arbeiten Übersetzer entweder freiberuflich oder für Übersetzungsbüros/Verlage gegen Zeilen- oder Seitenhonorar. Manche sind auch im Angestelltenverhältnis in großen internationalen Unternehmen beschäftigt. Da über 80% der Welthandelskorrespondenz in

	Englisch abgewickelt wird, rangiert diese Sprache an Platz 1 unter den Fremdsprachen. Mit weitem Abstand folgen dann Französisch und anschließend Spanisch. Exotische Sprachen wie Japanisch oder Chinesisch sind nur dann ein Geheimtip, wenn sie mit entsprechenden Nebenfächern kombiniert werden (z. B. Wirtschaft oder Technik).
Art der Ausbildung:	Keine einheitliche Ausbildung. Eine Möglichkeit ist, bei der Industrie- und Handelskammer eine Übersetzerprüfung in einer Wirtschaftssprache abzulegen. Auf Hochschulebene werden Übersetzerstudiengänge in Verbindung mit anderen Sachfächern (Wirtschaft, Politik, Kultur) angeboten. Wieder andere Hochschulen bieten Studiengänge in den Bereichen Technisches Fachübersetzen und Literaturübersetzen an.
Dauer:	Studium: 5-6 Jahre
Abschluß:	Übersetzer, Dipl.-Übersetzer/in
Formale Voraussetzungen:	Hoch- oder Fachhochschulreife
Fachliche Qualifikationen:	Sehr große Sprachbegabung, gute Allgemeinbildung, Sinn für gründliches Arbeiten, Interesse an dem Fachgebiet, in dem man übersetzen will
Ausbildungsvergütung:	Keine, ggf. BAföG
Berufsperspektiven:	Wirtschaftsunternehmen werden in Zukunft noch internationaler ausgerichtet sein als bisher. Da die meisten Menschen, z. B. in Englisch, nur über einen umgangssprachlichen Wortschatz verfügen, wird der Bedarf an gutausgebildetem Fachübersetzernachwuchs ebenfalls ansteigen.
Verdienstmöglichkeiten:	Hängt von der Fremdsprache ab. Übersetzungsbüros bezahlen ihre Mitarbeiter entweder auf Honorarbasis (nach Zeilen oder Seiten) oder mit Festgehalt (4.000-8.000 DM monatlich). Als Freiberufler mit einigen Jahren Berufserfahrung verdient man etwa 5.000-9.000 DM monatlich. Übersetzer/innen von Fachtexten verdienen derzeit etwas mehr als Literaturübersetzer/innen.
Sitzende, stehende Tätigkeit:	Schreibtischtätigkeit
Aufstiegsmöglichkeiten:	Kein typischer Karriereberuf. Eine feste Stelle in einem Unternehmen oder bei einem Sprachendienst oder ein eigenes Übersetzungsbüro sind eher Ziele.
Selbständige Berufsmöglichkeiten:	Eigenes Übersetzungsbüro
Literatur oder Ansprechpartner:	Blätter zur Berufskunde: 3-X E 01

[13] Rechtsberufe

Beruf:	**Amtsanwalt/-anwältin**
Tätigkeiten:	Amtsanwälte und Oberamtsanwälte bearbeiten bei den Staatsanwaltschaften Ermittlungs- und Strafverfahren im amtsgerichtlichen Zuständigkeitsbereich. Sie nehmen dabei, wie Staatsanwälte, auch den Sitzungsdienst der Staatsanwaltschaft beim Amtsgericht wahr. In den meisten Bundesländern bearbeiten Amtsanwälte mehr als die Hälfte aller bei den Staatsanwaltschaften anhängigen Verfahren. Zur Zeit gibt es in der Bundesrepublik ca. 1.000 aktive Amtsanwälte.
Art der Ausbildung:	Ausbildung zum Rechtspfleger: Studium der Rechtspflege an einer Fachhochschule für öffentliche Verwaltung und berufspraktische Studienzeiten, anschließend – nach mehrjähriger erfolgreicher Rechtspflegertätigkeit – Zulassung zur Amtsanwaltslaufbahn. Nach einer fachwissenschaftlichen und praktischen Ausbildung von 15 Monaten Ablegung eines Examens.
Dauer:	Dauer der Ausbildung zum Rechtspfleger: 3 Jahre, Ausbildung zum Amtsanwalt: 15 Monate, dazwischen mehrjährige erfolgreiche berufliche Tätigkeit als Rechtspfleger
Abschluß:	Diplom-Rechtspfleger/in, Ablegung eines weiteren Examens nach 15 monatiger Ausbildung zum/zur Amtsanwalt/-anwältin
Formale Voraussetzungen:	Abitur, Fachhochschulreife
Ausbildungsvergütung:	Ja
Verdienstmöglichkeiten	Nach Besoldungsgruppe A 12 oder 13
Berufsperspektiven:	Eher angespannt wegen der Haushaltslage im öffentlichen Dienst
Sitzende, stehende Tätigkeit:	Überwiegend sitzende Tätigkeit
Aufstiegsmöglichkeiten:	Vom Amtsanwalt zum Oberamtsanwalt
Selbständige Berufsmöglichkeiten:	Ist eine Tätigkeit im Staatsdienst, deshalb nein.
Literatur oder Ansprechpartner:	Blätter zur Berufskunde Rechtspfleger/Rechtspflegerin 2-VII C 30

Beruf:	**Notar/in**
Tätigkeiten:	Beurkundungen, vor allem im Bereich des Immobilienrechts, Erbrechts, Familienrechts, jeweils in Verbindung mit rechtlicher Beratung und Betreuung der Beteiligten.
Art der Ausbildung:	1. Studium der Rechtswissenschaft 2. juristische Referendarausbildung 3 a) Notarassessoriat (in den Gebieten des haupt-

	beruflichen Notariats, verbreitet in ca. 2/3 des Gebiets der Bundesrepublik) oder
	3 b) Tätigkeit als Rechtsanwalt mit Fortbildung zum Notar (in den Gebieten des Anwaltnotariats, verbreitet in ca. 1/3 des Gebietes der Bundesrepublik)
Dauer:	1. Studium der Rechtswissenschaft: ca. 5 Jahre
	2. juristische Referendarausbildung: ca. 2 Jahre
	3 a) Notarassessoriat: mindestens 3 Jahre, in der Regel ca. 5 Jahre
	3 b) Tätigkeit als Rechtsanwalt: mindestens 5 Jahre
Abschluß:	Bestellung zum Notar durch den Justizminister des Landes
Formale Voraussetzungen:	Allgemeine Hochschulreife
Ausbildungsvergütung:	1. Studium der Rechtswissenschaft: keine, ggf. BAföG
	2. juristische Referendarsausbildung: ca. 2.000 DM brutto
	3 a) Assessoriat: ca. 6.000 DM brutto
	3 b) Rechtsanwaltstätigkeit: abhängig von Art und Umfang der Tätigkeit
Verdienstmöglichkeiten:	Abhängig von Art und Umfang der Tätigkeit
Sitzende, stehende Tätigkeit:	Überwiegend sitzende Tätigkeit
Vor- und Nachteile:	Möglichkeit, juristisch gestaltend tätig zu werden; angesehener Beruf; selbständige Tätigkeit; häufig sehr hohe Arbeitsbelastung; unbeschränkbare, persönliche Haftung für etwaige Fehler bei der Berufsausübung
Selbständige Berufsmöglichkeiten:	Der Beruf des Notars wird selbständig ausgeübt.
Zusätzliche wichtige Informationen:	Der Notar übt ein öffentliches Amt aus. Der Zugang zu diesem öffentlichen Amt ist staatlich reglementiert: Es findet eine Bedürfnisprüfung mit Bestenauslese statt. Im Hinblick auf die hohe persönliche und wirtschaftliche Verantwortung, die der Notar bei seiner Amtsausübung zu tragen hat, unterliegt er einem strengen Berufsrecht, dessen Einhaltung von Aufsichtsbehörden überwacht wird.
Literatur oder Ansprechpartner:	Blätter zur Berufskunde 3-VII A 05 Notar/in, Beck'sches Notar-Handbuch (detaillierter juristischer Überblick über Tätigkeitsgebiete des Notars); Ansprechpartner: Notarkammern (Adressen über Bundesnotarkammer, Burgmauer 53, 50667 Köln).
Beruf:	**Patentanwalt/-anwältin**
Tätigkeiten:	Patentanwälte sind in der Unternehmensberatung tätig und arbeiten freiberuflich auf dem Gebiet des gewerblichen Rechtsschutzes. Unternehmen leben

davon, neue Produkte zu erfinden. Die Aufgabe des Patentanwaltes ist es dann, zuerst zu recherchieren, ob es sich um eine Neuerung handelt, die als Patent angemeldet werden kann und ob es bereits ein solches Patent gibt. Falls nein, fertigt er eine Patentschrift an, die gedanklich und sprachlich überzeugend die Neuerungen des einzelnen Produktes herausstellt. Anschließend wird diese Patentschrift dem zuständigen Patentamt zur Prüfung und Genehmigung vorgelegt.

Art der Ausbildung:	Studium, Zusatzausbildung
Dauer:	Abgeschlossenes natur- oder ingenieurwissenschaftliches Studium (z. B. Maschinenbau, Informatik, Chemie, Verfahrenstechnik, Wirtschaftsingenieurwesen, Elektrotechnik), dreijährige juristische Zusatzausbildung (vor allem im Bereich gewerblicher Rechtsschutz)
Abschluß:	Diplom
Formale Voraussetzungen:	Abitur oder Fachhochschulreife
Fachliche Qualifikationen:	Breites Wissen in den verschiedenen naturwissenschaftlichen oder technischen Fachgebieten, Beherrschung der deutschen Sprache, Formulierungsgabe, gute Englisch- und Französischkenntnisse
Ausbildungsvergütung:	Nein, ggf. BAföG
Berufsperspektiven:	Gute Zukunftsaussichten für hochqualifizierte Fachleute
Verdienstmöglichkeiten:	Nach jahrelanger Erfahrung und Aufbau eines festen Kundenstamms gehören die Patentanwälte innerhalb der freien Berufe zu den bestverdienenden. Die Gehälter liegen dann bei ca. 160.000 bis 250.000 DM im Jahr.
Sitzende, stehende Tätigkeit:	Sitzberuf im Büro
Selbständige Berufsmöglichkeiten:	Patentanwälte sind überwiegend freiberuflich tätig.
Literatur oder Ansprechpartner:	Blätter zur Berufskunde: 3-III D 02

Beruf:	**Rechtsanwalt/-anwältin**
Tätigkeiten:	Rechtsanwälte beraten Klienten in Rechtsfragen und vertreten Kläger oder Beklagte vor Gericht. Die Spannbreite ihrer Tätigkeiten ist breit gefächert (Zivilprozeßrecht, Strafrecht, Verwaltungsrecht, Familienrecht usw.). Deshalb spezialisieren sich die meisten Anwälte früher oder später auf ein bestimmtes Fachgebiet. Die Mehrheit der Fälle ist eher banaler Natur, z. B. Unterhaltsklagen, Nachbarschaftsstreit, Verkehrsdelikte.
Art der Ausbildung:	Jurastudium
Dauer:	4-6 Jahre (einschließlich der 1. Juristischen Staats-

	prüfung), 2 Jahre Referendariat in einer Einrichtung des Rechts (Amtsgericht, Landesgericht, Anwaltskanzlei), das mit der 2. Juristischen Staatsprüfung abschließt.
Abschluß:	Staatsexamen
Formale Voraussetzungen:	Hochschulreife
Fachliche Qualifikationen:	Ausgeprägtes Rechtsempfinden, gedankliche und sprachliche Sicherheit in Wort und Schrift, Verständnis für die Probleme anderer Menschen, Überzeugungskraft, Durchsetzungsvermögen
Ausbildungsvergütung:	Keine, ggf. BAföG. Im Referendariat ca. 1.600 DM
Berufsperspektiven::	Verschlechtern sich, da seit den 70er Jahre immer mehr Leute ein Jurastudium aufgenommen haben. Auch der Bedarf in den neuen Bundesländern ist inzwischen weitestgehend gedeckt. Für die nächsten Jahre ist weiterhin mit einer angespannten Lage auf dem Arbeitsmarkt für Juristen zu rechnen.
Verdienstmöglichkeiten:	Sehr unterschiedlich. Etablierte Anwälte verfügen über ein Einkommen von ca. 120.000 DM im Jahr. Berufsanfänger haben es schon schwerer, wenn sie nicht in eine gutgehende Anwaltskanzlei einsteigen können. Der Weg in die Selbständigkeit ist teuer (Miet- und Einrichtungskosten, Mitarbeitergehälter etc.). Meist dauert es Jahre, bis ein fester Klientenkreis aufgebaut ist.
Sitzende, stehende Tätigkeit:	Schreibtischtätigkeit
Aufstiegsmöglichkeiten:	Als Freiberufler hat der Anwalt das Ziel, eine gutgehende eigene Kanzlei zu etablieren.
Vor- und Nachteile:	Angespannte Situation auf dem Arbeitsmarkt
Selbständige Berufsmöglichkeiten:	Eigene Anwaltskanzlei
Literatur oder Ansprechpartner:	Blätter zur Berufskunde: 3-VII A 04; Bertram Zwanziger, Erfolgreich als Anwalt praktizieren. Mandatsführung, Prozeßführung, Zwangsvollstreckung, Kanzleigründung und -organisation. Ein Leitfaden für Berufseinsteiger, Stuttgart u.a. 1995.
Beruf:	**Rechtsanwalts- und Notarfachangestellte/r**
Tätigkeiten:	Rechtsanwalts- und Notarfachangestellte sind in Kanzleien von Anwälten, Notaren, Patentanwälten und anderen Rechtsbeiständen beschäftigt. Sie erledigen vor allem allgemeine Büro- und Verwaltungsarbeiten, indem sie z. B. den anfallenden Schriftverkehr erledigen, Schriftstücke nach stichwortartigen Angaben aufsetzen, nach Diktat schreiben, Terminübersichten erstellen und Akten und Register

führen. Sie sprechen mit den Mandanten Termine ab und berechnen Gebühren. Das Erstellen von Rechnungen gehört zu den weiteren Aufgaben dieser Fachangestellten. Notarfachangestellte bereiten zusätzlich Verträge und Urkunden vor, führen Urkundenrollen und erstellen Verzeichnisse über hinterlegte Gelder.

Art der Ausbildung:	Lehre
Dauer:	3 Jahre
Abschluß:	Gehilfenprüfung
Formale Voraussetzungen:	Realschulabschluß
Fachliche Qualifikationen:	Organisationstalent, gute Beherrschung der deutschen Sprache, Interesse an rechtlichen Zusammenhängen, gründliches Arbeiten, freundliches Auftreten
Ausbildungsvergütung:	Im 1. Lehrjahr: 925-1.060 DM, im 2. Jahr: 1.030-1.165 DM, im 3. Jahr: 1.100-1.270 DM
Berufsperspektiven:	Trendberuf bei Schülerinnen mit weitergehendem Schulabschluß. Konstante Beschäftigungszahlen sind zu erwarten.
Verdienstmöglichkeiten:	Starteinkommen ca. 2.300-2.600 DM, Berufserfahrene 3.000-4.000 DM
Sitzende, stehende Tätigkeit:	Schreibtischtätigkeit
Aufstiegsmöglichkeiten:	Staatl. gepr. Betriebswirt/in
Selbständige Berufsmöglichkeiten:	Nein
Literatur oder Ansprechpartner:	Blätter zu Berufskunde: 1-X A 202

Beruf:	**Diplom-Rechtspfleger/in**
Tätigkeiten:	Rechtsprechungsaufgaben im Bereich der freiwilligen Gerichtsbarkeit und Zwangsvollstreckung sowie Aufgaben im Gerichtsmanagement
Art der Ausbildung:	Fachhochschulstudium
Dauer:	3 Jahre
Abschluß:	Staatsexamen mit Verleihung des akademischen Grades »Diplom-Rechtspfleger/in«
Formale Voraussetzungen:	Allgemeine Hochschulreife, Fachhochschulreife
Fachliche Qualifikationen:	Juristisches und abstraktes Denken
Ausbildungsvergütung:	1.600 bis 2.200 DM brutto
Berufsperspektiven:	Die Übernahme in den Staatsdienst ist größtenteils garantiert.
Verdienstmöglichkeiten:	3.300 bis 7.000 DM brutto
Sitzende, stehende Tätigkeit:	Überwiegend sitzende Tätigkeit (Schreibtischtätigkeit)
Aufstiegsmöglichkeiten:	Aufstieg in den höheren Verwaltungsdienst
Vor- und Nachteile:	Abwechslungsreicher juristischer Beruf, geringer Bekanntheitsgrad
Selbständige Berufsmöglichkeiten:	Keine

Zusätzliche wichtige Informationen:	Die Bewerbung ist an die Landesjustizministerien zu richten.
Literatur oder Ansprechpartner:	Blätter zur Berufskunde: 2-VII C 30, Bund Deutscher Rechtspfleger e.V., Balanstraße 59, 81541 München

Beruf:	**Richter/in**
Tätigkeiten:	Richter sind im Staatsdienst an Amtsgerichten, Landesgerichten, Verwaltungsgerichten oder Sozialgerichten einschließlich der jeweiligen Obergerichte tätig. Im Zusammenwirken mit den Staatsanwälten (als Vertretern der Anklage), den Rechtsanwälten (als Vertretern der Beklagten), den Zeugen, Gutachtern und ggf. Schöffen sollen Richter möglichst objektiv die Wahrheit in einem Fall herausfinden und das Urteil sprechen. Richter zu sein, bedeutet viel Verantwortung zu übernehmen, da seine Einschätzung von Schuld und Unschuld (und die damit verbundenen Konsequenzen) wesentlich entscheidet.
Art der Ausbildung:	Jurastudium, Referendariat, evtl. Promotion
Dauer:	4-6 Jahre Studium einschließlich der 1. Juristischen Staatsprüfung, anschließend 2 Jahre Referendariat an einer Einrichtung des Rechts (Amtsgericht, Landesgericht, Anwaltskanzlei) mit abschließender 2. Juristischer Staatsprüfung
Abschluß:	Staatsexamen
Formale Voraussetzungen:	Hochschulreife
Fachliche Qualifikationen:	Gerechtigkeitsinn, Einfühlungsvermögen, Verantwortungsbewußtsein, Menschenkenntnis, gründliches und objektives Arbeiten, sprachliche Gewandtheit, Überzeugungskraft, sicheres Auftreten
Ausbildungsvergütung:	Keine, ggf. BAföG. Im Referendariat ca. 1.600 DM
Berufsperspektiven:	Angespannte Lage auf dem Arbeitsmarkt. Zu viele Absolventen, Sparmaßnahmen im öffentlichen Dienst. 1996 wurden nur 4 % der Volljuristen mit 2. Staatsexamen in den Staatsdienst als Richterinnen und Richter übernommen. Um eine Richterstelle zu bekommen, ist die Examensnote von entscheidender Bedeutung.
Verdienstmöglichkeiten:	Richter sind Beamte auf Lebenszeit. Berufseinsteiger Anfang 30 können mit einem Starteinkommen von 6.000 DM brutto rechnen. Hinzu kommen die Sozialleistungen des öffentlichen Dienstes und ggf. Sonderzuschläge.
Sitzende, stehende Tätigkeit:	Schreibtischtätigkeit
Aufstiegsmöglichkeiten:	Möglicher Aufstieg zum Vorsitzenden Richter einer Kammer, zum Gerichtspräsidenten oder einem ähn-

Literatur oder Ansprechpartner:	lich hohen Posten an einem Landes- oder Bundesgericht Blätter zur Berufskunde: 3-VII A 02
Beruf:	**Staatsanwalt/-anwältin**
Tätigkeiten:	Der Staatsanwalt vertritt innerhalb unseres Rechtssystems die Interessen des Staates. Nachdem ein Fall bei der Polizei aktenkundig geworden ist und sie den Fall bearbeitet hat, wird er dem Staatsanwalt zur weiteren Prüfung vorgelegt. Dieser spricht im Vorfeld mit den Zeugen, ggf. auch mit dem Beschuldigten oder seinem Anwalt, und entscheidet dann, ob es zur Anklage kommt oder ob die Angelegenheit durch einen Rechtspfleger gütlich beigelegt werden kann. Wenn es zur Anklage kommt, tritt der Staatsanwalt als Vertreter der Anklage auf. Während ein Rechtsanwalt die Interessen seines Mandanten vertritt und so seine Unschuld oder mildernde Umstände betonen muß, ist es Aufgabe des Staatsanwaltes, objektiv Argumente für die mögliche Schuld des Angeklagten vorzubringen und ein angemessenes Strafmaß zu fordern. Das letzte Wort hat schließlich der Richter.
Art der Ausbildung:	Jurastudium
Dauer:	5-6 Jahre (einschließlich des 1. Juristischen Staatsexamens), danach 2 Jahre Referendariat in einer Einrichtung des Rechts (Amtsgerichte, Landesgerichte, Anwaltspraxen), das mit dem 2. Staatsexamen abschließt
Abschluß:	1. und 2. Staatsexamen und anschließende Richterbefähigung
Formale Voraussetzungen:	Hochschulreife
Fachliche Qualifikationen:	Objektivität, Sinn für Gerechtigkeit, gedankliche und sprachliche Sicherheit, Überzeugungskraft, hohe psychische Belastbarkeit
Ausbildungsvergütung:	Keine, ggf. BAföG. Im Referendariat ca. 1.600 DM
Berufsperspektiven:	Die jährlich ansteigende Rate der Straftaten sichert auch künftigen Staatsanwälten eine gute Existenz. Dem entgegen steht allerdings die bekannte Geldknappheit in allen öffentlichen Bereichen, die auch hier zur Einsparung von Arbeitsplätzen führt.
Verdienstmöglichkeiten:	Die Bezahlung erfolgt nach einem speziellen Tarif des öffentlichen Dienstes, da Staatsanwälte Beamte auf Lebenszeit sind. Starteinkommen für Berufseinsteiger, Anfang 30, ca. 6.000 DM brutto.
Sitzende, stehende Tätigkeit:	Überwiegend Schreibtischtätigkeit

Aufstiegsmöglichkeiten:	Vom Staatsanwalt zum Leitenden Staatsanwalt oder (seltener) zum Leitenden Oberstaatsanwalt
Vor- und Nachteile:	Sozialleistungen des öffentlichen Dienstes, ggf. Sonderzuschläge
Zusätzliche wichtige Informationen:	Im Justizdienst spielt die Examensnote eine wichtige Rolle, nur wer mit »sehr gut«, »gut« oder »vollbefriedigend« abschließt, hat die Möglichkeit, sich auf eine freie Staatsanwaltsstelle zu bewerben.
Literatur oder Ansprechpartner:	Blätter zur Berufskunde: 3-VII A 03

Steuerberater/in s. S.

Steuerberater/in s. S. 144

Steuerfachangestellte/r s. S. 141

[14] Sicherheitsberufe

Beruf:	**Berufskraftfahrer**
Tätigkeiten:	Lenken von LKW im In- und Ausland (evtl. Laden, Abladen, Kabotage)
Art der Ausbildung:	Lehre, Führerschein Kl. 2
Dauer:	Z. Zt. noch 2 Jahre, voraussichtlich 3 Jahre ab 1.1.98
Abschluß:	Facharbeiterbrief
Formale Voraussetzungen:	Mindestens Hauptschulabschluß
Fachliche Qualifikationen:	Interesse am LKW-Fahren und an der im Führerhaus evtl. vorhandenen EDV, körperliche Belastbarkeit
Ausbildungsvergütung:	Verschieden je nach Bundesland und Lehrjahr, beginnend ab 700 DM im 1. Lehrjahr
Berufsperspektiven:	Auf lange Sicht Verringerung der Straßentransporte durch Verlagerung auf Bahn
Verdienstmöglichkeiten:	Verschieden je nach Bundesland 3.500 bis 4.500 DM
Sitzende, stehende Tätigkeit:	Sitzend im Führerhaus, sonst mobil
Aufstiegsmöglichkeiten:	Kraftverkehrsmittel, Expedient
Vor- und Nachteile:	Mehr oder weniger freie Gestaltung der Arbeitszeit; häufige Abwesenheit von der Wohnung (evtl. für Tage)
Selbständige Berufsmöglichkeiten:	Selbständige Tätigkeit als Unternehmer möglich
Literatur oder Ansprechpartner:	Bundesvereinigung der Berufskraftfahrer-Verbände, Oerschbachstr. 150, 40591 Düsseldorf, Tel.: 02 11 / 79 01 00, Fax.: 02 11 / 79 01 02

Beruf:	**Bundesgrenzschutzbeamter/-beamtin**
Tätigkeiten:	Polizeivollzugsbeamte im Bereich Bundesgrenzschutz werden zur Überwachung der Landesgrenzen, zur Kontrolle des grenzüberschreitenden Personen- und Güterverkehrs und zum Schutze von Personen bzw. Gütern eingesetzt. Im Marinebereich übernehmen sie solche Aufgaben auch auf hoher See. Da sie die Polizei der einzelnen Länder unterstützten, werden Bundesgrenzschutzbeamte ebenfalls in Krisensituationen (etwa bei Naturkatastrophen, Zugunglücken, beim Hubschrauberrettungsdienst) hinzugezogen. Der Einsatz von Polizeivollzugsbeamten im Bereich Bundesgrenzschutz erfolgt hauptsächlich bei der Grenzpolizei, der Bahnpolizei, der Luftsicherheit und dem Objektschutz.
Art der Ausbildung:	Nichttechnische Ausbildung im öffentlichen Dienst
Dauer:	Vorbereitungsdienst für Bewerber/innen mit Realschulabschluß: 2,5 Jahre, für Bewerber/innen mit Hauptschulabschluß: 3,5 Jahre
Abschluß:	Verwaltungsprüfung
Formale Voraussetzungen:	Realschulabschluß (oder vergleichbarer Abschluß) oder Hauptschulabschluß *und* vorherige handwerklich-technische Berufsausbildung
Fachliche Qualifikationen:	Interesse an polizeilicher Untersuchungs- und Überwachungsarbeit, gute körperliche Konstitution, Rechtsbewußtsein, Korrektheit, sicheres Auftreten
Ausbildungsvergütung:	1. Jahr ca. 950 DM, 3. Jahr ca. 1.700 DM
Verdienstmöglichkeiten:	Ab 3.400 DM für Berufsanfänger
Sitzende, stehende Tätigkeit:	Je nach Einsatzgebiet verschieden. Im Grenz- und Personenschutz ist große Mobilität möglich. Der Rettungsdienst verlangt noch größeren körperlichen Einsatz. Ansonsten aber eher Schreibtischtätigkeit wie auch im normalen Polizeidienst.
Aufstiegsmöglichkeiten:	Übliche Möglichkeiten in der Inspektorenlaufbahn. Wegen der angespannten Haushaltslage lange Wartezeiten bei der Beförderung zum nächsthöheren Dienstgrad
Selbständige Berufsmöglichkeiten:	Keine, allenfalls Gründung eines privaten Überwachungsunternehmens möglich
Literatur oder Ansprechpartner:	Blätter zur Berufskunde: 2-VI D 20
Beruf:	**Detektiv/in**
Tätigkeiten:	Um Detektive ranken sich manche falschen Vorstellungen, die vor allem durch spannende Fernsehsendungen bedingt sind. Es gibt keine geregelte Ausbildung zum Detektiv. Die Berufsbezeichnung ist

gesetzlich nicht geschützt. Jede/r, der oder die bestimmte Standards erfüllt, kann diesen Beruf ausüben. Detektive sind überwiegend im Objektschutz tätig, sie sichern private Unternehmen und öffentliche Einrichtungen gegen Einbruch, bewachen Kaufhäuser oder Museen gegen Diebstahl oder ermitteln bei zivilrechtlichen Angelegenheiten im Auftrag von privaten Kunden. Bei Straftaten dürfen sie zwar im Auftrag von Dritten ermitteln, sie dürfen aber nicht die Arbeit der Polizeibeamten behindern. Es ist ihnen auch nicht erlaubt, Personen zu verhören oder festzunehmen. Dies ist hoheitsrechtliche Aufgabe von Polizei und Justiz. Sie dürfen eine Waffe nur dann mit sich führen, wenn sie durch ihre Tätigkeit selbst in Gefahr sind und über einen Waffenschein verfügen.

Art der Ausbildung:	Es wird keine bestimmte Ausbildung vorgeschrieben. Sinnvoll ist entweder eine kaufmännische oder eine handwerkliche Berufsausbildung und auf alle Fälle vorherige Berufserfahrung.
Dauer:	Vgl. zu den jeweiligen Ausbildungen
Abschluß:	Vgl. zu den jeweiligen Ausbildungen
Formale Voraussetzungen:	Mindestens Hauptschulabschluß, Mittlere Reife
Fachliche Qualifikationen:	Seriosität (ist in diesem Geschäft besonders wichtig), Vertraulichkeit, Rechtsbewußtsein, keine Vorstrafen
Ausbildungsvergütung:	Vgl. zu den jeweiligen Ausbildungen
Berufsperspektiven::	Private Detektivbüros sind derzeit recht gefragt. Der Wunsch nach Schutz des Eigentums dürfte auch künftig gute berufliche Perspektiven eröffnen, sofern man mit Realitätssinn herangeht.
Verdienstmöglichkeiten:	Sehr unterschiedlich. Im Objektschutz werden häufig Rentner eingesetzt, die auf Stundenbasis bezahlt werden. Detektiv ist für die meisten keine Dauerbeschäftigung. Auch hier gibt es zum Teil falsche Vorstellungen.
Sitzende, stehende Tätigkeit:	Überwiegend stehend
Aufstiegsmöglichkeiten:	Eigenes Büro
Selbständige Berufsmöglichkeiten:	Als Inhaber einer Detektei oder einer Überwachungsfirma
Zusätzliche wichtige Informationen:	Interessenten sollten sich gründlich überlegen, ob ihre Vorstellungen von diesem Beruf mit der beruflichen Realität übereinstimmen. Der Job ist nicht für Abenteurer geeignet.
Literatur oder Ansprechpartner:	Arbeitsamt

Beruf:	**Hausmeister/in, Hausverwalter/in**
Tätigkeiten:	Sie kümmern sich um Häuser, Wohnanlagen und öffentliche Gebäude, verrichten dort handwerkliche und Verwaltungsaufgaben und halten auch die Außenanlagen in Ordnung. Sie sind angestellt tätig.
Art der Ausbildung:	Erwartet wird eine fundierte handwerkliche Ausbildung
Dauer:	3-3,5 Jahre
Abschluß:	Gesellenbrief
Formale Voraussetzungen:	Mindestens Hauptschulabschluß
Fachliche Qualifikationen:	Handwerkliches und technisches Geschick, freundliches Wesen, Ordnungssinn und Organisationsfähigkeit.
Ausbildungsvergütung:	Vgl. zu den jeweiligen handwerklichen Berufen
Berufsperspektiven:	In etwa gleichbleibender Bedarf
Verdienstmöglichkeiten:	Berufsanfänger 2.500 bis 3.000 DM brutto, Berufserfahrene 3.500 bis 4.000 DM monatlich.
Sitzende, stehende Tätigkeit:	Bei den handwerkliche Arbeiten stehend, bei den Verwaltungstätigkeiten eher sitzend
Aufstiegsmöglichkeiten:	Nein
Selbständige Berufsmöglichkeiten:	Nein
Literatur oder Ansprechpartner:	Weitere Informationen beim Arbeitsamt.

Beruf:	**Justizvollzugsbeamter/-beamtin**
Tätigkeiten:	Beamte des <u>mittleren</u> Justizvollzugsdienstes finden ihre Beschäftigung im Vollzugs-, Werk-, Verwaltungs- und im Krankenpflegedienst. Sie beaufsichtigen Gefangene in Straf- und Untersuchungshaft und leiten z. T. Betriebe später zur Aus- und Weiterbildung (Resozialisierung) an. In größeren Anstalten werden sie auch sachbearbeitend in der Arbeitsorganisation, in der Wirtschaftsverwaltung und in der Zahlstelle eingesetzt. Beamte des <u>gehobenen</u> Justizvollzugsdienstes sind oft Leiter von mittleren und kleineren Gefängnissen oder Abteilungsleiter und Sachbearbeiter in größeren Anstalten. Sie arbeiten vorwiegend selbständig in verschiedenen Sachgebieten. Aber auch in Sonderdiensten, wie z. B. im Sozialdienst und in der Bauverwaltung, sind sie tätig.
Art der Ausbildung:	Nichttechnische Ausbildung im öffentlichen Dienst
Dauer:	3-3,5 Jahre in der Behörde und ggf. an speziellen Fachhochschulen (gehobener Justizdienst)
Abschluß:	Staatliche Verwaltungsprüfung
Formale Voraussetzungen:	Für den <u>allgemeinen Vollzugsdienst</u> werden Hauptschüler/innen (meist) mit abgeschlossener Berufs-

	ausbildung aufgenommen. Für den <u>Werkdienst</u> müssen Bewerber/innen zumindest die Gesellenprüfung (oder Facharbeiterprüfung) nachweisen, meist wird jedoch die Meisterprüfung vorausgesetzt. Für den <u>Verwaltungsdienst</u> wird in der Regel ein Haupt- oder Realschulabschluß gefordert, je nach Bundesland für Hauptschüler auch noch eine abgeschlossene Berufsausbildung. In manchen Fällen genügt auch eine mehrjährige Berufspraxis.
Fachliche Qualifikationen:	Je nach Einsatzgebiet verschieden. Generell Durchsetzungsfähigkeit, sicheres Auftreten, Rechtsbewußtsein, Organisationsfähigkeit
Ausbildungsvergütung:	900 DM (1. Ausbildungsjahr) bis 1.500 DM (3. Ausbildungsjahr)
Berufsperspektiven:	Personen, die Gesetze nicht einhalten, gab und wird es immer geben. Derzeit eher Tendenz zur weiteren Kriminalisierung.
Verdienstmöglichkeiten:	Ist genau geregelt, ab 3.400 DM Anfangsgehalt
Sitzende, stehende Tätigkeit:	Je nach Einsatzgebiet verschieden, eher Schreibtischarbeit
Aufstiegsmöglichkeiten:	Jeweils innerhalb des Dienstes möglich, lange Wartezeiten bis zur nächsthöheren Beförderung
Selbständige Berufsmöglichkeiten:	Keine
Literatur oder Ansprechpartner:	Blätter zur Berufskunde: 2-VI C 23 / 2-VI C 33

Beruf:	**Leibwächter/in**
Tätigkeiten:	Leibwächter beschützen das Leben von prominenten Personen. Es handelt sich um Polizeibeamte, die speziell für den Personenschutz ausgebildet sind. Diese Tätigkeit wird nicht ein Berufsleben lang ausgeübt, sondern nur für eine begrenzte Zeit.
Art der Ausbildung:	Vgl. unter Polizeibeamter/-beamtin
Dauer:	Vgl. unter Polizeibeamter/-beamtin
Abschluß:	Vgl. unter Polizeibeamter/-beamtin
Formale Voraussetzungen:	Vgl. unter Polizeibeamter/-beamtin
Fachliche Qualifikationen:	Vgl. unter Polizeibeamter/-beamtin
Ausbildungsvergütung:	Vgl. unter Polizeibeamter/-beamtin
Berufsperspektiven:	Leibwächter wechseln nach einigen Jahren in einen anderen Bereich des Polizeidienstes.
Verdienstmöglichkeiten:	Übliches Gehalt und Sonderzulagen
Sitzende, stehende Tätigkeit:	Überwiegend stehend
Aufstiegsmöglichkeiten:	Vgl. unter Polizeibeamter/-beamtin.
Vor- und Nachteile:	Für einige Jahre interessante, aber nicht ungefährliche Tätigkeit, die eher jüngere Leute anzieht. Recht ungeregelte Arbeitszeit, Schichtdienst und häufig unterwegs.

Selbständige Berufsmöglichkeiten:	Nein, allenfalls als privater Detektiv
Literatur oder Ansprechpartner:	Vgl. unter Polizeibeamter/-beamtin.

Beruf:	**Offizier der Bundeswehr**
Tätigkeiten:	Man muß unterscheiden zwischen dem Berufsoffizier, dem Offizier auf Zeit (3-15 Jahre) und dem Offizier der Reserve. Sie haben die unterschiedlichsten Aufgaben zu erfüllen, dennoch lassen sich ihre Tätigkeitsfelder verallgemeinern zu Führungs-, Lehr-, Spezialisten- und Beratungstätigkeiten.
Art der Ausbildung:	Für Berufsoffiziere und Offiziere auf Zeit mit Abitur: militärische Grundausbildung, 3jähriges Studium an einer der beiden Hochschulen der Bundeswehr (Abschluß: Diplom bzw. Magister), Fachbezogene Fortbildung, die zur Vorbereitung auf den Truppendienst dient.
Dauer:	Gesamtdauer: ca. 5 Jahre
Abschluß:	Je nach Vorbildung verschieden
Formale Voraussetzungen:	<u>Berufsoffizier:</u> Abitur, fachgebundene Hochschulreife (muß in Bayern/bzw. Hamburg anerkannt sein), Alter 17-25 Jahre. <u>Offiziere auf Zeit</u> (bis zu 12 Jahre Verpflichtung): mind. Realschulabschluß und abgeschlossene Berufsausbildung. Für alle gilt ein spezielles Aufnahmeverfahren (3 Tage), das aus einer ärztlicher Untersuchung, Gesprächen, einem Kurzvortrag, einer Sportprüfung, mehreren schriftlichen Arbeiten und psychologischen Tests besteht.
Fachliche Qualifikationen:	Eine starke Identifizierung mit der Bundeswehr und dem Militärdienst wird vorausgesetzt. Gehorsam gegenüber Vorgesetzten, Entscheidungsfähigkeit, Führungsqualitäten sind wichtig, Versetzungsbereitschaft wird vorausgesetzt.
Ausbildungsvergütung:	Der Offiziersanwärter/Offizier erhält Dienstbezüge nach seinem jeweiligen Dienstgrad.
Berufsperspektiven:	Die Zahl der Bewerber übersteigt z. Zt. den Bedarf. Die Chancen sind aber als tendenziell steigend zu bewerten. Hängt auch von der internationalen Lage und von der Haushaltslage des Bundes ab.
Verdienstmöglichkeiten:	4.000-5.000 DM brutto
Sitzende, stehende Tätigkeit:	Je nach Einsatzgebiet unterschiedlich. Allerdings hohe körperliche Belastbarkeit.
Aufstiegsmöglichkeiten:	Nach einer 12-15jährigen Dienstzeit wird in der Regel der Dienstgrad Hauptmann (bzw. Kapitänleutnant) erreicht. Der weitere Aufstieg unterliegt der Zahl der vorhandenen Planstellen und dem Ergebnis der Stabsoffizierprüfung.

Selbständige Berufsmöglichkeiten:	Keine
Literatur oder Ansprechpartner:	Blätter zur Berufskunde: 2-VI E 30 Offizier der Bundeswehr. Beim Info Service des Streitkräfteamtes (Postfach 140189, 53107 Bonn) können die Merkblätter »Laufbahnen der Offiziere« und »Laufbahnen der Sanitätsoffiziere« angefordert werden.

Beruf:	**Polizeibeamter/-beamtin**
Tätigkeiten:	Die Tätigkeiten im Polizeidienst sind vielfältig. Die Kriminalpolizei, Bereitschaftspolizei, Wasserschutzpolizei, Landespolizei, Schutzpolizei und der Bundesgrenzschutz haben alle die Aufgabe, die öffentliche Sicherheit zu gewährleisten. Sie verfolgen Straftäter und wehren Gefahren ab, welche die Sicherheit unseres Staates bedrohen. Die meisten Beamten arbeiten im Bereich der Bereitschaftspolizei oder im Verkehrsüberwachungsdienst. Sie sind zur Vorbeugung bei politischen, sportlichen und kulturellen Großveranstaltungen vor Ort, organisieren Suchaktionen bei Vermißtenmeldungen und helfen auch bei schweren Unglücks- und Katastrophenfällen. Außerdem leisten sie Hilfe in Notsituationen, befragen Zeugen, bearbeiten Verkehrsdelikte, führen Verkehrskontrollen durch, verfassen und bearbeiten Anzeigen und Berichte etc. Das Aufspüren und die Festnahme von Straftätern gehört ebenfalls zu ihrem Aufgabenbereich. Die Schutzpolizeibeamten im mittleren Dienst sind hauptsächlich im Bereich der »kleinen Kriminalität« (z. B. Diebstahlsdelikte, Hilfestellung bei schweren Verbrechen) tätig. Die Beamten im gehobenen Dienst sind oft als Dienstgruppenleiter etc. für die Sicherheit in ihrem Bezirk zuständig. Sie planen und koordinieren den Streifendienst und sind selbständig für die Aufnahme von Delikten in ihrem Bezirk verantwortlich.
Art der Ausbildung:	Praktische und theoretische Ausbildung im Polizeidienst
Dauer:	Je nach Vorbildung 1,5-4 Jahre. Im gehobenen Dienst dauert der Vorbereitungsdienst 3 Jahre einschl. Besuch der Polizeifachhochschule.
Abschluß:	Staatliche Verwaltungsprüfung
Formale Voraussetzungen:	Für den mittleren Dienst: meist Realschulabschluß (bzw. vergleichbarer Abschluß). Für den gehobenen Dienst: Fachhochschulreife oder Abitur.
Fachliche Qualifikationen:	Hohe körperliche Anforderungen. Wichtig sind

Berufsperspektiven:	neben einer guten körperlichen Verfassung auch ein gutes Gedächtnis, Durchsetzungsvermögen und eine hohe emotionale Belastbarkeit in Streßsituationen. In jüngster Zeit haben sich die Bewerbungschancen deutlich verbessert, obwohl der Nachwuchs für den gehobenen Dienst verstärkt aus dem mittleren Dienst rekrutiert wurde. Abiturienten können ihre Bewerbungschancen erhöhen, wenn sie sich auch für den mittleren Dienst bewerben. Tendenz steigend.
Verdienstmöglichkeiten:	Je nach Ausbildung. Im mittleren Dienst ca. 3.300 DM Anfangsgehalt, im gehobenen Dienst etwa 4.000 DM. Im gehobenen Dienst Steigerung bis Besoldungsgruppe A 13 (1. Polizeihauptkommissar) möglich.
Sitzende, stehende Tätigkeit:	Je nach Einsatzgebiet, sowohl Außendienst (Streifendienst) als auch Innendienst, dort überwiegend Schreibtischtätigkeit
Aufstiegsmöglichkeiten:	Der Aufstieg richtet sich nach Leistungen und laufbahnrechtlichen Bestimmungen. Der Übergang in den höheren Dienst ist unter bestimmten Voraussetzungen möglich.
Zusätzliche wichtige Informationen:	Der Polizeidienst steht vor einer Neustrukturierung der einzelnen Laufbahnen. Es soll die bundesweite Tendenz bestehen, den mittleren Polizeidienst aufzugeben und nur noch Nachwuchskräfte für den gehobenen Dienst einzustellen. Es wird empfohlen, sich nach der jeweiligen Situation in den einzelnen Bundesländern zu erkundigen.
Literatur oder Ansprechpartner:	Blätter zur Berufskunde: 2-VI C 30 und 2-VI C 32

[15] Sonstige Berufe

Beruf:	**Bäcker/in**
Tätigkeiten:	Herstellen von Brot und Feingebäck nach Rezepten, Zusammenstellen und Abwiegen der Zutaten, Beobachten und Überwachen von Gärungsprozessen (Teigbildung), Bedienung von technischen Hilfsmitteln, z. B. Knetmaschinen und z. T. elektronisch gesteuerte Backöfen, abschließendes Herrichten und dekoratives Garnieren der Backwaren zum Verkauf
Art der Ausbildung:	Lehre
Dauer:	3 Jahre
Abschluß:	Gesellenbrief
Formale Voraussetzungen:	Mind. Hauptschulabschluß oder ein Realschulabschluß

Fachliche Qualifikationen:	Gute Geruchs- und Geschmacksnerven, mittlere körperliche Belastbarkeit (Stehberuf, Staubbelästigung), Interesse an Kreativität (Garnieren und Dekorieren), handwerkliches Geschick und Fingerfertigkeit, Verständnis für kaufmännische und wirtschaftliche Belange, exakte Arbeitsweise, Leistungsbereitschaft und ausgeprägtes Qualitätsbewußtsein
Ausbildungsvergütung:	Im 1. Ausbildungsjahr 530-710 DM, im 2. Jahr 600-800 DM, im 3. Jahr 705-940 DM
Berufsperspektiven:	Modeberuf. Es sind auch weiterhin gleichbleibende Beschäftigungszahlen zu erwarten. Trotzdem ca. 6-7% Arbeitslosenquote bei Jugendlichen.
Verdienstmöglichkeiten:	Anfangsgehalt 1.900-2.900 DM, abhängig vom jeweiligen Bundesland
Sitzende, stehende Tätigkeit:	Stehberuf in der Backstube
Aufstiegsmöglichkeiten:	Aufstiegsmöglichkeiten zum Bäcker- oder Konditormeister, Techniker Bäckereitechnik
Vor- und Nachteile:	Mögliche körperliche Schäden wie z. B. Wirbelsäulenbeschwerden durch das viele Stehen und Heben, Erkrankungen der Atemwege durch permanente Staubbelästigung, sehr früher Arbeitsbeginn am Morgen (nichts für Langschläfer!)
Selbständige Berufsmöglichkeiten:	Als Bäcker- oder Konditormeister/in mit eigenem Geschäft.
Literatur oder Ansprechpartner:	Blätter zur Berufskunde: 1-I E 101.

Beruf:	**Friseur / Friseurin**
Tätigkeiten:	Gestalten von Frisuren, Anwendung von pflegenden und dekorativen kosmetischen Behandlungen der Haut einschließlich Maniküre, typgerechte Beratung von Kunden
Art der Ausbildung:	Lehre
Dauer:	3 Jahre
Abschluß:	Gesellenbrief
Formale Voraussetzungen:	Guter Hauptschulabschluß, Mittlere Reife
Fachliche Qualifikationen:	Interesse an Mode, handwerkliches Geschick, Kontaktfreudigkeit, gute Umgangsformen, Sprachgewandtheit
Ausbildungsvergütung:	Ca. 500 bis 900 DM
Berufsperspektiven:	Gut, Mode, Schönheit und Gepflegtsein sind immer gefragt. Die Tätigkeit des Friseurs läßt sich weder durch Maschinen noch Computer ersetzen.
Verdienstmöglichkeiten:	Tariflicher Mindestlohn für Berufsanfänger ca. 1.700 DM, viele Betriebe zahlen zusätzliche Umsatzbeteiligungen, Trinkgelder
Sitzende, stehende Tätigkeit:	Überwiegend stehende Tätigkeit, gesundheitliche Eignung erforderlich

Aufstiegsmöglichkeiten:	Weiterbildungsprogramme im friseurhandwerklichen Bereich durch Handwerkskammer, die Innung und die haarkosmetische Industrie. Fortbildungsprüfungen zur Kosmetikerin im Friseurhandwerk. Zusatzausbildung zum Maskenbildner/zur Maskenbildnerin. Tätigkeit als Geschäftsführer eines Friseursalons, Fachlehrer, Fachberater der haarkosmetischen Industrie.
Selbständige Berufsmöglichkeiten:	Sehr gut, nach dreijähriger Gesellentätigkeit besteht die Möglichkeit der Meisterprüfung und damit der Selbständigmachung in jungen Jahren.
Zusätzliche wichtige Informationen:	Ab 1997 hat das Friseurhandwerk eine neue Ausbildungsordnung, die die Beratung und Kommunikation mit den Kunden noch mehr in den Mittelpunkt stellt. An der Staatlichen Schule Gesundheits- und Körperpflege (Burgstraße 33, 20535 Hamburg) wird einmalig in Deutschland eine Friseurausbildung angeboten, in deren »Plus-Klasse« Betriebsorganisation am PC und fachbezogenes Englisch auf dem Stundenplan stehen und wo gleichzeitig ein Visagisten-Diplom abgelegt werden kann.
Literatur oder Ansprechpartner:	Blätter zur Berufskunde I-III E 501 Friseur/Friseurin

Beruf:	**Koch / Köchin**
Tätigkeiten:	Alle Arbeiten zur Herstellung von Speisen vom Einkauf bis zur Vor- und Zubereitung
Art der Ausbildung:	Lehre
Dauer:	3 Jahre, mit Abitur Verkürzung möglich
Abschluß:	Gehilfenbrief Koch / Köchin
Formale Voraussetzungen:	Hauptschulabschluß
Fachliche Qualifikationen:	Interesse an Kreativität, handwerkliches Geschick und Fingerfertigkeit, Leistungsbereitschaft und ausgeprägtes Qualitätsbewußtsein, Verständnis für kaufmännische und wirtschaftliche Belange, exakte Arbeitsweise
Ausbildungsvergütung:	Je nach Ausbildungsjahr ca. 600 bis 1.200 DM
Berufsperspektiven:	Fachliche Spezialisierung z.B. Küchenpatissier, Studium an Fachhochschulen zum Gastronomen, Betriebswirt, Betriebswirt Fachbereich Touristik/Fremdenverkehr, mit Fachabitur Studium der Oecotrophologie und Lebensmitteltechnologie an Fachhochschulen, Fachlehrer
Verdienstmöglichkeiten:	Abhängig vom Bundesland, Berufsanfänger ca. 2.400 DM
Sitzende, stehende Tätigkeit:	Überwiegend stehende Tätigkeit, körperliche Belastbarkeit

Aufstiegsmöglichkeiten:	Küchenchef, Küchendirektor, über berufliche Weiterqualifizierung Küchenmeister, diätetisch geschulter Koch, Koch in der Großverpflegung
Vor- und Nachteile:	Vorteile: berufliche Tätigkeit im Ausland, Nachteile: Schichtdienst, Teildienste, Wochenenddienste
Selbständige Berufsmöglichkeiten:	Restaurantbesitzer, Hotelbesitzer
Zusätzliche wichtige Informationen:	Berufserfahrung im Ausland leicht möglich.
Literatur oder Ansprechpartner:	Blätter zur Berufskunde 1-I E 103; Deutscher Hotel- und Gaststättenverband, Verband der Köche Deutschlands e.V.

Beruf:	**Konditor/in**
Tätigkeiten:	Herstellung und Dekoration von Torten, Kuchen, Kleingebäck, Pralinen, Pasteten etc. Im einzelnen bedeutet das: Teig herstellen, ausrollen, ausschneiden, formen und mit Füllungen bestreichen. Gebäck wird z. B. auf Backbleche gespritzt und dann gebacken. Anschließend werden alle Produkte garniert und für den Verkauf fertiggemacht. Das Bedienen von Küchenmaschinen (etwa Rühr- und Ausrollmaschinen, computergesteuerte Backöfen, Frosteranlagen) ist genauso zu erlernen wie die herkömmliche Herstellung von Hand.
Art der Ausbildung:	Lehre
Dauer:	3 Jahre
Abschluß:	Gesellenprüfung
Formale Voraussetzungen:	Mind. Hauptschulabschluß, Realschulabschluß
Fachliche Qualifikationen:	Gute Geschmacks- und Geruchsnerven (s. Bäcker/in), keine besonderen körperlichen Anforderungen, Kreativität und Sinn für Gestaltung, gewandtes und gepflegtes Auftreten im Verkaufsbereich
Ausbildungsvergütung:	Im 1. Lehrjahr 846-1.025 DM, im 2. Jahr 942-1.130 DM, im 3. Jahr 1.089-1.295 DM
Berufsperspektiven:	Modeberuf. Es sind auch weiterhin gleichbleibende Beschäftigungszahlen zu erwarten.
Verdienstmöglichkeiten:	Anfangsgehalt ca. 3.200-3.700 DM
Sitzende, stehende Tätigkeit:	Eher Stehberuf (Backstube)
Aufstiegsmöglichkeiten:	Konditormeister/in, Bäcker- und Konditormeister/in, Lebensmitteltechniker Bäckereitechnik
Vor- und Nachteile:	Stehberuf, geringe Schmutzbelästigung, z. T. sehr frühzeitiger Arbeitsbeginn (s. Bäcker/in), mögliche Haut- und Atemwegserkrankungen
Selbständige Berufsmöglichkeiten:	Als Meister/in ist ein eigenes Konditorgeschäft, ein Café oder ein Restaurant möglich. Sonstige Beschäftigungsfelder bietet die Nahrungsmittelin-

Literatur oder Ansprechpartner:	dustrie oder z. B. die Tätigkeit als Schiffskonditor auf großen Überseeschiffen. Blätter zur Berufskunde: 1-III E 701
Beruf:	**Metzger/in**
Tätigkeiten:	Je nach Spezialisierung (s.u.) gehört das Aussuchen und Beurteilen, Enthaaren und Enthäuten, Ausnehmen und Zerlegen von Schlachtvieh, oder im Feinkostbereich neben dem Herstellen von Fleisch- und Wurstwaren auch die Zubereitung von Salaten zum Tätigkeitsprofil. Im Verkauf ist der/die Metzger/in z. B. für das Vorbereiten des Fleisches bis zum ladenfertigen Produkt (Fleischspieße, Rollbraten etc.) hin zuständig. In diesem Bereich ist er/sie natürlich auch in der fachkompetenten Beratung seiner Kunden tätig.
Art der Ausbildung:	Lehre; nach einer gemeinsamen Grundausbildung erfolgt eine Spezialisierung auf das »Schlachten«, die »Herstellung von Feinkost und Konserven« und den »Verkauf« der Produkte.
Dauer:	3 Jahre
Abschluß:	Gesellenprüfung
Formale Voraussetzungen:	Mind. Hauptschulabschluß, besser Realschulabschluß
Fachliche Qualifikationen:	Körperliche Belastbarkeit im Schlachthaus; freundliches, gepflegtes Auftreten im Verkaufsbereich.
Ausbildungsvergütung:	Im 1. Lehrjahr 465-785 DM, im 2. Jahr 580-948 DM, im 3. Jahr 720-1.106 DM. Oft Verpflegung am Arbeitsplatz.
Berufsperspektiven:	Es ist auch weiterhin mit konstanten Beschäftigungszahlen zu rechnen.
Verdienstmöglichkeiten:	Anfangsgehalt ca. 1.600-2.700 DM
Sitzende, stehende Tätigkeit:	Viel Stehen im Schlachthaus und im Verkauf
Aufstiegsmöglichkeiten:	Aufstiegsmöglichkeiten zum Handwerksmeister/in, staatl. gepr. Betriebswirt/in Fleisch, Lebensmitteltechniker/in
Vor- und Nachteile:	Z. T. starke Schmutzbelästigung im Schlachthaus, jedoch eher geringe Geruchsbelästigung (gefrorener Zustand).
Selbständige Berufsmöglichkeiten:	Metzger/in mit eigenem Betrieb
Literatur oder Ansprechpartner:	Blätter zur Berufskunde: 1-I E 102

Register der Berufe

Seite

Agrarwissenschaftler/in	186
Altenpfleger/in	157
Amtsanwalt/-anwältin	205
Apothekenhelfer/in (s. Pharmzeutisch-kaufmännische/r Angestellte/r)	
Apotheker/in, Pharmakologe/in	148
Arbeits- und Berufsberater/in	171
Archäologe/Archäologin	193
Architekt/in	110
Archivar/in, Dokumentar/in	194
Arzt/Ärztin	158
Arzthelfer/in	159
Augenoptiker/in	97
Bäcker/in	219
Bankkaufmann/-frau	129
Baugeräteführer/in	100
Baumaschinen-Ingenieur/in	124
Baumaschinen-Meister/in	100
Berufskraftfahrer/in	212
Bibliothekar/in	196
Biologe/Biologin	149
Biologisch-technische/r Assistent/in	147
Buchhändler/in	130
Bühnenbildner/in	111
Bundesgrenzschutzbeamter/-beamtin	213
Chemielaborant/in	150
Chemiker/in	150
Chemisch-Technische/r Assistent/in	151
Controller/in	144
Cytologieassistent/in	160
Datenverarbeitungskaufmann/-frau	136
Denkmalpfleger/in	197
Detektiv/in	213
Dolmetscher/in	198
Drucker/in	98

225

Elektroingenieur/in	122
Energieelektroniker/in	123
Entwicklungshelfer/in	187
Erzieher/in	172
Florist/in	188
Forstwirt/in	189
Fotograf/in	112
Friseur/Friseurin	220
Gärtner/in	189
Gas- und Wasserinstallateur/in	101
Geologe/Geologin	152
Geowissenschaftler/in	153
Goldschmied/in	113
Grafikdesigner/in / Kommunikationsdesigner/in	113
Gymnastiklehrer/in	173
Handelsvertreter/in	131
Haushalts- und Ernährungswissenschaftler/in	154
Hausmeister/in, Hausverwalter/in	215
Hebamme	161
Historiker/in	199
Hochschullehrer/in	174
Hotelfachmann/-frau	131
Industriekaufmann/-frau	132
Industriemechaniker/in	102
Informatiker/in	123
Innenarchitekt/in	115
Journalist/in	200
Justizvollzugsbeamter/-beamtin	215
Kaufmann/-frau in der Grundstücks- und Wohnungswirtschaft	133
Keramiker/in	116
Klempner/in	103
Koch/Köchin	221
Kommunikationselektroniker/in	125
Konditor/in	222
Kosmetiker/in	134

Kraftfahrzeugelektriker/in	103
Kraftfahrzeugmechaniker/in	104
Krankenpfleger/-schwester	162
Landwirt/in	190
Lehrer/in an allgemeinbildenden Schulen	175
Lehrer/in an berufsbildenden Schulen	177
Lehrer/in an Sonderschulen	178
Lehrer/in für Pflegeberufe	179
Leibwächter/in	216
Lektor/in im Verlagswesen	201
Logopäde/Logopädin	180
Maler/in, Lackierer/in	106
Marktforschungskaufmann/-frau	137
Masseur/in und Medizinische/r Bademeister/in	162
Mathematiker/in	155
Maurer	106
Mechaniker für Land- und Baumaschinen	105
Medizinisch-Technische/r Assistent/in für Funktionsdiagnostik (MTAF)	164
Medizinisch-Technische/r Laboratoriumsassistent/in (MTAL)	165
Medizinisch-Technische/r Radiologieassistent/in (MTAR)	166
Medizinische/r Dokumentar/in	163
Metallbauer	107
Meteorologe/Meteorologin	156
Metzger/in	223
Motopäde/Motopädin	166
Notar/in	205
Offizier der Bundeswehr	217
Orthoptist/in	167
Patentanwalt/-anwältin	206
Pharmazeutisch-kaufmännische/r Angestellte/r	168
Physiker/in	156
Physiotherapeut/in	169
Polizeibeamter/-beamtin	218
Psychiater/in	181
Psychologe/Psychologin	182
Publizist/in	202

Rechtsantwalts- und Notarfachangestellte/r	208
Rechtsanwalt/-anwältin	207
Rechtspfleger/in	209
Reiseverkehrskaufmann/-frau	138
Restaurantfachmann/-frau	135
Restaurator/in	117
Richter/in	210
Schauspieler/in	118
Schlosser/in (s. Metallbauer/in)	
Schneider/in	120
Sekretär/in	139
Silberschmied/in	120
Soldat (s. Offizier der Bundeswehr)	
Sozialarbeiter/in, Sozialpädagoge/-pädagogin	182
Sportlehrer/in	183
Staatsanwalt/-anwältin	211
Stadt- und Regionalplaner/in	121
Statistiker/in	140
Steuerberater/in	144
Steuerfachangestellte/r	141
Technische/r Zeichner/in	98
Theologe/Theologin	185
Tierarzt/-ärztin	191
Tierpfleger/in	192
Tischler/in	107
Übersetzer/in	203
Unternehmensberater/in	145
Verkäufer/in	136
Vermessungsingenieur/in (Geodät/in)	126
Versicherungskaufmann/-frau	141
Verwaltungsangestellte/r	142
Veterinärmedizinisch-Technische/r Assistent/in (MTAV)	193
Werbekaufmann/-frau	143
Werkzeugmacher/in	108
Wirtschaftsinformatiker/in	127
Wirtschaftsingenieur/in	127

Wirtschaftsprüfer/in 146

Zahnarzt/-ärztin 170
Zahnarzthelfer/in 171
Zahntechniker/in 99
Zentralheizungs- und Lüftungsbauer/in 109
Zweiradmechaniker/in 110

Verzeichnis der verwendeten Materialien

Die Informationen über die verschiedenen Berufe wurden im wesentlichen im Rahmen einer Umfrage bei den Berufsverbänden zusammengestellt. Den folgenden Berufsverbänden danken wir sehr herzlich für die Bereitschaft, einen Fragebogen auszufüllen oder entsprechende Unterlagen zur Verfügung zu stellen:

Berufsverband Deutscher Geologen, Geophysiker und Mineralogen e. V.
Berufsverband deutscher Markt- und Sozialforscher e. V., Herrn Dipl.-Kfm. Walter Tacke
Bund Deutscher Architekten
Bund Deutscher Forstleute
Bund Deutscher Grafik-Designer e. V., Herrn Prof. Dr. Hartwig Frankenberg
Bund Deutscher Innenarchitekten
Bundesnotarkammer
Bundestierärztekammer e. V.
Bundesverband der Bilanzbuchhalter und Controller e. V.
Bundesverband der Steuerberater e. V.
Bundesverband Deutscher Unternehmensberater BDU e. V.
Bundesverband Deutscher Versicherungskaufleute e. V.
Bundesverband Sekretariat und Büromanagement e. V.
Bundesverband SRL e. V., Herrn Geschäftsführer R. Bohne
Bundesvereinigung der Berufskraftfahrer-Verbände e. V.
Deutscher Amtsanwaltsverein e. V.
Deutscher Journalisten-Verband e. V.
Deutscher Restauratoren Verband
Deutscher Steuerberaterverband e. V.
Deutscher Verband Medizinischer Dokumentare e. V., Frau Barbara Walter-Jung
Deutscher Verband Technischer Assistenten in der Medizin e. V.
Fachverband Deutscher Floristen e. V.
Interessenverband Deutscher Schauspieler e. V.
Gesellschaft Deutscher Chemiker e. V.
Gesellschaft für Goldschmiedekunst e. V.
Gesellschaft für Informatik e. V.
Ring Deutscher Makler – Bundesverband e. V.
Verband der Baumaschinen-Ingenieure und -Meister e. V.
Verband der Köche Deutschlands e. V.
Verband Deutscher Biologen e. V.
Verband Deutscher Elektrotechniker e. V.
Verband Deutscher Makler für Grundbesitz, Hausverwaltung und Finanzierungen e. V.
Verband Deutscher Meteorologen e. V., Herrn Dr. H. W. Christ
Verband Deutscher Wirtschaftsingenieure e. V.
Verein Deutscher Bibliothekare e. V.
Verein der Rechtspfleger im Bundesdienst e. V.
Zentralverband der Augenoptiker
Zentralverband des deutschen Friseurhandwerks
Zentralverband Deutsches Kraftfahrzeuggewerbe

Weitere verwendete Materialien:

- Studien- und Berufswahl 1997/98, hrsg. von der Bund-Länder-Kommission für Bildungsplanung und Forschungsförderung und der Bundesanstalt für Arbeit, 1997

- Beruf aktuell. Ausgabe 1996/97, hrsg. von der Bundesanstalt für Arbeit, 1996

- Blätter zur Berufskunde

- Dieter Herrmann, Karrierestart. Berufsplanung für Studierende, Eichborn 1995

- Hitschfel/Zimmer, Berufswahl '98, Eichborn 1997

Dieses Werk ist urheberrechtlich geschützt. Die dadurch begründeten Rechte, insbesondere die des Nachdrucks, des Vortrags, der Mikroverfilmung oder der Vervielfältigung auf anderen Wegen und der Speicherung in Datenverarbeitungsanlagen, bleiben, auch bei nur auszugsweiser Verwendung, vorbehalten.
Eine Vervielfältigung des Werkes oder von Teilen des Werkes ist auch im Einzelfall nur in den Grenzen der gesetzlichen Bestimmungen des Urheberrechts der Bundesrepublik Deutschland vom 9. September 1965 in der jeweils gültigen Fassung zulässig. Sie ist grundsätzlich vergütungspflichtig. Zuwiderhandlungen unterliegen den Strafbestimmungen des Urheberrechts.
Die Verwendung der Tests im Rahmen von Seminaren oder Informationsveranstaltungen ist – auch bei nichtkommerziellen Zwecken – nur mit schriftlicher Zustimmung der Autoren zulässig.